Nr.: 27
Auflage: 3.300 | 3.000
Erscheinungsdatum: 30.3.79
Preis: 34,-
netto: 31,92

Karl Heinz Bohrer
Ein bißchen Lust am Untergang

Englische Ansichten

Carl Hanser Verlag

ISBN 3-446-12720-8
Alle Rechte vorbehalten
© 1979 by Carl Hanser Verlag München Wien
Umschlag und Typographie: Klaus Detjen
Umschlagbild: Ford Madox Brown
›The Last of England‹
Herstellung: Mühlberger, Augsburg
Printed in Germany

Inhalt

Vorwort 7

Teil 1
Ein bißchen Lust am Untergang
Ein bißchen Lust am Untergang 11
O Manchester! 22
Eine Begebenheit in Yorkshire 28
Der ewige Bürgerkrieg 42
BBC – Mythos und Wirklichkeit 64
Der Totenwald von Highgate 74
Die Präraffaeliten 81
Die Stadt des Poeten 90
Das Gespenst des Kollektivismus 101
Die Stummen und die Schreienden 107

Teil 2
Die europäische Dekadenz und Wir
Die europäische Dekadenz und Wir 121
Wie fremdenfeindlich ist England? 129
Cupfinal 136
England entdeckt die Banalität des Bösen 143
Der deutsche Widerstand und die Briten 147
Deutsche Legende: Marlene Dietrich in der Music-Hall 152

Das Haupt der Medusa erblickend 154
Finsteres Image: Berufsverbot 159

Teil 3
Oh! What a Lovely War
Oh! What a Lovely War 163
Schwarze Gewalt? 174
Manchmal Löwe, manchmal Einhorn 179
Vom Ästhetizismus zum Empire und zurück 188
Kämpfe in Fleetstreet 193
Haß als Zeitbombe in einer Gesellschaft ohne Liebe 197
Die Fähigkeit zu jubilieren 203
In den Wäldern der Nacht 214
Rückkehr zum Heroismus 224
Shakespeares grausame Kinder 236
Der Tag, als die ›Times‹ nicht kam 241

Quellen- und Bildnachweis 248

Vorwort

Dieses Buch handelt von Untergängen. Von englischen Untergängen. Also doch nicht ganz so ernst gemeinten, gewiß nicht pathetischen. Die Ereignisse, die Personen, die Stimmungen, die hier geschildert sind, erklären, warum in der vielzitierten Englischen Krankheit soviel Frivolität, Romantik und Anarchie steckt. Also auch Kraft, Widerstand und Vermögen. Widerstand vor allem gegen die Welt der Computer, die sich bei uns ausbreiten. Daher die Lust oder besser gesagt: das bißchen Lust. Insofern sind diese Untergänge auch ein Spiegel, in dem der deutsche Leser seinen eigenen Ernst und manche Unterwürfigkeit entdecken wird. Ein zu ernster Ernst, vergleicht man ihn mit dem Mienenspiel der Engländer, selbst wenn ihnen das Wasser am Halse steht.

Was sich seit zehn Jahren in Großbritannien an Verrücktem, Beunruhigendem und Erhebendem abspielt, das findet in dieser Sammlung des deutschen Beobachters ein sehr persönliches Echo. Diese Berichte über eine dramatische und gefährliche Epoche, ursprünglich für die Frankfurter Allgemeine Zeitung geschrieben, sind nicht politische Korrespondenzen im strengen Sinne des Wortes. Sie haben aber alle mit der Politik, der Geschichte und der Psychologie des Inselvolkes zu tun, das uns noch immer so fremd ist, erst kürzlich sein Empire verlor und ohne diese imperiale Vergangenheit auch heute noch nicht verstanden werden kann. Erinnerung und Gegenwart vermischen sich also auf diesen Seiten. Meine Zuneigung zu diesem exzentrischen Lande, zu den englischen und irischen Freunden sollte nirgends verborgen bleiben. Ihnen widme ich dieses Buch.

Das Theater, die Kunst, die Literatur sind nur dann berücksichtigt worden, wenn sie die Neugier nach den elementareren Vorgängen befriedigten. Abgesehen von wenigen Korrekturen wurde an den ursprünglichen Texten nichts verändert.

London, 11. Dezember 1978
K. H. B.

Teil 1
Ein bißchen Lust
am Untergang

Ein bißchen Lust am Untergang

Die englische Krankheit
Politische und psychologische Ursachen

> ... dies gekrönte Eiland,
> dies Land der Majestät, der Sitz des Mars,
> dies zweite Eden, halbe Paradies,
> dies Bollwerk, das Natur für sich erbaut,
> der Ansteckung und Hand des Kriegs zu trotzen,
> dies Volk des Segens, diese kleine Welt,
> dies Kleinod, in die Silbersee gefaßt ...
> Der segensvolle Fleck: dies Reich: dies England ...
> *Shakespeare, Richard II., 2, 2*

Die elisabethanische Legende wurde vierhundert Jahre lang geglaubt. Unerschöpfliche Quelle für Englands Selbstsicherheit, heimliche Furcht selbst für Englands gefährlichste Gegner. Das alles ist plötzlich aus: Meldungen aus diesem Lande sind gleichbedeutend mit Naturverheerungen, mit Untergangs- und Katastrophenberichten. Die abendlichen Nachrichten erinnern allmählich an Frontberichte aus den dunkelsten Kriegszeiten, aber der viel berufene »spirit« von Dünkirchen erhebt sich nicht: Blutbäder irischer Terroristen auf Londons Straßen, in Hotelbars und ländlichen Kneipen; ruinöser Einbruch der japanischen und deutschen Motorindustrie auf dem einst so mächtigen britischen Inlandmarkt; Streik-Exzesse, so bedrohlich, daß auch dem Frieden des kürzlichen Stillhalteabkommens zwischen Gewerkschaften und Regierung in Blackpool keiner traut, schon droht – während diese Zeilen geschrieben werden – Lähmung fast der ganzen britischen Stahlindustrie. Die Arbeitslosenzahl kann bald die Zwei-Millionen-Grenze erreichen; und dabei arbeitet ein Teil der in überalterten Industrien Beschäftigten nur auf dem Papier. Unerbittliches Indiz für die Lage der Nation: Die Inflation steht mit sechsundzwanzig Prozent an der Spitze der Weltliste. Die Staatsverschuldung ist so weit gediehen, daß Kredite beim Internationalen Währungsfonds nur noch unter Bedingungen zu haben sind, die die Souveränität der eigenen Gesetzgebung berühren, die empfindlichste Stelle der Nation. Einzig halbwegs unangetasteter Bereich der so verheerten britischen Ökonomie scheint die Londoner City, noch immer das Zentrum des internationalen Geldmarkts. Aber dies eben auch nur, weil die englischen Banken bei ihnen einlegende Araber und andere kapitalkräftige Ausländer mit so hohen Zinsen locken, daß die notorisch an Investitionsschwund leidende eigene Industrie zu kurz kommt. Ein Kreislauf der Misere, ein Zusammenfall der Fatalitäten und für viele kein Ende ohne Schrecken in Aussicht. Je nach politischer Tradition urteilen die Beobachter des tollen Treibens abgestuft: mit Ingrimm und Bitterkeit viele Engländer, selbst die gemäßigten Linken wie Paul Johnson, ehemaliger Herausgeber der linken Wochenzeitschrift »New Statesman«, und ebenso die konservativen Kommentatoren; mit kopfschüttelnder Ungeduld, im Zeichen des bewährten Effizienz-Denkens viele Kontinentale, unüberhörbar dabei die Deutschen, deren Meinung hier aber nicht besonders ins Gewicht fällt.

Viel zitiert ist die Reaktion der Amerikaner, die sich von ihren Bluts- und Sprachverwandten mit Trauer öffentlich zu verabschieden beginnen wie von einem Schiff, das sich langsam zur Seite legt. Wallstreet und die konservative Ford-Umgebung sehen die Zeichen düsterer als die amerikanische Linke. Gemeinsam aber ist die Ansicht, daß sich in England etwas abspiele, das auch Amerika bedrohen könne. Einmal deshalb, weil die fast bankrotte Situation des englischen Staates so sehr an die Misere der Stadt New York erinnert. Zum anderen aber, weil alles, was in England geschieht, für die Amerikaner von modellartiger Attraktion ist und wichtiger als alles, was sich in Deutschland, Italien und selbst Frankreich abspielen könnte. England hat noch immer die Bedeutung und Würde des politischen Indikators.

Symptome der Krise

Solche Anteilnahme, ja Bestürzung des mächtigsten westlichen Landes bestätigt den berühmten Satz, den der England-Kenner Karl Marx schrieb: »*In England findet der ursprüngliche Prozeß statt. England ist der Demiurg des bürgerlichen Kosmos.*« So ist es wohl: Der Topos, der da lautet, England sei seit jeher eine Art Seismograph der westlichen Welt gewesen, scheint sich auch im Negativen zu bewahrheiten. Deshalb haben die Schreckensnachrichten von hier eine andere Qualität als etwa jene aus Italien. Könnte England – so lautet die ängstliche oder nur gespannte Frage – nicht wiederum eine Art Avantgarde sein? Diesmal nicht Avantgarde der industriellen Revolution und des Kapitalismus, sondern Avantgarde ihrer Zerstörung? Und dies alles in einem Land, das soeben noch der ganzen Welt ein Wort für explodierende Lebensfreude beibrachte: »Swinging London«.

London swingt längst nicht mehr, und die englische Pop-Kultur, zweifellos die einfallsreichste Kulturrevolution des Westens, zeigte von Beginn an Spuren nostalgischer Melancholie. Es war eine rückwärtsgewandte Verarbeitung der traditionellen Reste, zusammengeflickt aus Empire-Würde und Altersschönheit, gemischt mit dem Explosivstoff spezifisch britischer Hemmungslosigkeit und Vabanque-Haltung. Dies alles ist jetzt übergegangen in wirkliche Aggressionen und Gewalttaten zwischen Englands letzter Kolonie in Belfast und den Wildheiten auf britischen Fußballplätzen, wo sich mehr auszutoben scheint als die berüchtigte Kollektivwut von Fans. Im Lichte der gefährlichen ökonomischen Entwicklung erscheinen diese Eruptionen wie versteckte Vorahnungen sozialer Unruhen, und schon werden Eliteeinheiten, speziell die Offiziersanwärter von Sandhurst, psychologisch und militärisch auf den Tag X vorbereitet, an dem sie in bürgerkriegsartige Entwicklungen eingreifen könnten. Das Auseinanderfallen der englischen Gesellschaft in partikulare Gewalten, die zur rechtsradikalen Selbsthilfe oder zur linksradikalen Usurpation übergehen, ist keine politische Utopie mehr.

Als Ursachen für die englische Krise sind genannt worden: die altersschwachen Fabriken, die schrumpfende industrielle Produktion, die unrationellen Arbeitsmethoden, die archaische Struktur der Gewerkschaften, das miserable Verständnis englischer Manager für ausländische Marktbedürfnisse, ihre Tendenz, im Ausland, aber nicht im Inland zu investieren. Hauptanklage aber wird erhoben gegen die Wohltaten des Wohlfahrtsstaates, die überall hingestreut wurden und die Eigeninitiative lähmten. In diesem Wohlfahrtsstaat wiederum gelten die mächtigen Gewerkschaften inzwischen als Wegelagerer, die unbekümmert um das Gemeinwohl ihren Beuteanteil erpressen. In den Augen eines Teils der Bevölkerung sind es Räuber und Verbrecher, die auf den Ruinen der Nation ihr Mütchen kühlen.

Dazu kommen die kleinen Alltagsschrecken, die kaum mehr auffallen in der Fülle der bedrohlichen Zeichen – sei es nun, daß beim Kauf von Porzellan für das Unterhaus einer deutschen Firma der Vorrang vor den englischen Konkurrenten gegeben wird, oder sei es, daß die Japaner mit ihren Familien-Motorrädern den englischen Markt beherrschen und selbst dem Stolz englischer Motorbauer, den Herstellern schwerer Maschinen, endgültig die Luft auszugehen droht. Sei es, daß die staatseigene britische Auto-Firma Leyland von der Personalkrise zur Finanzkrise stürzt und erschreckt das Land mit Eigenpropaganda überzieht oder daß deutsche Handwerker vor den staunenden Augen ihrer englischen Kunden nicht nur saubere Arbeit vollbringen, sondern dies auch noch termingerecht tun. Sei es, daß große Zeitungen wie der »Observer« vor dem Zusammenbruch stehen, Theater von Weltruf wie die Royal Shakespeare Company von Halbjahr zu Halbjahr um ihre Existenz bangen oder daß die Londoner Universitätsbuchhandlung in Kreditnot bei ihrer Bank gerät, so daß namhafte wissenschaftliche Verlage schon ihre Auslieferung verzögerten aus Angst, ihr Geld nicht zu bekommen. Das alles sind Kleindramen, an die man sich hierzulande gewöhnt wie anderswo an den Wetterbericht.

Hilflos wirkt es, wenn Margret Thatcher, die Führerin der Konservativen, an die Engländer appelliert, sich auf die alten Tugenden der Selbsthilfe und des persönlichen Wagnisses rückzubesinnen, wenn der ehrenwerte, scharf linke Sozialist Michael Foot landauf, landab predigt: »kauft britisch«, und wenn der Premier seine Ferien unterbricht, um den Gewerkschaften ins Gewissen zu reden.

Man kann das Dilemma gewiß nicht allein zurückführen auf die Nationalisierung einiger Wirtschaftszweige in den fünfziger Jahren.

Die damalige Labour-Regierung nationalisierte nur solche Industrien, die entweder de facto seit längerer Zeit staatlicher Kontrolle unterstanden (Bank von England, Fluglinien, Gas und Elektrizität), oder solche, die so weit heruntergewirtschaftet waren, daß sie glaubte, es sei ihnen mit privatwirtschaftlichen Mitteln nicht mehr zu helfen: Kohlenbergwerke und Eisenbahnen. Die nicht bankrotte Eisen- und Stahlindustrie sowie der Straßentransport sind Anfang der sechziger Jahre wieder reprivatisiert worden. Das Dilemma kann man nicht mit nur technischen und ökonomischen Merkmalen kennzeichnen. Vielmehr brechen hier Fragen des herkömmlichen Wirtschaftssystems auf, die woanders positiv gelöst zu sein scheinen oder ganz anders gestellt werden. Hier fragt man: Was ist schlimmer, Massenarbeitslosigkeit im Stile der dreißiger Jahre (damals gab es auch in England an die drei Millionen Arbeitslose, wobei in Wales und Schottland beinahe jeder zweite Arbeiter ohne Arbeit blieb) oder geringe industrielle Produktivität? Man hat es hier längst dazu kommen lassen, daß in ganzen Industriezweigen, in der Stahlindustrie etwa oder bei den Eisenbahnen, um des Beschäftigungsprinzips willen doppelt soviel Arbeiter beschäftigt werden, wie notwendig wäre. Arbeiter, die aufgrund weniger rationeller Arbeitsmethoden nur die Hälfte der westdeutschen Produktivität zustande bringen. Nicht in ökonomischen und technischen Kategorien ausgedrückt, heißt das: Die Briten geben dem nur vermeintlich und kurzfristig sicheren Arbeitsplatz den Vorrang vor »Output« und Produktivität.

Berühmt oder berüchtigt – ganz nach politischem Standort des Urteilenden – ist für dieses Prinzip Anthony Wedgwood Benn geworden, ehemaliger Lord und Linksaußen der Wilson-Regierung. Er und die radikalen Gewerkschaftsbosse sind längst in Verdacht geraten, ihre Inflationsbereitschaft komme daher, daß sie das ganze System loswerden wollten und es deswegen zu Tode schröpften. Man kann ganz sicher sein, daß weder der Aristokrat Benn noch die proletarischen Arbeiterführer den drohenden Ruin der Mittelklasse bedauern. Sie abzuschaffen, scheint diesen Männern vielmehr nationale Pflicht. Ihre Losung könnte sein: Durch das Chaos zu einer neuen sozialistischen Ordnung britischer Machart! Deshalb muß das, was sich zur Zeit zwischen ihnen und der Mittelklasse abspielt, als unblutiger Bürgerkrieg bezeichnet werden. Es geht um nicht mehr und nicht weniger als dieses: Wer hat die Macht im Staate? Das im Parlament noch immer herrschende Bürgertum und Kleinbürgertum oder die in den Gewerkschaften repräsentierte Minderheit der radikalen britischen Arbeiterschaft?

Was scheinbar so überfallartig und plötzlich über das Land hereinbrach, hat sich seit langem vorbereitet. Schon in den neunziger Jahren des 19. Jahrhunderts hatte sich die einst dynamischste Industrie der Welt zur trägsten und konservativsten entwickelt. Schon damals begannen die jungen Industrien Amerikas und Deutschlands sie zu überflügeln. Der auf Empire und weltweite Kolonien gegründeten Ökonomie des wirtschaftlichen Diktats, die nach dem 2. Weltkrieg noch einmal die große Chance bekam, auf dem Motorsektor für einige Jahre das Feld zu beherrschen (zwei Drittel der britischen Autoprodukte gingen zwischen 1947 und 1951 ins Ausland, doppelt soviel, wie die USA, doppelt soviel, wie Frankreich, Deutschland und Italien zusammen exportierten), ist es bis heute nicht gelungen, zu einer in Europa konkurrenzfähigen Wirtschaft zu werden. Selbst die mächtigen jüngeren Industrien (Chemie und Elektrotechnik), welche den Rückgang der alten Schwerindustrie zunächst glänzend auffingen, haben seit den zwanziger Jahren zu wenig Modernisierung erfahren; ihre Infrastruktur geht genau wie jene der Gewerkschaften auf diese Zeit zurück. Erschwerend kommt hinzu, daß allmählich das Land in zwei nicht integrierte Wirtschaftsgebiete auseinanderfiel, die wildwüchsig sich voneinander fortentwickelt haben; die veralteten, alten Schlüsselindustrien in Nordengland, Wales und Schottland und die entwicklungsfähigen neuen in Greater London und den Midlands. Strukturelle Antiquiertheit ist beiden eigen.

Wieso aber schrecken die Engländer erst im Jahre 1975 auf, und dies auch erst, nachdem das öffentliche Interesse zunächst ganz durch die Europa-Debatte gefesselt war, deren positives Ergebnis eher formal denn substantiell zu werten ist. Warner gab es nämlich genug, die schon Anfang der sechziger Jahre fragten: »Was geht schief mit der britischen Industrie?«, »Was ist falsch an den Gewerkschaften?«, die alle übereinkamen, daß eine »stagnierende Gesellschaft« die Krux sei. In jenen Jahren des Argwohns gegenüber der Zukunft schrieb Arthur Koestler in einer von ihm herausgegebenen Aufsatzreihe, betitelt »Selbstmord einer Nation«, folgende Sätze: *»In keinem anderen*

Land wurde die nationale Produktion aus so frivolen und verantwortungslosen Gründen gelähmt. In dieser ältesten aller Demokratien wurden die Beziehungen der Klassen bitterer, die Gewerkschaftspolitik undemokratischer als in de Gaulles Frankreich oder Adenauers Deutschland. Die Motivation hinter alldem ist weder Kommunismus noch Sozialismus, sondern eine Stimmung der Ernüchterung und des trotzigen Aufbegehrens.«

Antifaschismus und soziale Revolution

Warum dieser Defätismus am Ausgang der fünfziger Jahre? Für den deutschen Leser muß in Erinnerung gebracht werden, was für diese Art Mischung aus Ernüchterung und Aufbegehren sehr entscheidend war: Das England der späten dreißiger, der vierziger und der frühen fünfziger Jahre hat eine emphatische Phase sozialutopischer Hoffnungen durchgemacht. Es war eine Periode stolzen Aufbruchs zu neuen Ufern, an der führende Intellektuelle und Politiker beteiligt gewesen sind. Das Ziel, die britische Gesellschaft von Grund auf zu reformieren, war ein Teil des Kampfes gegen das faschistische Deutschland. Die in diesem Kampf tief genossene Einigkeit der ganzen Nation sollte im Frieden fortgesetzt werden. Dieser Glaube an eine Reform der britischen Gesellschaft im Zeichen planender Gerechtigkeit und Gleichheit wurde von der Mehrheit der Briten getragen und selbst von konservativen Institutionen und Männern unterstützt. Die »Times« schrieb damals: »*Wenn wir von Demokratie sprechen, meinen wir nicht eine Demokratie, die das Recht zu wählen aufrechterhält, das Recht zu arbeiten und zu leben aber vergißt. Wenn wir von Freiheit sprechen, dann meinen wir nicht einen rüden Individualismus, der soziale Organisation und ökonomische Planung ausschließt. Wenn wir von Gleichheit sprechen, meinen wir nicht eine politische Gleichheit, die durch soziale und ökonomische Privilegien wiederaufgehoben wird. Wenn wir von ökonomischer Erneuerung sprechen, dann denken wir weniger an ein Maximum an Produktion als an eine gleichmäßige Verteilung.«*

Das Land mit der härtesten und am tiefsten gehenden Klassengesellschaft hat am konsequentesten das Prinzip der totalen Gleichheit entwickelt, erstmals entworfen im berühmten Beveridge-Report 1942, am nachdrücklichsten in die Tat umgesetzt im staatlichen Gesundheitsdienst. Wenn der bedeutende Kulturkritiker Raymond Williams in seinem programmatischen Buch »The Long Revolution« noch 1962 das radikale Streikrecht bis hin zum wirtschaftlichen Chaos verteidigt, dann war diese Argumentation und ist das Verhalten derer, die ihr heute so verheerend entsprechen, ein Tribut an die dem Faschismus entgegengesetzte Idee von sozialer Gleichheit, wo bisher Ungleichheit selbstverständlich war. Diese Magna Charta einer beispielhaften Gerechtigkeit wurde zur betrogenen Hoffnung. Zwischen britischen Arbeitern und der Elite gibt es keine andere Beziehung als die zwischen Erdbewohnern und Menschen von anderen Planeten. Die Ungleichheit, die Aldous Huxley einst als eine prästabilisierte Harmonie beschrieben hatte, schlägt nun zurück.

Ein Teil der englischen Arbeiterschaft, der sich nie auf Begriffe wie »Sozialpartner« einließ, noch zu besänftigen ist durch die wöchentliche Lohntüte, scheint viel weniger interessiert, an dem vorhandenen System zu partizipieren, als daran, es auf Null zu bringen. Der Grundsatz dieser Radikalen: Wir können nicht reich werden, sollen die Reichen arm werden. Ihre Haltung ist von Raymond Williams intellektuell verteidigt worden: Wenn man über den kapitalistischen Arbeitsmarkt spreche, dürfe man die ganz und gar von ihm verschiedene Konzeption von Allgemeininteresse und Verantwortlichkeit nicht hineinmischen. Die moralische Mißbilligung von Streiks sei seicht und dumm, solange das herrschende Arbeitssystem auf dem Grundsatz partikularer Interessen basiere, das man im Streikfall plötzlich verdamme, während man es im Falle des unternehmerischen Profits gutheiße. Ohne daß man jene auf dem Kontinent selbstverständlichen kulturkritischen Begriffe wie »Entfremdung« ständig im Munde führt, scheinen die radikalen englischen Arbeiter genau das zu praktizieren, was kontinentale Intellektuelle mit einer verschlüsselten Terminologie so lange gefordert haben: Widerstand gegen die menschlichen Bedingungen des »Systems«. Und wenn es nur um die Entlassung eines einzigen Mannes geht! Das ist weniger Ideologie als Charakter.

Die Radikalität ihres Verhaltens wird nämlich erst als eigenwüchsiges, sozialpsychologisch tief verwurzeltes und nicht unbedingt indoktriniertes Verhalten verständlich, wenn man sich etwas sehr Paradoxes, sehr Britisches, dem Deutschen letztlich Unverständliches vor Augen führt: selbst zur Hochzeit der angedeuteten Reformpläne hat man die Begriffe »Planung« und »Effizienz« nur zögernd und mit großer Distanz benutzt. Die Wörter »Effizienz« und »Plan« sind zwei Unwörter in englischen Ohren, unabhängig vom politischen Standort des einzelnen. Angesichts der erfolgreichen faschistischen Diktaturen brachte Aldous Huxley, berühmt geworden durch seine Warnung vor Plangesellschaften, schon 1937 in dem Buch »Ends and Means. An Enquiry into the Nature of Ideals and into the Methods employed for their Realisation« prinzipielle Einwände gegen jede Art von Vorwegnahme der Zukunft und jede Form von langfristig geplanter Gesellschaft vor. Sie bedeutet ihm Manipulation des einzelnen. Ja selbst Reformen drohen nach seiner Meinung das zu verändernde Schlechte nicht zu verändern, sondern es nur auf andere Kanäle umzulenken. »Energie«, »Effektivität«, »Hingabe an die Aufgabe« – das alles sind ihm Ideale, die zur totalitären Sphäre gehören.

Auf keinen Fall gehören sie zu den Inhalten des Gentleman-Ideals, dem Huxley damals sehr bewußt und viele Angehörige der heutigen Elite unbewußt verpflichtet sind. Dieses Ideal war so sehr der Lässigkeit des souveränen Nicht-Fachmanns, des mit Anmut Herrschenden verpflichtet, daß selbst naturwissenschaftliche Leistung seit jeher gering geschätzt wurde und dies in einem Land, das durch die herausragende Begabung seiner Naturwissenschaftler noch immer führend ist. Was fehlt, ist die Verbindung zwischen wissenschaftlicher Forschung und industrieller Verwertung. Selbst ein »linker« Kritiker wie Raymond Williams stimmt in seiner Skepsis gegenüber den Zauberworten der deutschen oder russischen Gesellschaft überein mit dem konservativ-liberalen Gentleman-Intellektuellen Huxley: *»Der sehr überzeugende Grund für allgemeine Planung, nicht einfach Leerlauf zu vermeiden, sondern Entwicklung, Forschung und Neuorganisation weiterzutreiben, ist praktisch aufgehoben durch ein einziges überzeugendes Gefühl: daß wir die Idee eines solchen ökonomischen Systems zurückweisen, das unser Leben kontrolliert.«* Rationalität ist Kontrolle. Kontrolle ist unannehmbar. Dann also lieber keine Rationalität bis hin zur Konsequenz von Anarchie. Das ist durchaus eine verbreitete Ansicht, und je mehr man weiß, daß man damit gegen den Strom schwimmt, um so lustvoller scheint man sich diesem neuen Abenteuer zu verschreiben.

Abscheu vor Kontrolle

Es war nicht ohne Hintersinn, wenn die »Times«, ansonsten eine gestrenge Richterin des englischen Vergnügens an Chaos, Improvisation und Frivolitäten, kürzlich in einem Report über Westdeutschlands Arbeiter die Schlagzeile ersann: »Läßt die berühmte deutsche Effizienz die Arbeiter ihr Herz verlieren?« Der Bericht faßte eine statistische Erhebung von Frau Noelle-Neumann zusammen, nach der der steigende soziale Komfort die deutschen Arbeiter nicht glücklich gemacht habe. Die Zeitung versah das Bild zweier deutscher Facharbeiter mit der tückischen Frage: »Wenn die Arbeit sie trotz des steigenden Verdienstes nicht befriedigt, warum arbeiten sie dann so hart?« In einer Fernsehsendung über das nachgerade als exotisch empfundene Phänomen des westdeutschen Arbeitsfriedens wurde bei allem Respekt für die Organisationsformen gegenseitiger Abhängigkeit am Ende doch so etwas wie die Frage unüberhörbar: Sind diese Deutschen nicht das zur Kontrolle willige Volk, ist hier nicht jene »new brave world« erreicht, vor der Huxley so gewarnt hat? Müssen wir nicht einen sozialen Frieden ablehnen, der auf der Vorausberechenbarkeit von Arbeitsart und Arbeitsverhalten basiert, wofür die Computer schon bereitstehen? Diese Skepsis, ja dieses Mißtrauen wurde sogar deutlich, als Ralf Dahrendorf, der neue deutsche Direktor der berühmten »London School of Economics and Politics«, seinem englischen Gesprächspartner zu entwickeln suchte, wo er Chancen sähe, die offenbar gewordenen unberechenbaren Ausbrüche partikularer Kräfte der Gesellschaft zu strukturieren und zu disziplinieren. Obwohl er kein Patentrezept vorwies und bewußt vermied, den Namen England auch nur zu erwähnen, provozierte er beim sehr gelassenen und intelligenten Interviewer die Vorstellung, daß in derlei Ansätzen zum Systematischen und Berechenbarmachen des Unberechenbaren etwas sehr »Germanisches« stecke.

Nein, wie sehr man sich manchmal auch grauen mag vor dem, was noch alles in der englischen Zukunft steckt, man wird nicht die Effizienz und Planungsdisziplin der Deutschen, der Japaner und selbst der Franzosen nachahmen. Zuviel Herablassung mischt sich noch immer in die Wahrnehmung des eigenen Niedergangs. Es ist eine Art Erstaunen darüber, wie derlei überhaupt geschehen kann. Auch die

Hilflosigkeit ist nicht ohne Arroganz: Was soll man eigentlich schon ändern, wo man doch ohnehin die beste Waffe hat, nämlich das allen anderen überlegene englische Ingenium. Es war überaus charakteristisch für diese Art, die Herausforderung nicht anzunehmen, wie man den Leuten im Fernsehen erklärte, warum die Japaner nunmehr die britische Motorradindustrie fast an den Rand des Ruins gebracht haben: komische, kleine gelbe Männer kamen Anfang der sechziger Jahre mit riesigen Ferngläsern und Fotoapparaten ins berühmte England. Damit knipsten sie die ruhmvollen Exemplare englischer Erfindungskraft und Technik. Dann bauten sie alles nach. Das war es. Wie traurig, wie ridiculous!

Der Hoffnung letzter Strohhalm ist das Nordsee-Öl geworden. Abermals soll die See England retten und ihm – noch immer Kolonial- und Empire-Psyche – Privilegien vor anderen geben, ohne daß man dafür so schrecklich viel arbeiten muß. Das Nordsee-Öl, an das man die Europäer nicht heranlassen möchte, ist der Garant zukünftigen Glücks, das früher die neuentdeckten Meere und Länder enthielten. Anrecht auf Glück! – auf mehr Glück als andere, das ist die tief verwurzelte Erwartungshaltung des Engländers, selbst im Desaster, selbst im Wetteifer auf den »Straßen des Ruins«. Ein Blick auf englische Feste, Fernsehshows, Theaterabende, Straßenszenen, Sportarenen, Nachbarschaften scheint die Vermutung der »Times« zu bestätigen, daß nämlich die englischen Arbeiter die faulsten Arbeiter, aber auch die glücklichsten Arbeiter dieser Erde sind. Happy and glorious noch immer? Wenn schon Untergang, dann ohne tragische Gebärde, sondern mit Lust? Noch immer zieht es Hunderttausende Fremde in dieses Land. Nicht weil sie hier nur Arbeit suchen – wie in Deutschland –, sondern weil sie England suchen, das so menschlich ist: Arbeit und Glück, Planung und Menschenwürde, Effizienz und Phantasie werden hier noch immer als mögliche Gegensätze empfunden. Daß dies nicht in Büchern für intellektuelle Minderheiten geschieht, sondern im tagtäglichen Verhalten von Massen, das gibt den bedrohlichen Konvulsionen das Dramatische und Beispielhafte, eben die Würde des geschichtlichen Prozesses.

O Manchester!

*Litanei auf die industrielle
Revolution*

Du warst bis gestern kein Mythos. Du warst so vertraut und gegenwärtig im Namen deiner berühmten Fußballmannschaft, daß sich nichts Gestriges, Vergangenes einschleichen konnte. Mehr als diesen Mannschaftsnamen gab es nicht zu bedenken, wenn man an dich dachte, bis man dich von Angesicht zu Angesicht gesehen hat. O Manchester, wie hat man dich in deiner finsteren Würde übersehen, vergessen im Kriegsschrei deiner Fußballfans! Erst jetzt, ganz zufällig in Cross-Street, deinem City-Kern, kommt die Erinnerung, überfällt uns dein Mythos, werden wir des Bodens gewahr, auf dem wir stehen: Du nördliche Kathedrale der industriellen Revolution, du Stadt, die gegründet wurde auf Fabriken, Maschinen und Baumwolle. Ohne Stil so stilvoll, ohne Schönheit so schön.

Von Blackfriars Bridge aus sah man deine schlotenden Kamine, einer wie der andere in einer langen, fast schon zeremoniellen Reihe, die im Geiste unserer Vorfahren nicht mehr abbrach, die sich fortsetzte über England, über die ganze Welt. Du warst die neue Hauptstadt des Kapitalismus, und alle seine Übel trugen deinen Namen, und das Rot deines Backsteins war das britische Rot, das die Erde bedeckte bis hinein in die flammenden Phantasien William Blakes, der deinen Terror schon ahnte. Wie das Monster des 19. Jahrhunderts zu schauen, die Umkehrung der christlichen Verheißung, kamen sie, die prophetischen Männer, um dich mit Grausen zu betrachten: Engels und Marx, Carlyle und Tocqueville. Ist das deine

Unsterblichkeit, daß du jetzt vor unseren Augen verfällst, während alle Gedanken, die du ausgelöst hast, noch nicht zu Ende gedacht sind, weiter gedacht werden, jedenfalls in England, jetzt? Bist du wie die Schreckensburg, die den Untergang des Hauses Usher im Gestein schon ankündigt? O Manchester!

Wie konnte soviel Geschichtsträchtiges durch so gänzlich Banales entstehen, du Lehrmeisterin des Materialismus! Unwiderlegbar mit dieser Botschaft, die keine Mystifikationen zuläßt, wo doch dein Anblick heute zu Mystifikationen verführt. Etwa: wurde die kleine Provinzstadt des 18. Jahrhunderts zum Moloch von Warenproduktion und menschlichem Ruin nur deshalb, weil plötzlich »cotton« die einfache Wolle verdrängte und man den Webstuhl erfand? Ist das alles, was es zu sagen gibt über die Ungeheuerlichkeit, die dich zum brüllend Neuen, zum gänzlich Heutigen machte? Und nun? Bist du wirklich das ganz Gestrige? Wurden deine neugotischen Formen im steilen Redbrick zu den notorisch nostalgischen Zeichen, ein surrealer Wald steinerner Überbleibsel, dem sich nur noch moderne Denkmalpflege anzunehmen weiß, diese schlaue Möglichkeit, all das Gefährliche der Ideenepoche, der du entstammst, für tot zu erklären und gleichzeitig angeblich geschichtliches Bewußtsein zu demonstrieren?

O Manchester, ist es dahingekommen, daß wir die Reste deiner finsteren Vergangenheit der hellen Gegenwärtigkeit dessen vorziehen, das gar keine Vergangenheit hat und deshalb auch keine Ideen mehr? Was uns deshalb von den Sozialpflegern aller politischen Couleurs als unser aller geistlose Zukunft angepriesen wird! Bist du wirklich nicht mehr als bloß die Erinnerung an Friedrich Engels und die »Conditions of the Working Class in England«? Wer das sagt, dem muß daran gelegen sein, die Bedingungen der englischen Arbeiterklasse zu vergessen, die englischen Arbeiter als Klasse überhaupt. Dieser Gedanke ist zum alten Eisen erklärt worden, so wie du aus soviel altem Eisen bestehst. Manchester, du bist deines alten Eisens wegen nicht zu belächeln! Dein altes Eisen ist ein Garant auf unsere Vergangenheit, auf unser Gedächtnis, und dieses garantiert uns – fatal genug – allein noch Ideen. Wir sind nicht sehnsüchtig nach deinen zerbrechlich gewordenen Werkshallen, sondern nach den Ideen, die in ihnen hausten. Manchester, du bist die einzige der

Städte, in der die Nostalgie sich nicht modisch breitmachen könnte. Die Nostalgie, die du erzeugst, ist zum Überleben notwendig.

Als Friedrich Engels dich 1840 besuchte, da war deine schwarzberußte, rötliche Häßlichkeit nur häßlich. Da war dein architektonischer neuer Reichtum demonstrativ geschichtslos: kein erhaben-anmutiger Georgean-Stil, kein Tudor-Fachwerk noch normannisches Mittelalter. Die »Free Trade Hall«, gebaut 1847 und, wie J. P. Tailor kürzlich bemerkte, als einziges öffentliches Gebäude Englands nicht nach einem Heiligen oder einer Berühmtheit, sondern nach seiner ökonomischen Bestimmung benannt, diese Halle war deine Unabhängigkeitserklärung von Londons City, war das steinerne Manifest des Freihandels, den du erfunden hast, auf daß fünf Prozent davon profitierten, während die übrigen 95 Prozent diesem Profit dienten. Das war das Sichtbare, die Spitze nur einer platten Arbeitswelt, die uns heute schon wie ein symbolistisches Rätsel vorkommt, könnten wir uns nicht die Leiden, den Haß, diese Hoffnungslosigkeit und diese Brutalität vorstellen. Der noch andauernde, nicht absehbare englische Klassenkampf hat der alten Brutalität die Grenzen gesetzt – ohne Rücksicht auf Verluste, denn diese Verluste bedrohen mehr die traditionelle Elite und ihre intellektuellen Sprecher aus der Mittelschicht als die klassische Arbeiterschaft und die von ihr für sich und nur für sich erfundene Kultur.

Das aber haben Marx und Engels, die dies alles einmal auf Begriffe brachten, in Manchester nicht vorausgesehen. Die beiden Deutschen haben dich literarisch berühmt gemacht. Marx sah dich nur vier Tage lang und arbeitete in Chetans Library. Der Revolutionär, der doch Idealist blieb, war anders als die vielen anderen idealistischen Deutschen, die achtundvierziger Liberalen, die bei dir Zuflucht fanden, um ihren Glauben zu verwirklichen und deinem brutal-irdischen Element das spirituelle beizufügen: »Schiller über alles« hätte ihre nationale Hymne in der neuen britischen Heimat heißen können. Die beiden bedeutendsten kulturellen Institutionen, Halle-Orchester und Schiller-Anstalt, waren Gründungen dieser deutschen Manchester-Leute. Dagegen aber steht die Royal Exchange, die Baumwollbörse, dieser neugotisch-barocke Schrein des Manchestertums, auf dessen Boden heute in vergoldeten Platten die Namen deiner berühmten Handelshäuser eingraviert sind, so wie man in

Westminster Abbey die Namen der großen Politiker verewigt findet. Englische Augen, die zur Zeit wie gebannt auf all die vergangene Herrlichkeit starren, mögen diese vergoldeten Manchester-Namen wie das endgültige good-bye zum Gestern lesen. Der Fremde aber, der heute heruntergeht von der Stadthalle, dem anmaßenden Beispiel der gotischen Erneuerung, herüber zum brüllenden Zentrum zwischen Kathedrale, Ausfallstraßen und Shopping-Geviert, dieser Fremde entdeckt deinen wilden Geist noch immer.

Deine Lagerhäuser sind zwar stillgelegt, aber deine winzige St. Ann School von 1841 in der Queenstreet wird noch immer besucht wie die kleine Kneipe von nebenan, im Reklamestil der zwanziger Jahre. Cobdens Denkmal, die gläsernen Passagen und schmalen, labyrinthischen Durchgänge verdecken deine verwitternde, zerbrökkelnde, sich auflösende Unterwelt, dein 19. und 18. Jahrhundert, wo in finsteren Gassen wie Barton's Square modische Boutiquen für wie lange die finsteren, übelriechenden Löcher künstlich vergolden. Und deine Vergangenheit vor allem anderen, der »Guardian«! Er hat deinen Namen ausgelöscht. Wir sind schon so sehr an diesen Verlust, diese sichtbarste Aufgabe deiner ideologischen Ansprüche gewöhnt, daß wir, nach dem Namen der Ortszeitung fragend, erst viel später innewerden, welche Taktlosigkeit in solch einer Frage liegen kann. Wer sie beantwortet, zögert ein wenig, als ob es gleichgültig ist, daß die neue Zeitung »Manchester Evening News« heißt. Nachdem der »Guardian« nicht mehr »Manchester Guardian« heißt und auch in London gedruckt wird, ist es unwichtig, welchen Namen das neue Blatt trägt. Sein funkelnagelneues Druckhaus sticht heraus aus der schmutzigen, charaktervollen Vergangenheit und könnte auch in irgendeiner der jungen Trabantenstädte stehen. Es ist zweckrational, modisch und anonym, ein rechter Stolz für provinzielle, regionale Ansprüche. Und in dieser Stadt wurde vor nicht so langer Zeit das gedruckt, was am nächsten Tag ganz England und wenig später die halbe Welt denken würde! Ist provinzielles Genügen der einzig mögliche, zukünftig vorgeschriebene britische way of life?

Es hat sich etwas anderes Bahn gebrochen im alten Zentrum, einen Steinwurf weit entfernt von der Kathedrale, begonnen 1422, endgültig vollendet zu Ende des 19. Jahrhunderts. Hat es jemals eine Stadt gegeben, die ihren architektonischen Charme so wenig schonte? Es gibt keine Kirche in England, der man so wenig Platz gelassen hätte, sich selbst darzustellen, wie die in Manchester. Der Boden um sie herum wurde im 19. Jahrhundert rücksichtslos verkauft, und so entstanden jene häßlichen Monstrositäten, die noch heute den Blick auf diese Schönheit beengen. An der gleichen Stelle ereignet sich nun abermals eine Explosion: Maßlose Gier nach wieder Neuem hat diese Zone in eine Bauwüste, einen Betonkrieg verwandelt. Alle Hochtürme und Wolkenstürmer Frankfurts zusammen ergeben eine bukolische Idylle, eine konzertierte Harmonie gegenüber den furchtbaren Dimensionen von Manchesters neugeplanter Verkaufshölle.

Zyklopenwerk Manchester, du bist noch immer an deiner schrecklichen Arbeit! Von dir läßt sich sagen: niedergerissen in achtzig Jahren, auferstanden an einem Tag. Wie der Geist aus der Flasche dehnt sich im Zentrum der häßlich-grandiose Riesenkomplex, das neue Shopping-Gelände. Die Baukräne zeigen den Namen der Baufirma: Taylor & Woodrom. Was hier in gelber Scheußlichkeit sich aufeinandertürmt, erinnert eher an die undurchdringlichen, tempelartig-geheimnisvollen Machtzentren utopischer Romane als an solch banale Bestimmung. Diese scheinbar fensterlose Verkaufsburg ist, vielleicht nur weil noch unbelebt, eine Mischung aus ägyptischer Pyramide, Inka-Stadt und moderner Datenbank, Befehlszentrale einer noch nicht erfundenen Tyrannei. Wenn das Warenhaus, das Kaufhaus mitsamt seiner Reklame zu einem Symbol westlicher Zivilisation wurde, dann zeigt es sein häßlichstes, aber auch sein überwältigend-allegorisches Gesicht nirgendwo so wie hier, an dieser Stelle, in Manchester!

Nein, du bist noch immer nicht, wie wir für einen Augenblick glaubten, die sauber gewordene, mittelgroße Stadt, ambitionslos, doch freundlich. Du hast auch noch nicht jenen entleerten Ausdruck wie Birmingham, dessen Mehrzweckbahnhof man verwechselt mit einer zum Hallenbad umgebauten Boutique. Manchester, du finstere Würde von gestern, dein Heute versteckt nicht die Widersprüche hinter den menschheitsbeglückenden Attrappen unserer Messestädte. Du bliebst das Monstrum. Wenn du stirbst, stirbst du langsam. Dein Atem reicht aus, mehrere Zusammenbrüche anderswo in der Welt zu überleben. Wenn du dich neugebierst, dann ist deine brüllende Neugeburt noch immer so vermessen wie deine neugotische, abenteuerliche Häßlichkeit von einst. Manchester, du bist nicht mehr die Erste unter den modernen Städten, du wurdest, trotz Venedig und seinem Verfall und was er uns bedeutet, zur romantischsten. O Manchester!

Eine Begebenheit
in Yorkshire

Fatalismus und Stolz
Englische Bergarbeiter am
Rande Europas

Das ist die Szene: Eine schmutzige Straße, auf beiden Seiten kleine, trostlose Häuser. In der Nähe eine Dreckhalde und ein stark rauchender Schornstein, schwarzer Rauch. Ein Junge, sechs oder sieben Jahre alt, in zusammengestoppelten Kleidern, rennt die Straße runter: »Mam, Mam.« Er schreit so, daß alle Welt ihn hören kann. In einem der besseren Häuser steht eine Frau mittleren Alters von ihrem Stuhl auf. »Entschuldigen Sie mal, Pastor.« Sie geht nach draußen, außer Hörweite. »Was zum Teufel willst du? Der Pastor ist drinnen. Laß ihn dich um Himmels willen nicht so sehen. Was willst du alle Nase lang?« »Mam, welche Schicht hat Vater?« Er sagt es mit einer Spur von Dringlichkeit in seiner gequetschten Stimme. »Er ist nachmittags dran, was zur Hölle ist los?« »Mam, Mister Robinson sagt, du mußt zum Förderturm gehen, da ist ein Unglück passiert.« »Paß auf, wenn das einer deiner dreckigen Witze ist, haue ich dich bis aufs rohe Fleisch«, sagt sie und hebt die Hand. »Nein, nein Mam, ehrlich, ehrlich Mam, bei meinem Leben Mam, bitte komm, sie sagen, da sind einige Männer verschüttet worden.« Die Frau wird bleich, als sie merkt, daß ihr Sohn einmal in seinem Leben die Wahrheit sagt. Gedanken, wie man fünf Kinder mit einer Witwenpension aufzieht, schießen ihr für eine Sekunde durch den Kopf. »Ist irgend etwas nicht in Ordnung, Mrs. Hill?« sagt eine feine Stimme hinter ihr. »Oh, Herr Pastor, es ist Harald, er ist verschüttet unten in der Grube, tot womöglich.« »Nein, nein, beruhigen Sie sich, my dear.

Ich bringe Sie in meinem Auto dorthin.«»Ja, vielen Dank, Pastor, ich bin ja so dankbar.« Auf dem Weg zum Förderturm murmelt die Frau durch die Tränen: »Wenn ihm irgend etwas passiert ist, dann muß ich es mir vorwerfen. Es ist sein Rücken, wissen Sie, es ging ihm nicht gut, als er ging. Er ist ein guter Mann zu mir gewesen, was immer auch die Leute sagen. Er trank, aber welcher Mann tut das nicht, was?« Der Pastor kann sehen, was ihm bevorsteht: stundenlanges Stehen und dabei weinende Frauen trösten. Fragen, wer es ist, wenn sie die Toten heraufbringen, einen nach dem anderen. Noch bevor der Wagen hält, stürzt die Frau heraus und rennt zu einer wohlbekannten Gestalt, die am nächsten bei den Ambulanzmännern steht. »Jack, Jack. Harald ist doch unten, nicht? Steh nicht herum, sag etwas.« »Nun Hilda, sei ruhig, das ist ein Schlag für alle von uns, love. Schau love, manchmal, irgendwo muß einer von uns gehen. Gott nimmt alle von uns, einen nach dem anderen. Einige Männer sterben alt und andere von uns sterben jung.« »Um Christi willen, hör auf mit deinen Scheiß-Märchen. Harald ist tot, er ist tot, das stimmt doch?« »Ja love, er ist tot.« »Ich wußte, bevor er wegging, daß irgend etwas passieren würde. Ich fühlte es in meinen Knochen. Ich hätte ihn nicht weglassen dürfen.« »Nun, Hilly, mach dir keine Vorwürfe, er ist nicht der einzige.« »Wo ist er, Jack? Kann ich ihn sehen?« »Well love, es ist kein schöner Anblick, du wartest besser etwas.« »Nein, Jack, das macht nichts. Ich habe es ihm versprochen. Wenn er sterben würde, wollte ich seine Hand halten und ein Gebet sagen. Das ist etwas, was ich nicht besonders gut kann, das ist etwas, wo ich auch nicht viel Übung habe, aber ich kann's versuchen, bitte, wo ist er?« »Er ist in den Duschräumen, love – du weißt, wo sie sind – wenn du dir sicher bist.« Sie nickt und geht allein weg, langsam. Jack schaut ihr nach. »Warum in Gottes Namen müssen Männer verdammte Bergleute werden?« Er sagt es böse und macht sich wieder an seine Arbeit.

Diese Geschichte über ein Minenunglück in Nordengland könnte in einem Lesebuch stehen. Als man so etwas noch bei uns las, hörte es sich schon ein bißchen nach einer Sage an, die weit zurückreicht in die Zeit vor den Ruhrkämpfen. Eine soziale Ballade für Nachempfindende, aber nicht mehr für unmittelbar Beteiligte erfunden. Abteilung: aus dem sozialen Leben des Volkes.

Diese Geschichte ist zwar auch aus einem Lesebuch, aber nicht aus einem von gestern und auch nicht zu pädagogischer oder historischer Erbauung erfunden. Es ist die Geschichte, die Diane Powell, eine Schülerin der Normanton Grammar School aus dem Bergarbeiterstädtchen Normanton in Yorkshire nach ihren Eindrücken und Erlebnissen für die Schülerzeitschrift ihrer Schule aufschrieb. Sie nannte diese Geschichte lakonisch untertreibend – mit den englischen Wörtern »accident« (Unglück) und »incident« (Ereignis) spielend: »A Yorkshire Incident« – Eine Begebenheit in Yorkshire.

Sind Unglücke im Bergbau wie das geschilderte tatsächlich Alltäglichkeit dort? Hat man diese gleichzeitig naiv-melodramatische und gerade deshalb so ehrliche Geschichte wirklich für das zu nehmen, für das sie genommen werden will: als einen Blick auf anachronistisch wirkende Zustände im nördlichen Industriegebiet Großbritanniens, wo technische und soziale Rückständigkeit herrschen und ein gewisser Fatalismus dies alles zu verewigen scheint, so daß heute noch der Satz, den ein ausländischer Besucher vor hundertfünfzig Jahren aussprach, gelten könnte: »Jeden Tag danke ich dem Himmel dafür, kein armer Mann mit einer Familie in England zu sein.«

Die Gegend, von der hier die Rede ist, das südliche Yorkshire, zog und zieht keine ausländischen Besucher, geschweige denn Touristen an. Man kennt daher auch kaum die Namen jener kleinen Industrie- und Bergarbeiterstädte, von denen Normanton nur eine ist. Es ist die Region zwischen den Orten Doncaster im Süden, Leeds im Norden, Pontefract auf mittlerer Strecke dazwischen. Dieses Yorkshire-Revier, früher weitab von gerne befahrenen Routen, heute aber mit den neuen Intercity-Zügen vom Londoner Kings Cross-Bahnhof in gut drei Stunden erreichbar, ist neben den berühmten Industriezentren Manchester und Liverpool im benachbarten Lancashire das älteste und wichtigste Kohlengebiet Englands. Hier ist der Boden auf den dicht besiedelten Höhen bei Pontefract jeden Meter breit unterminiert und die Risse in diesem Haus, der Erdrutsch in jenem Garten zeigen die ehemaligen Schächte, die mittlerweile unbenutzt sind und einzubrechen drohen. Menetekel einer sterbenden Industrielandschaft? Die letzten Opfer der altersschwach gewordenen industriellen Revolution, die in diesen Gebieten vor hundert Jahren ihren Siegeszug über Europa begann?

Dabei könnte derjenige, der den Namen der Stadt Pontefract, zehn Autominuten östlich von Normanton, zum ersten Male hört, und es nicht gesehen hat, eigentlich an etwas ganz anderes denken als nur an eine ärmliche, vom Kohlendioxyd süßlich und je nach Windrichtung unerträglich riechende Stadt. Er könnte an die Burg »Pomfret« denken, in der Bolingbroke, späterer Heinrich IV. aus dem Hause Lancaster, seinen königlichen Gefangenen und Rivalen Richard II. umbringen ließ. Tatsächlich war der heute von Kohlenminen unterminierte Boden dieser Landschaft einst neben London das Zentrum mittelalterlicher Macht in England gewesen.

Auf diesen Ebenen, bei diesen Städtchen und Flecken südlich der alten Handels- und Bischofsstadt York, spielten die blutigen und pittoresken Szenen des über dreißig Jahre dauernden Krieges zwischen der weißen und der roten Rose (1455–1485). Hier an der Ostküste, weitab von London, an der Mündung des Humberflusses, landeten zweimal Herausforderer des gerade etablierten Königshauses: zuerst Bolingbroke, später Edward von York, nachmaliger König Edward IV. und sein Bruder Richard von Gloucester, unter dem Namen Richard III. als finsterste Figur in die Shakespearischen Königsdramen eingegangen. Hier prallten die beherrschenden Yorkshire-Familien der Percies und Nevilles mit der königlichen Zentralgewalt zusammen. Hier und noch nördlicher lebte auf seiner Burg Middleham Richard III., »the man of the North«, in Wahrheit kein Verbrecher, zu dem ihn die Tudor-Historiker, und ihnen darin folgend Shakespeare, gemacht haben, sondern eine Herrscherfigur mit hervorragenden organisatorischen und politischen Talenten.

Yorkshire war neben Westmoreland bis in die neuere Zeit englisches Grenzland nach Schottland hin. Es gelangte zu seiner strategischen Schlüsselstellung eben dieser Nachbarschaft zu den feindlichen und immer wieder die Grenzen überschreitenden Schotten wegen und wegen der großen Entfernung zu London und Whitehall, dem Regierungssitz. In dieser abgelegenen und doch so historischen Landschaft entwickelten die Leute jenes stur-provinzielle Selbstbewußtsein gegenüber dem »weichen« Süden, gegenüber den Südengländern von London und seinen umliegenden Grafschaften. Yorkshireman – das ist auch heute noch ein Synonym für Härte und Lakonie. Obwohl sich die sozialen Bedingungen völlig verändert haben und von der mörderischen Lancaster-Burg Pomfret kaum mehr als ein paar Mauern und der Name »Pontefract« übriggeblieben ist.

Das war das historische Yorkshire. Zwanzig Zugminuten nördlich der roten Backsteinsiedlungen von Pontefract, wo die flache Getreideebene von York beginnt und dahinter, wo es allmählich übergeht in »the wolds« oder gar hoch oben in den »North York Moors«, wo die feinen Leute auf Rebhuhnjagd gehen, erinnert die unberührte Natur noch an die alte Geschichte. Die Stadt York selbst scheint ein übriggebliebener, schön versteinerter Traum vom englischen Mittelalter, kühner, in sich selbst versenkt mit Kathedrale, als das lustige Canterbury, seine alte Rivalin in der Rangfolge. Hier ist kein Wirtschaftszentrum mehr wie früher, hier scheint endgültig Schluß. Die Leute arbeiten heute in der nahen, ganz England versorgenden Schokoladenfabrik. Kein Boom sonst.

Im Süden aber, im dreckigen Dreieck Leeds, Pontefract, Normanton hat das, was von der Natur noch übrigblieb, etwas Rührendes: dieses Rührende kommt von dem Widerspruch zwischen industriell zerstörter Gegend und anmutiger Landschaft, so wie es sie nur in England gibt. Für den Ausländer in etwa vorstellbar geworden durch die Schilderungen von Lawrence, dem Bergarbeiter-Sohn aus Nottingham. Es ist die Kulissenlandschaft: an eine Anhöhe gelehnt, eine Landstraße, tiefgrüne Rasenflächen und prächtige Eichen dahinter, wo man weitere grüne Täler vermutet, plötzlich aber – und das ist die Wirklichkeit – gibt die nächste Wegkreuzung Kohlenhalden dem Blick frei, stillgelegte Bergwerke, hinter denen wiederum Schornsteine rauchen. Zwischen den Orten Pontefract, Ferrybridge, Castleford, Glass Houghton, Featherstone, Bradford und Normanton gibt es heute viel Leere.

Wo früher, vor dem Zweiten Weltkrieg, das britische Eisenbahnzentrum lag und der Knotenpunkt des Güterverkehrs, ist jetzt nichts mehr. Andererseits ist hier aber noch immer das Wollzentrum der Welt, das größte Kraftzentrum Englands (Ferrybridge), dessen nationales Verteilersystem die anderen versorgt, Kellingley, ein Schacht bei Knottingley, mit der größten Kohlenförderung in England. Es sind gleichzeitig aber auch die Gebiete versiegender Kohle. Das größte Minenzentrum zeigt Spuren der Verödung, Versteppung.

Industrielle Landschaft, die etwas Nostalgisches bekommt, weil alles nur noch Erinnerung scheint, ein Eindruck, der sich erhöht durch pittoreske Einzelzüge: zwischen Pontefract und Leeds gibt es eine Zone, begrenzt von der A 1, der Hauptstraße von London nach Schottland, überragt, auf weite Entfernung sichtbar, durch die ewig rauchenden Türme von Ferrybridge, durchsetzt von alten Schleusen für den von Chemikalien stinkenden Fluß Aire, der ab und wann Wolken von weißem Schaum produziert, der, wie der Wind steht, die Straßen der Stadt in dichten Lagen bedeckt, und es in Castleford den Fall gab, daß man die Einwohner aus einer Schaumflut ausgraben mußte. In dieser kaputten Gegend liegt ein Naturschutzgebiet mit drei kleinen Seen, in denen es lebendige Fische gibt und den seltensten Vogel Englands: einen Reiher, der sich hierhin, von Krähen verfolgt, geflüchtet haben soll und seitdem nistet. Ein rührendes Industrie-Märchen.

Dieses Beispiel wäre zu verallgemeinern: halbgestorbene Naturidylle, rote Ziegelsteinmonotonie, entweder langsam wirkende Luftverpestung oder Verödung früherer Arbeitszentren – das sind die äußeren Bedingungen hier. Die Folgen sind schwer: zunächst und vordergründig am schlimmsten: die Arbeitslosigkeit. In Normanton sind es 261 Männer, in Castleford 1037 Männer, die von der staatlichen Wohlfahrt leben. Viele Klassenkameraden von Diane Powell, unserer Unglücksbotin, kommen aus einer Familie, deren Vater keine Arbeit hat. In Hemsworth sind über 12 Prozent erwerbslos, im Vergleich zum nationalen Prozentsatz von 3,9 Prozent. Von hier stammt die schlechte Statistik mit den 900 000 Arbeitslosen in Großbritannien. Geht man durch einige der menschenleeren Arbeiterstraßen, dann entdeckt man, wie dieses und jenes Geschäft an der Ecke mit den großen Bonbongläsern und Alles-Kauf-Angeboten zugemacht wird. Hier gibt es keine Rendite mehr. Sozial sterbende Orte? Es hat den Anschein und mehr als den Anschein. Es gibt aber noch Schlimmeres. Männer kommen einem entgegen, kleine, hager verknitterte Bergleute, Vierzigjährige, die aber aussehen, als wären sie fünfundfünfzig, in Hosen als stammten sie aus den dreißiger Jahren. Sie haben noch Arbeit, aber diese Arbeit hat sie früh verbraucht und fertiggemacht, und sie werden frühzeitig sterben. Das ewige Kohlendioxyd, das man auch im Blick auf grüne Footballplätze nicht vergessen kann, die miserablen Arbeitsbedingungen vor Ort, das ist es. Wie miserabel es ist, zeigen häufig kleine Mitteilungen im Lokalblatt: »A Man was killed.«

Diane Powell, die Schülerin aus der Normanton Grammar School, hat nicht übertrieben, es war keine Ballade. Die Häufigkeit von schweren Unglücken ist allgemein bekannt. Man sieht viele Krüppel hier und man sieht Fatalismus. Er liegt irgendwo in der Luft. »Kein armer Mann mit Familie in England sein . . .« Wir wissen durch die Studien von Eric J. Hobsbawm (Oxford), was mit dem armen Mann in England seit 150 Jahren passiert (siehe »Industrie und Empire. Britische Wirtschaftsgeschichte seit 1750«, edition suhrkamp). Der Fatalismus ist dabei die schwerste Sache, besonders wenn man ihn aus der Nähe besieht. Fatalismus ja, aber nichts von Ergebenheit, keine Unterwürfigkeit. Hier würde der einfache Mann zur Queen »Mam« sagen und in spendabler Laune sie vielleicht mit dem dumpfen Yorkshire-Laut »luv« (Love) zu einem Bier einladen, ohne sich dabei anzubiedern.

Der Aufschrei von 1893

Aber keine Empörung, kein Aufschrei? Es gab einmal einen Aufschrei, das war zu Beginn der neunziger Jahre des vorigen Jahrhunderts. Jenen neunziger Jahren, die weniger bekannt wurden durch Arbeiterqual als durch die Mode des Edwardianischen Zeitalters. Damals brach in Normanton ein wilder Streik aus, der blutig endete. Auf dem Normanton nahe gelegenen, sehr alten, eichenbestandenen Friedhof Featherstone stehen gleich beim melancholischen Eingang zwei poröse graue Grabsteine. Ihre Inschriften erzählen das manchen sehr alten Leuten noch erinnerliche Drama, das sich damals hier abgespielt hat und nennen die Namen von zwei toten Arbeitern: »Sacred to the memory of James, the beloved son of Rowland and Mary Gibbs of Loscoe Grove, Normanton, who was shot thorrough by the soldiers who charged the lockedout miners at Lord Masham's Collieries, Featherstone on the evening of 7th sept. 1893, aged 22 years. Gone, not from memory or from love, but from a world of strife, swept by a rifle ball from the earth to live endless life.«

An einem Septemberabend des Jahres 1893 also geschah es. Es muß so gewesen sein, daß Lord Masham, der Besitzer der Kohlengrube (da die Yorkshirekohle auf gutsherrlichem Ackerboden gefunden wurde, waren die meisten Grubenbesitzer dieser Gegend Adlige), die streikenden Arbeiter ausschloß. Als diese doch zum Hauptschacht strömten, um weiter zu demonstrieren oder wieder zu arbeiten ist unklar, wurde das von Lord Masham angeforderte Militär gegen sie eingesetzt, das in die Menge schoß. Es gab damals noch mehr Tote als nur diese beiden bekannten. Von dem Grabstein des anderen Toten, namens James Arthur Duggan, erfahren wir noch, daß es Soldaten vom South Staffordshire Regiment waren. Die Inschrift dieses Grabsteines endet mit der herkömmlich religiösen Formel für Verstorbene: »Gone, but not forgotten«, die hier gleichzeitig aber einen grimmigen Hintersinn bekommt: »Vorbei, aber nicht vergessen!«

Man hat es vergessen, obwohl die melancholische Stimmung einer verbrauchten Bevölkerung hier in der Luft liegt. Warum vergessen? Vielleicht deshalb, weil jene Männer, die damals hierhinkamen und politische Propaganda machten, nach jenem Septemberabend spurlos verschwanden. Die Arbeiter, die ihnen folgten, fühlten sich im Stich gelassen, die Gegenpropaganda der örtlichen Tories hatte es leicht, jene Unbekannten als kriminelle Agitatoren zu diskriminieren. Ein Gefühl der Bitterkeit ist bei der Generation, die das Ereignis erlebte, zurückgeblieben. Es hat nie wieder rebellischen Widerstand gegeben, man wurde loyaler Labourman und hörte auf die Gewerkschaft.

Die Enkel und Urenkel jener Toten der Nineties haben indes eine andere Chance, die einzige wohl, aus diesem noch andauernden Elend zwischen Kohlendioxyd und Alkohol herauszukommen: die höhere Schule. Diane Powell, unsere Schülerin, ist eine der vielen Arbeitersöhne und -töchter, die es schaffen. Eine individuelle Lösung. 90 Prozent der oberen Klassen der Normanton Grammar School sind Kinder armer und kleiner Leute, zur Hälfte Bergarbeiter, zur anderen Hälfte Ladengehilfen. Die Trostlosigkeit der häuslichen Verhältnisse ist der Motor für diese Schüler, und sie werden dabei (viel stärker als bei uns) von ihren Eltern unterstützt. In die

Kohle gehen – das bedeutet, verurteilt werden. Mr. David Cooper, vierzigjähriger Leiter der englischen Fakultät an der Normanton Grammar School, der in Cambridge englische Literatur studierte und, bevor er hierher kam, an einer bürgerlichen Grammar School im eher lieblichen Lincolnshire tätig gewesen war, spricht mit Wärme und großer Konzentration von seinen Arbeiterschülern, die bei ihm Shakespeares Englisch lesen und verstehen lernen. Er erzählt davon, mit wieviel mehr Intensität und Intelligenz diese Schüler bei der Sache sind als ihre Altergenossen aus gut situierten middle-class-Familien, eine Erscheinung, die man für England offensichtlich verallgemeinern kann. Zur Zeit fällt auf, daß in Grammar Schools überall dort, wo der Prozentsatz von Arbeiterkindern besonders hoch ist, das Leistungsniveau jäh steigt, während in Schulen mit traditionell bürgerlichen Schülern das Desinteresse für geistige Dinge besonders grassiert.

Man muß sich das vorstellen: Bis zum frühen Nachmittag sitzt der Sechzehn- und Siebzehnjährige da und studiert Shakespeare und Milton, hört von John Donne oder den nachelisabethanischen Metaphysicals, er liest moderne Schriftsteller wie Graham Greene oder moderne Lyriker wie Tom Gunn und Ted Hughes. Natürlich ist hier kein akademischer Elfenbeinturm. Die meisten Schüler der Oberstufe verpflichten sich zu sozialer Hilfe – in Krankenhäusern, auf Pflegestationen von Siechenheimen, in Nervenheilanstalten, in Altersheimen, in Erziehungsanstalten, oder helfen alten und behinderten Menschen in ihrer eigenen Gegend. Alle Primaner verfolgen einen intensiven und umfassenden Kursus für allgemeine Studien, in denen sie das ganze Spektrum sozialer und politischer Fragen diskutieren. Aber gegenwärtige Probleme können nicht alleinigen Anspruch auf ihre Anteilnahme haben – noch besteht nach Meinung der Pädagogen die Dringlichkeit für das Erziehungssystem, es ihnen unter die Nase zu halten: Zu oft sind sie sich dieser Probleme nur allzu bewußt in ihrem eigenen Umkreis, in dem Leben, das sie selbst führen.

Nachmittags sitzt derselbe Junge dann zu Hause in einem der roten Backsteinhäuschen zwischen Eltern und weniger begünstigten Geschwistern, die von alldem, das er eben gehört hat, nichts wissen. Dabei – so erklärt es Mr. Cooper – passiert nun nicht das, was man erwartet: Diese Schüler lehnen die immerhin recht esoterischen literarischen Themen nicht ab, im Gegenteil, sie wünschen sie. Viele dieser Bergarbeiterkinder sind geradezu versessen darauf, eine literarische Tradition kennenzulernen, die bürgerlich oder gar aristokratisch geprägt ist. Keineswegs suchen sie etwa ihre eigenen sozialen Probleme in den Büchern, bevorzugen also nicht unbedingt Schriftsteller wie den frühen Sillitoe oder John Braine, die selbst Söhne von Arbeitern sind und von der Kritik als berühmte neue Generation von Arbeiterschriftstellern gefeiert worden sind. Das haben sie, wie sie erklären, täglich auch zu Hause; das gerade wollen sie vergessen. Einen berühmten Vorgänger dieser Arbeiterdichter mögen allerdings einige: Lawrence aus Nottingham, aber nicht wegen Schilderung der sozialen Lage der unteren Klassen, sondern vielmehr wegen seines Mystizismus und Lyrismus. Wenn diese Schüler Klassiker lesen, dann werden diese also nicht, was möglich wäre, politisiert, sondern sie sind ganz einfach eine Bereicherung ihres Verstehens, vielleicht sogar geistige Einsicht. Je mehr sich das Thema von ihren alltäglichen Erfahrungen entfernt, um so sicherer scheint es ihnen, diese Erfahrungen zu transzendieren: »Nur so werden mir später andere Sätze einfallen als der Satz ›Mam, die Milch ist da‹«, sagte einer von ihnen.

Für die Erwartungen kontinentaler Intellektueller ist diese Art der rein individuellen Emanzipation vielleicht deprimierend. Hier befreien sich einige von den Bedingungen ihrer Klasse, die Klasse selbst aber scheint um so naturwüchsiger als unfrei hingenommen zu werden. Man erwartet vielleicht bei diesen Aufsteigern eine gewisse politische Aggressivität. Gewiß ist, daß die meisten dieser Jungen oder Mädchen, die selbstverständlich nach dem Abitur studieren (denn gerade dies ist das Ziel), gleichgültig gegenüber den Rebellen in Oxford, Cambridge oder London School of Economics sind. Sie verstehen sie nicht. Psychologisch nicht. Wie man hört, verachten sie die linksradikalen Söhne der middle- und upper-class. Sie werden durch deren theoretischen Radikalismus geschockt, weil er nach ihrer Meinung keine Spur von Ahnung über die wirkliche Lage und Bedürfnisse der Arbeiterklasse im Norden enthält, nicht weiß, aus welchen Tiefen der Dumpfheit sie selbst emporsteigen mußten. Vor allem die Bedürfnisse! Die sogenannte bürgerliche Kultur enthält für sie Maßstäbe und Werte, nach denen sie streben, vielleicht mehr aus Gründen eines persönlichen Bedürfnisses als allgemeinen sozialen und politischen Motiven wegen. Diesen funktionalen Wert muß man hier studieren, bevor man Meinungen hat. Es gibt gerade an einigen der nördlichen Schulen – Normanton Grammar School wurde 1594 gegründet und genießt einen hervorragenden Ruf – schon eine Tradition, aus niedrigsten sozialen Lagen heraus Karriere zu machen. Das ist es, das ist das Ziel: hier herauskommen.

Gewiß, sie werden wohl nicht für die Konservativen votieren. Sie bleiben wahrscheinlich loyale Sozialisten, gewerkschaftstreu, das heißt entschieden gegen die Bürgerlichen, aber nicht radikal, sondern auf ruhige Art. Sie werden nicht versuchen, den Snobismus der herrschenden Mittel- und Oberschicht nachzuahmen. Sie wollen sie übertrumpfen. Mit jener eigentümlichen Härte und Knappheit, mit der sie ihren Yorkshire-Akzent sprechen. So etwa, wie die Rugby-Mannschaft von Normanton Grammar School in diesem Jahr das Endspiel aller Schülermannschaften Englands im Rosslyn Park gewonnen hat. Die Pointe nämlich dabei ist, daß Rugby, zu unterscheiden von der amerikanischen Variante, eigentlich ein Gentleman-Spiel ist und traditionellerweise nur von den Schülern der feinen Public Schools (Internate) gespielt wird. Die Härte und Gefährlichkeit des Spiels hat hier oben im Norden gefallen und so begannen hier (wie auch in walisischen Arbeitergegenden) Schüler von Grammar Schools mit dem Spiel. Der Sieg über die Public Schools war ein Triumph, der noch lange genossen wird.

Soviel über den Klassenkampf in Yorkshire.

Welche Aussichten sehen die weniger Glücklichen dieser Gegend, jene arbeitslosen Bergleute, jene früh Gealterten und Alternden, die Arbeit haben, aber morgen vielleicht schon nicht mehr? Es gibt da eine Hoffnung auf Projekte, die, sollten sie realisiert werden, tatsächlich die Situation hier wie überhaupt im Nordosten sehr verändern könnten. Es ist ganz einfach: Man hofft auf die Autobahn, die von Liverpool an der Westküste bis Hull an der Ostküste geplant ist. Diese Autobahn würde über Manchester und Leeds, unweit von Pontefract, vorbeiführen und erstmalig die traditionelle Verkehrsachse vom Norden nach Süden ersetzen durch eine west-östliche Achse. Industrieprodukte, hergestellt im Norden, würden dann nicht mehr wie seit Jahrhunderten nach London und in die südlichen Häfen gehen. Vielmehr soll Hull und damit der ganze Nordosten auch endlich der Nutznießer der eigenen Arbeit werden. Man will den Hafen von Hull erweitern, vor allem aber durch eine Brücke über den Humber (das größte Brückenprojekt Englands) verkehrsstrategisch effektiv machen. Das ganze Areal zwischen dem nördlichen Lincolnshire und südlichen Yorkshire, seit dem Niedergang im Mittelalter ein provinzieller Hinterhof Englands, würde dadurch verkehrstechnisch und wirtschaftspolitisch jäh aufgewertet, ja, es entstünde eine unmittelbare Konkurrenz für die südlichen Häfen. Zur Zeit liegen sogar viele der renommierten Schiffswerften dieser Gegenden wegen mangelnder Aufträge still. Der Norden fürchtet, daß er vom Gemeinsamen Markt abgeschlossen werden könnte und nur Südengland davon profitiert. Daher diese Pläne, die ein nationales Projekt sind. Das alte Wort, daß im Norden die Arbeit sei und im Süden der Wohlstand, soll endlich überholt werden. Es ist ein ähnliches Wort wie das von den zwei Nationen, die in England leben. Dieses Wort, inzwischen hundert Jahre alt, wird schwerlich so bald überholt werden können.

Eine Warnung an den kontinentalen Leser: Das Geschilderte ist ziemlich trostlos, ja manches hoffnungslos. Nur: Sprüche und jene Art aufdringlicher Ratschläge vom fetten Polster herab, wie sie neuerdings an die Engländer massenweise verteilt werden, sind nutzlos. Sie stoßen dort, gerade auch bei der arbeitenden Bevölkerung, auf Ironie und ein nicht hoch genug einzuschätzendes Selbstbewußtsein. Arbeitslose Arbeiter, die in Deutschland waren, kamen unbeeindruckt von deutscher Wertarbeit und Disziplin nach Yorkshire zurück und erklärten öffentlich: »Deutsche Arbeiter sind wie eine Hammelherde, ohne politische Initiative.« Wie dem auch sei und was immer man auch von den wilden englischen Gewerkschaften halten mag, der geschilderte Fatalismus enthält auch ein anarchisch-radikales Moment der Selbstbewahrung und des Stolzes. Hier ging man noch nie am Gängelband, jenes Gängelband, das man bei den Europäern zu sehen glaubt, vor allem bei den Deutschen, weshalb die Leute hier auch von einem vereinten Europa nicht viel halten.

Man liebt es hier zu betonen, daß einem das Wasser bis zum Halse steht. Nur: Wenn Briten das Wasser zum Halse steht und wenn sie auch noch sagen, daß ihnen das Wasser zum Halse steht, dann ist das nur eine besondere Form ihrer aufreizenden Selbsteinschätzung, auch bei den Leuten in Yorkshire.

Der ewige Bürgerkrieg

*Es ist ein langer Weg von
Dublin nach Belfast*

Der Regen über der irischen See war monoton wie die letzten Nachrichten aus der Grafschaft Armagh. Die Eisenbahnstrecke von Dublin nach Belfast war durch Sprengstoff unterbrochen, die Busfahrt durch diese Provinz unvorhersehbar und gefährlich, die Zeit knapp – und so fuhr man in dieser von Regenböen gepeitschten Nacht auf dieser alten Fähre übelgelaunt, von Brechreiz geschüttelt zurück nach Wales, die gottverdammte irische Legende zerstört hinter sich, die blutverschmierten Fakten vor Augen. Das Leichteste wäre es, die Engländer anzuklagen, mit denen das alles vor 400, vor 800 Jahren begonnen hatte, und die ausgerechnet in dieser Nacht drauf und dran waren, ihre berühmte Habeas-Corpus-Akte aufzuheben, natürlich wegen der Iren. Wer in eine solche britische Geheimdienst-Razzia nach IRA-Leuten gerät, wie man sie in Holyhead, dem englischen Hafen für Irland, veranstaltet, dem kann es passieren, daß man ihn zu lange verhört und er seine Schlafwagenkarte nach London umsonst bezahlt hat: »Sympathisieren Sie mit der IRA?« – »Waren Sie in Belfast?« – »Was taten Sie in Dublin?« – »Was halten Sie von den Loyalisten?« Ein paar scherzende Bemerkungen über James Joyce und die »Dubliners«, während in der Nebenzelle die Titel aller politischen Bücher notiert werden, die im Seesack stecken, und man das Klicken der Photokopiermaschine hört, die die verdächtig unverständlichen deutschen Kritzeleien über Unterhaltungen, Interviews, Beobachtungen aufnimmt. Lächelnde Verabschiedung, diese englische Freundlichkeit. »Sie schienen IRA-verdächtig, sorry, wir müssen das Land schützen.«

Natürlich, die IRA bombte in London schlimmer als im Jahre 1939. Die romantische Keuschheit vor dem Namen Irland ist verflogen, wenn man aus dem Lande zurückkehrt. Wie hinreißend, die alte Legende noch immer bestätigend, war doch der allererste Eindruck gewesen! Als Dun Laoghaire in der Morgenfrühe aus dem See-Nebel auftauchte, der sanfte Vorhafen von Dublin, die weiche Silhouette, die weißen, spitzen Türme der Kirchen – da war alles noch ein Stück verzauberter keltischer Landschaft. Da war Irlands Anmut noch wie die Inseln der Seligen, die Umkehrung von Englands grimmig-verschlossener Küste und was sie bedeutet. Man erinnerte sich plötzlich an Bölls Buch, das ist zwanzig Jahre her. Vor zwanzig Jahren war Irland für die Deutschen, für die Europäer noch immer das Land der Heiligen und Dichter gewesen. Die zivilisationsflüchtigen Kontinentalen wollten irischen Torf riechen, den man in Kildare und Limerick verbrennt.

Die Iren selbst haben diese Art von Romantik nie besonders gemocht, obwohl sie sich selbst ständig romantisch belügen. Und wie soll auch die Romanze ausbleiben, wenn ein Land so weit entfernt ist und doch so imaginativ nahe: nicht nur durch James Joyce und Beckett, auch durch J. M. Synge mit seinem »Playboy of the Western World«, durch Frank O'Connor und seine träge-listigen Geschichten aus der Provinz, vor allem aber durch Sean O'Caseys mystische Tragikomödien, die, wie selbstanklägerisch auch immer, doch noch mit dem Schatten des irischen Gunmans eine blutige Romanze anspinnen. Und doch: Selbst wer nie in Irland war, wer es nur literarisch kannte, der mußte wissen, daß der Mythos der IRA-Republikaner sich zu verwandeln begann in Perversion, Dumpfheit und sinnlose Brutalität. Yeats, der große elitäre Lyriker, hatte am Anfang des Jahrhunderts den irischen Aufstand für lange Zeit verklärt. Er hatte von der »schrecklichen Schönheit« gesprochen, die man noch immer in Anspruch nimmt. Aber die ist etwas für Schriftsteller, für introvertierte Leser. Wie häßlich ist Irlands Schönheit jetzt? Was ist Irland? Ein Name für was?

Für die Hungerinsel, die so entvölkert wurde, daß mehr Iren im Ausland leben als in ihrer Heimat? Der Name für die bescheidene, erst 1949 wirklich souverän gewordene Republik, die nicht mehr länger das Land der ewigen Trouble-Maker sein will, die ihrer Bevölkerung einen sicheren, wenn auch noch immer bigotten, von Priestern regierten Alltag beschert und nichts mehr fürchtet, als in das Ulster-Gemetzel hineingedrängt zu werden? Der Name für das schönste westlichste Touristengebiet, die neu erschlossene Geldquelle der Republik – oder noch immer für die unbekannte Insel zwischen Nordsee und Atlantik? Ist Irland nicht doch noch »*England's Ireland*«, was den alten Haß nicht nur der IRA-Leute lebendig erhält? Ist Irland die dekadente Atmosphäre im wunderbaren Schloß eines jener anglo-irischen Aristokraten, deren Väter Gedichte schrieben über den »Sommer, der über die Hügel kommt«, und die selber Zeit und Geld genügend haben, sich schönen Mädchen und Bildern zu widmen, ein bißchen verrucht und doch zu harmlos, um den Namen »Dorian Gray« tragen zu können? Oder ist Irland die Bitterkeit und Unversöhnlichkeit eines jener mittellosen Studenten, der aus der Civil-Right-Bewegung des Nordens nach Dublin kam und die Söhne der Mittelschicht am Trinity-College so verachtet?

Wenn man so allgemeine Fragen stellt, beschwört man die Mythologie. Das Desaster ist banal. Man kann immer ein Irland gegen das andere stellen, einen Iren gegen den anderen. Unlösbar ist bis zur Stunde diese Polarität in den sechs nördlichen Grafschaften, die nicht zur Republik gehören, weil die protestantische Mehrheit dieses Gebiets eine solche Lösung seit 1921 versperrt. Was aber sind die historischen Fakten, die das Desaster begründeten? Erinnern wir uns, daß Ulster, der Nordwesten Irlands, einmal die letzte gälische Bastion gegen die englischen Eroberer gewesen ist. Von hier aus flammten zur Zeit der O'Neils und O'Donnels die letzten aristokratisch geführten Aufstände im 17. Jahrhundert gegen die dünn besiedelte angelsächsische Küstenlinie. Deshalb wurde das ganze Territorium von der englischen Krone konfisziert, nachdem die letzten Empörer, die Grafen Tyrone und Tyrconnell, militärisch gescheitert und geflohen waren. So kam es, daß ausgerechnet das Zentrum der wildesten anti-englischen Reaktion zur Bastion der angelsächsisch-schottischen Siedler werden konnte, d. h. zur Zelle allen heutigen Übels: dem anglo-schottischen Protestantismus, der John Knox' finsteren Calvinismus nach Ulster verpflanzte. 1628 war diese schottisch-englische Besiedlung noch spärlich, aber nach abermaliger britischer Invasion, die Cromwells bis heute berüchtigtem Feldzug folgte, bestand die Mehrheit der irischen Landbesitzer schon aus Protestanten.

Es gehört zum für Kontinentaleuropäer schlechthin Grotesken, nie ganz Aufklärbaren, daß diese Ereignisse nicht nur heute von jedem katholischen wie jedem protestantischen Proleten zitiert werden, als wären sie gestern geschehen und ihre ureigene Sache, sondern daß die Klimax der ganzen Geschichte, der den Protestantismus endgültig stabilisierende Sieg Wilhelms von Oranien in der Schlacht am Boyne im Juni 1690, bis zum heutigen Tag die Geister in den Slums scheidet. Der schaurige politische Mythos, der Nordirland seit 50 Jahren verschärft in zwei sektiererisch-feindliche Bevölkerungsgruppen trennt, geht auf diesen Tag zurück. Als Nachfahren jener Neu-Iren, von denen viele den amerikanischen Unabhängigkeitskrieg gegen die Engländer unterstützten, proklamieren die Protestanten heute fanatisch pro-britisch diese »Freiheit« gegen die »papistischen« Nationalisten, deren mögliche Vereinigung mit der katholischen Republik das protestantische Ulster jäh zur kleinen Minderheit in einem geeinigten Irland machen würde. »*Home-Rule is Rome-Rule*« und Ausschluß der Katholiken von jeder gesetzgeberischen und administrativen Macht ist seit 50 Jahren die unentwegte Antwort der Ulstermen. Die Angst vor der republikanischen, nie verstummten Forderung nach einer geeinigten, einzigen irischen Republik macht die protestantischen Iren so zu den »loyalsten« Anhängern des Union Jack, während in Schottland und Wales die Zahl derer wächst, die aus dem Vereinigten Königreich ausbrechen wollen.

Die politischen Alternativen

Man braucht – was den reinen Mechanismus der Gegensätze in Haß und Furcht betrifft – nicht viel mehr zu wissen als diese Lage. Sie politisch aufzubrechen, die Quadratur des Kreises zu versuchen, trafen sich vor kurzem die Sprecher der katholischen Arbeiterpartei (SDLP) und die verschiedenen Politiker der protestantischen Mehrheit (Paisley, Craig und West) mehr gepreßt von der britischen Regierung als auf eigenen Wunsch. Denn die Zauberformel, die von den Briten energisch, von den Katholiken halbherzig und von der Mehrheit der Protestanten unwillig bis feindselig aufgenommen wird, heißt *»Power-sharing«*, Macht-Teilung. Das gefährliche Wort, einst von dem katholischen Arbeiterführer Jerry Fitt erfunden, dann von der britischen Regierung als einziger Ausweg übernommen, ist inzwischen wieder aus der politischen Terminologie verschwunden; man zieht nunmehr weniger proklamatorisch das Wort »freiwillige Partnerschaft« vor. Nach britischer Parlaments-Tradition ist die absolute Herrschaft der Protestanten normal. Sie erhalten seit einem halben Jahrhundert die Stimmen der protestantischen Bevölkerungsmehrheit. Wieso also »Power-sharing«? Zu diskutieren wäre doch höchstens eine freiwillig von den Protestanten eingeräumte Koalitionsregierung? Für sie machte sich bisher als einziger protestantischer Politiker Craig (Vanguard-Partei) stark, während die bisher stärkste Kraft der Protestanten, der fanatische Pfarrer Paisley (Democratic Unionists), die fleischgewordene Wiederholung des wildesten Anti-Papismus, auch die halbe Lösung zertrümmerte.

Die Zusammenkunft der Politiker hat keine Lösung gebracht, die Militarisierung Nordirlands scheint perfekt. In der Grafschaft Armagh steht die von den Katholiken beargwöhnte britische Elite-Einheit (SAS) an der Grenze zur irischen Republik, um den katholischen IRA-Terroristen den Rückzug wie den Zugang zu versperren oder sogar in eine ihrer Zellen einzudringen, während gleichzeitig täglich Menschen zerfetzt werden. Allein vierzig waren es in den drei Wochen zu Jahresbeginn, während die Führer der paramilitärischen protestantischen Verbände, die allein 20 000 Mann unter Waffen haben, mit dem offenen Bürgerkrieg drohen, vor allem die gangsterartigen Verbände der UDA (Ulster Defensive Army). Die Politiker können politische Entscheidungen treffen und konstitutionelle Lösungen versuchen. Der seit fünfzig und mehr Jahren gewachsene, sich stets erneuernde Untergrund ist damit nicht beseitigt.

Bevor man sich in diesen atavistischen Dschungel, die Quelle aller Emotionen begibt, muß man sich ungeachtet der vorläufig getroffenen Lösung sämtliche denkbaren politischen Alternativen und ihre wahrscheinlichen Folgen notieren, weil sie in Irland, diesem unberechenbarsten aller europäischen Länder, weiter als Verlockung und als Furcht herumgeistern werden, auch wenn man sich für eine der Lösungen entschieden hat.

1. Die politische Einigung über »Power-sharing« oder »Partnerschaft« kommt zustande. Eine Koalitionsregierung, in der Katholiken administrative Macht ausüben, wird kaum die Jahrhunderte alten Verletzungen der katholischen Bürgerrechte sofort beseitigen können. Die IRA wird die um Kompromisse bemühten Politiker der Katholiken der Kollaboration mit dem Feind bezichtigen, bei der mißtrauischen Bevölkerung zu diskreditieren versuchen und jeden ihrer Fehler propagandistisch ausnützen.

2. Die Einigung der gesetzgebenden Versammlung (Convention) scheitert. In diesem Falle, der voraussehbar war, wird die unmittelbare Regierung über Ulster von London aus unbefristet fortgesetzt. Das aber kann nicht nur der IRA ihr wichtigstes Propaganda-Instrument – die britische Anwesenheit in Irland – verstärkt zurückgeben, sondern auch die protestantischen Radikalen als eine kolonialistische Maßnahme provozieren. Ihre Illusion, zurückkehren zu können zum alten, nur von ihnen allein kontrollierten Stormont-Parlament, ist nämlich endgültig zerstört. Damit stehen sich drei Parteien gegenüber: die britischen Truppen, die IRA-Provisionals und die bewaffneten Verbände der Unionisten.

3. Der von der IRA, den radikalen Protestanten und einer Mehrheit der britischen Bevölkerung geforderte Abzug der britischen Truppen findet statt. In diesem unwahrscheinlichen Falle stehen sich die gegnerischen Gruppen bis an die Zähne bewaffnet unmittelbar gegenüber; es genügt dann ein Zwischenfall, der wie ein Funken auf ein trockenes Strohbündel wirkt, und die Straßenkämpfe der vergangenen Jahre werden zwischen der Falls-Road und der Shankill-Road wieder ausbrechen. Das ist die Situation, vor der ein bisher noch nicht erwähnter vierter Partner seit Monaten Furcht hat: die irische Republik. Dem voraussehbaren Blutbad unter der katholischen Minderheit könnte Dublin nicht tatenlos zusehen. Selbst wenn eine offene, militärische Intervention vermieden würde, der Zustrom von Teilen der republikanischen Armee und Tausenden von Freiwilligen wäre nicht zu verhindern. Der Bürgerkrieg des Nordens würde zu einem gesamtirischen werden.

4. Die einseitige Unabhängigkeitserklärung durch die nordirischen

Loyalisten nach dem Modell des rhodesischen Regimes Smith. Dies hätte das angedeutete Blutbad in den katholischen Ghettos erst recht zur Folge – mit allen erwähnten militärischen und politischen Implikationen, wobei die Stellung der Dubliner Regierung schwer erschüttert würde und ein allgemeiner Rechtsruck, ja die Militär-Diktatur nicht fern wäre.

5. Die Vereinigung der 6 Grafschaften der Republik mit Ulster. Das war lange das ausgesprochene Ziel des berühmten Präsidenten de Valera, der freilich nicht mehr zu den politischen Ahnherren der heutigen IRA gehört. Auch eine solche Lösung ist nur denkbar, wenn der Fall eines gesamtirischen Bürgerkriegs eintritt, in dem die Armee der Republik die paramilitärischen Verbände der Ulster-Protestanten besiegen würde. Eine Spekulation mit Unbekannten, nicht zuletzt der, ob Dublins militärische Präsenz und Ressourcen denen des hochindustrialisierten Nordens überhaupt gewachsen ist.

Im Hauptquartier der IRA

Dies sind Rechnungen, wo alles unberechenbar ist. Man ist hier nicht in Südeuropa, deren links-revolutionäre Politiker nach theoretischen Mustern vorzugehen pflegen. Es existiert trotz der Erfahrungen der Civil-Right-Bewegung, aus der einst Bernadette Devlin hervorging, keine akademisch-intellektuelle Elite, sondern in den Führern explodiert zweifellos noch immer der radikalisierte Teil des Volkes selbst: dumpf, fatalistisch, sich selbst verstümmelnd. Was immer auch vorläufig als Arrangement gemacht wird, der Gesamt-Irland bedrohende Bürgerkrieg ist nicht mehr nur Alptraum und Phantasie, sondern Möglichkeit. Conor Cruise O'Brien, südirischer Politiker, einer der wenigen brillanten Intellektuellen des Landes und eben dadurch dem revolutionären Untergrund entfremdet, hat unlängst dieser Möglichkeit warnend Ausdruck gegeben.

Wenn man aus dem noch immer heiteren Traum der südirischen Provinz mit dem Zug nach Norden, dem düstersten Hinterhof Großbritanniens, fährt, dann scheint sich selbst die Natur zu verändern, je näher man der fatalen Grenze kommt. Im Tal tauchen die Dächer von Drogheda auf und der südirische Reise-Gefährte stößt das Wort hervor: »Cromwell, the Butcher«. Hier hatte der »Metzger« 1649 die katholische Bevölkerung abschlachten lassen, eine schaurige Vergeltungsaktion für vorangegangene Morde an Protestanten, als die Katholiken den Aufstand versuchten. Aber wie lange war das her? Wer erinnert sich bei uns noch an Daten des Dreißigjährigen Krieges? Gäbe es nicht Schillers »Wallenstein«, dann wäre wohl jeder Ort, jede Schlacht jener Epoche unserem Gedächtnis entschwunden. Die rotbacksteinernen Vorstädte von Belfast sind düster wie die englischen. Verruste, dreckige, zerborstene Überreste der »industriellen Revolution«. Der Zug fährt mitten durch die Zentren der »Bomber« und Arbeitslosen, und die sich seit Dublin von Meile zu Meile verändernde Lage wurde nachdrücklich gemacht, als plötzlich vier schwerbewaffnete britische Soldaten im Abteil standen: Stahlhelm, Schutzweste, Maschinenpistole. Sie interessieren sich nicht für Pässe. An dieser Grenze interessiert sich keiner für Pässe, sondern für Waffen.

Der Bahnhof von Belfast ist der verrottetste Bahnhof Europas. Belfast ist die ungeheuerlichste Stadt Europas. Zur Hälfte war die Eingangshalle, wo man die Pissoirs vermutet, durch Sprengstoff weggewischt. Der Blick fällt auf die gegenüberliegenden Häuser der Straße, die ins Zentrum der nordirischen Hauptstadt führt: zugemauerte Fenster, abgehobene Dächer, eingestürzte Wände, Ruinen erzählen von sechsjährigen Attentaten, lange bevor man in die eigentlichen Gegenden des heimlichen Bürgerkriegs kommt, in die verwüsteten Slums der katholischen Arbeiter. Der einzig sichere Platz ist auf den ersten Blick die scheußliche Betonburg neben dem Bahnhof, genannt »Belfast Europa« – und das wahrhaft Europäische, das kapitalistisch Internationale an diesem Hotel-Kasten sind seine normierten Ausmaße, die jeder stilistischen Abwandlung entbehren, wie man sie etwa in London immer wieder versucht. Das Hotel ist umgeben von einem hohen Stacheldrahtverhau, das Foyer nur zu betreten durch einen Checkpoint, wo man wiederum nach Waffen untersucht wird. Die Atmosphäre des Hotels smart und teuer wie die Bilder seiner unverwüstlichen Werbung um internationale Gäste: Und wirklich, hier scheinen Geschäftsleute, Politiker, Journalisten, Tagungsbeflissene noch immer den Service eines unbeschwerten Komforts genießen zu dürfen, ein bißchen irreal zwar, ein bißchen utopisch wie in einem Bondfilm, wo direkt nebenan schon die Leute gekillt werden, aber immerhin. Doch auch dieser Schein trügt. Wer sich wie die IRA in den Kopf gesetzt hat, die Nervenstränge des »britischen Kapitalismus« in Irland zu zerstören, dem muß dieses Hotel das aufreizendste Ziel sein. Vor wenigen Wochen flog hier zum abermaligen Male der Grundflur bis zum zweiten Stock in die Luft.

Von hier aus Telephongespräche mit dem Büro der Civil-Right-Bewegung, denn die Telephonzellen auf der Straße sind zerstört. Die Leute dieser Bewegung, die in den späten sechziger Jahren erstmals auf die politische und soziale Misere der Arbeiterschaft aufmerksam machten, ihre verheerenden Wohnverhältnisse, ihre miesen Jobs thematisierten, diese einst verheißungsvoll begonnene, politisch so artikulierte Gruppe ist heute einflußlos. Sie scheitert an dem, woran hier alles scheitert: am Spaltpilz des religiösen und politischen Sektierertums. Obwohl sie sich gerade an alle Arbeiter wandte, blieb ihre Gefolgschaft rein katholisch, verwandelte ihre Klientel das angestrebte politische Ziel sofort in ein nationalistisch-katholisches Unternehmen. Damit waren sie gescheitert, denn die neue Militanz war viel besser bei der schlagkräftigen IRA aufgehoben. Dennoch war es wichtig, mit Mitgliedern der Civil-Right-Bewegung zu reden, denn nur sie konnten die Wege öffnen zu den IRA-Provisionals, deren Pläne kennenzulernen das Ziel dieser Fahrt nach Belfast war.

Ein Lehrstück über Nordirland, über Belfast speziell, war allein schon der Weg zu ihnen. Zunächst der Umweg über die Bürgerrechtler. Diese Gänge durch die mit Stacheldraht vergitterten Straßen, diese ständigen Waffenkontrollen, diese Ungewißheit an der Theke eines Pubs, ob nicht gerade hier ein Ding hochginge oder eine Maschinengewehrsalve durch die Scheiben siebte. In London berühren solche Drohungen nicht, denn sie bleiben statistisch minimal. Aber hier, wo einen jedes dritte, vierte Haus aus ausgebrannten Höhlen anstarrte, wirkte auch die stille Gelassenheit der Belfaster eher wie die Ruhe vor dem Sturm. Eine ganze Stadt, die auf etwas wartet. Auf was wartet sie?

Die Civil-Right-Leute schienen es zu wissen. Sie hatten die unerschütterbare Vernunft und demonstrative Menschlichkeit einer nur noch mit sich selbst redenden Gemeinde, das Selbstbewußtsein, das weiß, was zu tun sei, und die Hilflosigkeit, weil nichts getan werden kann. Diese Civil-Right-»Engel« stellten also durch ein Telephonat den Kontakt mit den IRA-»Teufeln« her, zu denen sie eine Art kameradschaftliche Distanz unterhielten. Ja, der Ausländer könne kommen. Englische Freunde hatten gewarnt. Diese Terroristen seien wie Tiere. Wer ihnen verdächtig vorkomme, den würden sie anfallen. Wer zu viel wisse, ihnen plötzlich nicht in den Kram passe, ihre Sicherheit etwa gefährde, möglicherweise doch ein Spion sei, den legten sie um, der käme da nicht mehr heil heraus.

Das schien zunächst einmal nur die für Engländer charakteristische Mischung von Ignoranz und Arroganz den Iren gegenüber. Es gibt hier keine Taxis für jedermann in das katholische Ghetto. Taxifahrer nehmen nur jeweils Wagenladungen ganzer Familien der eigenen Konfession. Der Fußweg, an sich nicht unzumutbar, ist gefährlich, weil Fremde in diesen Gegenden sofort den Verdacht einer seit Jahren terrorisierten Bevölkerung erwecken. Jeder männliche Fremde ist ein potentieller Gunman von der anderen Seite und läuft Gefahr, selbst erschossen zu werden. Das Beste war der Bus. Aber da kam kein Bus. Die offizielle Adresse der Provos hieß »Sinn Fein« – der gälische Name für »Wir selbst« – 170 Falls Road. Es war also die zu Beginn der siebziger Jahre so heftig umkämpfte Falls Road, das Zentrum der IRA, die Höhle des Löwen, einen Steinwurf weit entfernt von der verbarrikadierten Mauer, die das Katholiken-Ghetto von der Shankhill-Road trennt, wo das Gebiet der Protestanten beginnt. Der Fußweg führte über leer geschossene Plätze, Trümmergelände wie Wüsten, ausgebrannte Häuser an den Rändern oder solche, deren Fenster-Schlitze einmal als Schießscharten dienten und keine Menschen sichtbar. Das Unheimliche dieser leeren Stellen, bevor man ins Belebte kommt, sind die ständig kreisenden Militärwagen. Es waren jeweils immer drei Soldaten, die aufrecht stehend sich gegenseitig mit dem Rücken deckten, Maschinenpistolen im Anschlag. Obwohl sie kühl und diszipliniert wirkten, verbreiteten sie eine Atmosphäre von Gefahr und Provokation um sich.

Falls Road Nr. 170 ist direkt neben einem Gemüseladen, mitten in dem kleinbürgerlich-proletarischen Gemenge, familiär. Sie sind hier unter sich, bei ihrem Volk. Keine Wachen an der Tür. Überfälle protestantischer Kommandos sind hier kaum denkbar und man ist auch vor Überraschungen durch englische Soldaten sicher, solange das »Cease-fire« offiziell gilt. Schmale Stiege, dunkler Flur. Der Sprecher der IRA-Provisionals hieß *Tom Hartley*. Ein Büro ohne Revolutionsplakate, kein rhetorischer Polit-Glamour, wie man ihn von Südeuropa oder Lateinamerika her kennt. Alles eher bürokratisch, trokken, praktisch. Er stand vor der leeren Wand, abwartend, offensichtlich mißtrauisch, keine Anstalten, einen Stuhl anzubieten. Das war kein Platz zum Reden, zumal ein Dutzend junger Männer und Mädchen hereinströmten, Instruktionen erwartend. Bombenleger, Killer? Wahrscheinlich. Sie wirkten wie normale junge Leute, einige langhaarig, in Arbeiter-Chic, andere eher kleinbürgerlich-unauffällig. Tom Hartley selbst, etwa vierzigjährig, nicht groß, schwarze, kurz geschnittene Haare, schwarzer Bart, intensive traurige Augen, die grausige Dinge gesehen hatten, erinnerte etwas an jenen Typus des ewigen Meßdieners, der gerne Priester geworden wäre, wo aber das Geld zum Studium nicht gereicht hat. Hier konnte man nicht reden. Also dann doch, was er vorerst wohl gescheut hatte, allein mit ihm in einem der hinteren Zimmer, wo es Stühle gab und graue Anzüge gestapelt lagen: »Für unsere Leute in den britischen Lagern.«

Die Unterhaltung, die nun stattfand und sich zuweilen in eine mühsam beherrschte, aggressive Diskussion verwandelte, war nicht nach Absicht des Provo-Führers. Wäre es nach ihm gegangen, dann hätten Propaganda-Mitteilungen genügt. Ein Reklamechef, der seine Waren dem Fremden verkauft: Das irische Volk – gemeint sind damit immer nur die nordirischen Katholiken – stehe bereit gegen die Briten; noch nie soviel Waffen, noch nie soviel Männer, noch nie soviel Solidarität; man habe in diesen sechs Jahren zu sich selbst gefunden wie nie vorher und die IRA sei die einzige wahre Vertreterschaft dieser »irischen Nation«. Fragen wurden offenbar nicht erwartet.

Die erste Frage hieß: »*Erkennen Sie, daß Ihr Problem nicht die Briten, sondern die protestantische Arbeiterschaft ist, das Sektierertum, zumal wenn Sie beanspruchen, Sozialist zu sein?*« Antwort: »*Die Protestanten, auch die protestantischen Arbeiter sind Geschöpfe des britischen Kolonialismus. Sie sind von anderer Art. Gespräche mit ihnen sind sinnlos.*« Daraus folge – so war die zweite Frage – daß die IRA-Provisionals an einem politischen Kompromiß mit den protestantischen Arbeitern, so wie ihn Jerry Fitt im Auge habe, nicht interessiert seien? Antwort: »*Nur naive Leute, die nicht wissen, wie die Protestanten denken, können solche Lösungen vorschlagen.*«

Daraus wiederum folge – das war die dritte Frage, diese bereits am heißen Punkt –, daß die IRA in Belfast eine erneute militärische Auseinandersetzung mit den ihnen militärisch überlegenen Verbänden der Protestanten nicht vermeiden wolle, sondern sogar suche. Darauf keine Antwort, aber eine Geste, die soviel wie Ja bedeutete, ein selbstsicheres Schweigen. Für diesen Mann war das Wort »Power-sharing« – Partnerschaft – genau so unannehmbar wie für den geifernden Paisley auf der anderen Seite. Er hielt dafür ein anderes Wort bereit, das er so oft wiederholte, daß es zum Schlagwort entleert war, bevor er überhaupt andeutete, was er damit meine. Das Wort hieß »War-struggle«. Der Krieg oder besser das Kriegs-Erlebnis werde die Geister ändern. Er sprach wie von einer noch unentdeckten Alchimie, die alles Bisherige verändern werde. »War-struggle«, so Tom Hartley, sei nicht nur militärisch zu denken, sondern als innenpolitisches, psychologisches Mittel einzusetzen, das die katholische Minderheit zu einem unauflösbaren Block zusammenschmiede.

Er redete jetzt schneller, wie von einer Sendung getragen, in seinem harten Belfaster Slang schwer zu verstehen: Die britischen Zeitungen druckten Lügen, wenn sie verbreiteten, die irischen Bomben seien sinnlos kriminell, ohne politische Wirkung. Ihre Absicht sei nicht gewesen, großen Schaden anzurichten, sondern nur eine Drohung. Wenn aber die erste Bombe ohne Vorwarnung in der Londoner Untergrundbahn explodiere, würden die Briten endlich begreifen, daß man ihr ganzes System zerstören könne. Omnipotenz-Wahn: »*Haben Sie von der britischen Regierung Zusicherungen, die Sie das Cease-fire offiziell noch aufrecht erhalten läßt?*« Es war die Frage, die von Paisley immer wieder methodisch angeheizt worden ist, indem er von angeblichen Geheimdokumenten spricht, die das zwischen London und der IRA entwickelte politische Geschäft beweisen würden. Keine Antwort, aber Hinweise darauf, daß der Waffenstillstand für die IRA günstig ist: sie konnten sich erholen, ihre angeschlagene Geheimorganisation neu ordnen, weitere, geheime Lager mit schweren Waffen anlegen. »*Von wem bekommen Sie diese Waffen?*« Besondere Unterstützung erhielten sie durch amerikanische Gewerkschaften, in denen Iren hohe Funktionärsposten innehaben. »*Haben Sie Kontakte zu offiziellen Stellen der irischen Republik?*« Schweigen, undeutbares, aber die halbe Andeutung, daß sie auf den Tag X vorbereitet seien.

»*Auf welchen Tag X?*« Dieser Provo-Ire, der bei jedem geäußerten Zweifel lauter wurde und seine Antworten dann fast herausbellte, hat eines vor allem klar gemacht: der Tag X ist der Tag der langen Messer, an dem die Protestanten physisch vernichtet werden müssen. Im totalen Bürgerkrieg liegt die einzige vielversprechende Zukunft der IRA-»*War-struggle*«! Das würde nämlich auch die sozialen Probleme, über die es natürlich auch innerhalb der Provos Diskussionen gäbe, lösen. Das politische Ziel ist klar: Wiedervereinigung Ulsters mit der katholischen Republik. Das soziale Ziel bleibt unklar: »*common good*« – das Allgemeinwohl. Aber was ist diesem Befürworter des »*War-struggle*« das allgemeine Wohl? Weiß dieser angebliche Marxist, der ein Gespräch mit protestantischen Arbeitern für irrelevant hält, daß er mit seiner Aktions-Rhetorik dem Faschismus reinsten Wassers das Wort redet? Nein, er weiß es nicht. Hier steht einer an der Wand, der glaubt, nichts mehr zu verlieren zu haben. Einer, der sechs Jahre in britischen Lagern saß, der die Folterungen kennt, die unter britischen Augen protestantische und katholische Wächter an ihren katholischen Landsleuten vornahmen. Einer, der höhnisch von dieser Zeit sagt, sie sei bloß der »*Mikrokosmos des ganzen Systems gewesen, in dem das Volk von Nordirland seit hunderten Jahren lebt*«. Das Jahre andauernde Gemetzel, die erduldeten Demütigungen, die soziale Rechtlosigkeit in den Slums stehen dem Mann ins Gesicht geschrieben. Es gibt keinen Zweifel mehr, keine Sache kann besser, keine gerechter sein als die seine, kompromißlos und bald. Er war nicht der Schatten eines Gunman. Er war der Gunman, ein Mann, dem daran lag, den kühlen Fremden mit dem festen Druck seiner Hand zu verabschieden.

Erinnerung und Totenfeier in Kildare

Verglichen mit Belfast ist Dublin die schönste Stadt der Welt. Ein Gedicht im Georgean-Stil. Seine Einwohner wie anmutige Figuren aus einer Sheridan-Komödie. Es gibt da eine Gesellschaftsschicht vom oberen Rand der Mitte bis zur Oberklasse, in der scheinen sich 20 oder 200 Jahre englischer Gesellschaft konserviert zu haben. Ironisch, elegant, etwas altmodisch, paradox und, da sie doch angloirisch ist, von sprudelnder Redelust. Eine ihrer nachmittäglichen Treffs ist das alte Hibernia-Hotel. Wenn man es vermeiden will, unbedingt denselben Menschen zu treffen, den man gerade in einem der köstlichen Cafés traf, dann darf man dort nicht hingehen. Am Nachmittag sind es vor allem ältere Damen der Gesellschaft oder bessere Berufsmädchen, Modistinnen, Schauspielerinnen, Lehrerinnen, junge Frauen aus der Provinz, die sich hier schnäbelnd einstellen und sich die freimütigsten Geständnisse machen, immer wieder dieselben. Aber auch Männer, Geschäftsmänner aller Schattierungen. An diesem Tage ist der Verleger mit einem so irischen Namen, daß man ihn besser gar nicht erst versucht aufzuschreiben, in Fahrt, sozusagen auf einem seiner häufigen Phantasie-Trips. Er hat nämlich einen smarten Business-Man erkannt, der wie einer jener halbseriösen Gents in englischen Krimis langsam durch den Raum zur Bar geht, von dem der Verleger zu wissen vorgibt, daß er dicke Geschäfte mit der IRA mache. Waffenverkäufe. Der Verleger hat jetzt seine geliebte Verschwörer-Maske angelegt: die IRA sei nun auch in der Republik drauf und dran, die Regierung zu unterwandern, alles zu unterwandern, sich auf die Machtübernahme vorzubereiten. Was man davon sähe, sei nur die Spitze eines Eisbergs. Noch nie habe es soviel IRA-Zulauf bei den Jungen gegeben. Das käme daher, weil die Dubliner Regierung jetzt beginne, die republikanische Tradition zu entmythologisieren. Der Effekt sei aber das Gegenteil von dem, was man wolle. Er treibe so viele junge Männer in den politischen Untergrund. Hier im Süden, in der Republik sind es eher ideologisch-romantische Motive, der republikanische Mythos. Im Norden ist es die schiere Not und Arbeitslosigkeit, aus der die Provos ihren Nachwuchs rekrutieren. Der Verleger hat Ärger mit seinem Sohn, der offenbar seit jüngstem »republikanische« Kontakte hat, wie man hier sagt, um den Namen der IRA nicht zu erwähnen. Aber er ist auch deshalb aufgeregt, weil er wirklich glaubt, daß Dublin in die Sache hineingezogen wird; das Spannungsmoment daran genießt er.

Ein heimlicher Nationalismus auch, der sehr viel tiefer geht, als es Kontinental-Europäer nachvollziehen können. Da war diese lange Nacht in der südwestlich von Dublin gelegenen Provinz Kildare. An langen breiten Holztischen bei Fleisch und Wein zwanzig, dreißig Freunde und deren Freunde zusammen: Ärzte, Rechtsanwälte, Farmer, Studenten. Auch IRA-Sympathisanten darunter oder sogar richtige Mitglieder. Das schöne, ernste Mädchen mit dem bleichen, knochigen Gesicht unter pechschwarzem Haar und der rothaarige vitale Witzbold mit dem ständig zynischen Understatement, hinter dem sich aber auch dieser Ernst, ja Melancholie verbarg. Diese beiden hielten zunächst Distanz zu dem, was hier geschah: dem plötzlichen Einfall der meisten, alte Balladen zu singen. Singen konnten sie alle, ein Paar von ihnen aber konnte besonders gut singen und begann als Vorsänger. Zunächst die majestätische Mutter, alte republikanische Familie, dann ihre Kinder, alles hochbegabte Musikanten. Schon das wurde Mythologie – wie sie sich von Strophe zu Strophe ablösten, ein einzelner vorpreschte und der Refrain von allen gesungen wurde. Es war wie ein altirischer Schwert-Tanz. Es war kollektiver Geschichtssinn, die gesungene Rache für soviel ertragene Schrecken: Der Rhythmus, der Tonfall, die ewige Rückkehr des Refrains zerbrach die englische Sprache, in der man es sang, wenn man nicht gälisch sang. Zwei Lieder entfachten eine Emotion, die selbst die beiden kühlen IRA-Intellektuellen mitriß, obwohl sie solchem Romantizismus als unpolitischer Sentimentalität offensichtlich mißtrauten. Es war das stürmische »Follow me up to Carlow«, eine wilde Kriegsballade gegen die in Südirland eingebrochenen Engländer, wo der »schwarze Fitzwilliam« den Platz stürmt und der unaussprechliche »Hach McHugh« das Stichwort zum Angriff gegeben hatte. Oder die ironische Ballade von »Master McGrath«, dem irischen Rennhund, der entgegen den Wetten der blasierten englischen Gentlemen seinen Konkurrenten, die englische »Rose«, besiegt.

Das war keine Folklore, das war vergegenwärtigte, verlorene, erlittene Geschichte. Ganz still wurde es, als plötzlich der aristokratische Abkömmling des berüchtigsten anglo-irischen Grundherrn, den seine Bauern im Haß erschlagen hatten, die Ballade vom großen Hunger leise und monoton anstimmte. Sein Vorfahr war der Erzvertreter jenes »Landlordism« gewesen, der die irischen Pächter so ausgeraubt hatte, daß sie tief unter den Bedingungen europäischer Bauern oder Leibeigener lebten. Europa nahm diese Leiden nicht wahr. Was die Briten aus Irland damals gemacht haben, indem sie ihm seine landwirtschaftlichen Möglichkeiten raubten, ist im System unüberbietbar an Brutalität, Gemeinheit und Gier. Swift hat die tierischen Bedingungen der irischen Bauern im 18. Jahrhundert beschrieben: wie sie in Schweinekoben hausen, schmutztriefend, seuchengefährdet, ohne geistige Unterweisung, dahinvegetierend mit Buttermilch und Kartoffeln. Deshalb sein zynischer Vorschlag, irische Kinder, da sie doch nur Irlands Elend vergrößerten, an Schlachthöfe zu verkaufen, damit sie den Reichen als Nahrung dienten und den Armen, die sie verkauften, ein Einkommen brächten.

Der adlige Urenkel, den im Anfang der Unruhen noch schwarze Briefe der örtlichen IRA erreichten, denen er aber durch seine Courage imponierte, sang nicht von dieser Zeit, sondern von der allerletzten, furchtbarsten Hungersnot Irlands, die 1846/47 zur Katastrophe der Nation wurde. Der Ausfall der Kartoffelernte ließ damals in einem Jahr 250 000 Iren verhungern, während weitere 200 000 nach Amerika flohen. Im Laufe von vier Jahren verlor Irland eine Million Menschen. Der Gesang des anglo-irischen Gentleman, der in diesem Kreis ein Fremder blieb, aber geachtet war, hatte etwas von schierer, schöner, hilfloser Nostalgie. In Belfast verteilen sie andere, primitivere Balladentexte zum täglichen Gebrauch: »Die Black und Tans kamen von London her, um das Volk niederzuschießen. Sie dachten, die IRA sei tot, in der guten, alten Stadt Belfast. Aber diese feigen britischen Gunmen erschreckten fürchterlich: ›Niemals ergeben‹ ist der Schrei der Belfast-Brigade.«

Erinnerung und Totenfeier: das sind kultisch gewordene Formen, in denen der republikanische Mythos seit siebzig Jahren und länger gedeiht. Zunächst noch ein Bestandteil der offiziellen Politik des Freistaats, dann aber in den Untergrund verbannt und dort bis heute unzerstörbar. Symbol dieses Mythos ist ein Grab in der Grafschaft Kildare. Der Ort heißt Bodenstown. Es ist das Grab des 1798 durch Selbstmord geendeten Wolfe Tone. Für uns ein unbekannter Name, für die irisch-republikanische Erinnerung der Nationalheld schlechthin, und ein beispielhaft irischer dazu: Es gelang ihm nichts, aber er träumte alles. Hingegeben an die Ideen der großen Französischen Revolution, betrieb er mit Hilfe Napoleons die irische, welche 1798 blutig und hoffnungslos endete. Aber er hinterließ, obwohl selbst Protestant, in Dublin und damals auch in Belfast die Entschlossenheit zur endgültigen, erst 1921 vollzogenen Trennung von Großbritannien und den nie realisierten Traum von der einen, geeinten irischen Republik. Er gründete die bald strafrechtlich verfolgte, sich dann als Geheimbund organisierende politische Gruppe der »*United Irishmen*«, deren revolutionäre und radikal antibritische Prinzipien sehr bald hart auf die Verfassungs- und Königstreue der protestantischen Oranje-Bünde im Norden stießen. Schon damals, zu Beginn des 19. Jahrhunderts, wurde der Teufelskreis von religiösen, ideologischen und sozialen Widersprüchen vorweggenommen, die im irischen Norden nunmehr zum heimlichen und offenen Bürgerkrieg geführt haben.

Was von den meisten Ausländern übersehen wird, ist die Tatsache, daß dieser Bürgerkrieg nicht nur zwischen den beiden religiösen Lagern schwelt, sondern inzwischen auch die IRA selbst in zwei große Lager gespalten hat: in die »*IRA-Provisionals*«, die neben der UDA verantwortlich sind für den Bomben-Terror, und die »*IRA-Officials*«, die diese Art von Terror ablehnen, dafür stärker an einer marxistischen Revolution in der Republik selbst interessiert sind und deshalb von manchen Vertretern des südirischen Mittelstands als die langfristig gefährlichere Gruppe angesehen werden. Dazwischen gibt es noch eine Splittergruppe, die »*IRSP*« (*Irish Republican Socialist Party*), eine Organisation, der die einst auch in London berühmte Bernadette Devlin, nunmehr McAliskey, beitrat, weil ihr die Mischung aus marxistischer Theorie und nationaler Militanz wohl das Beste der beiden verfeindeten Groß-Gruppen zu verbinden schien.

Wer sich einen Eindruck verschaffen will vom Sektierertum, das innerhalb dieser IRA-Gruppen wütet, als ob es sich nicht um moderne Untergrundparteien, sondern nordamerikanische Indianerstämme handele, der muß dabei sein, wenn diese Gruppen getrennt am Grabe Wolfe Tones den republikanischen Mythos beschwören. Unter den Augen der irischen Geheimpolizei und schwer bewaffneter Militäreinheiten marschieren sie zu 5000, zu 10 000 an dieses Grab, voran die gesuchten Führer, die man aber an diesem Tag, an diesem Ort nicht anzutasten wagt: Der Kult des toten Führers – das ist eine »Sinn Fein«-Tradition seit den Tagen Griffiths und de Valeras, die heute mehr zur politischen Tradition der Republik gehören als zur neuen IRA. Man sieht nicht die Gesichter der IRA-Führer, die maskenhaft, die Augen mit schwarzer Sonnenbrille verdeckt unter schwarzer Baskenmütze paradieren, lautlos, ohne Lieder. An diesem

Ort, am Grabe Wolfe Tones, sind die verschiedenen, miteinander verfeindeten republikanischen Gruppen relativ geschützt voreinander. Der irische Untergrund hat seine eigenen Gesetze, vergleichbar mit Verhaltensweisen und Strukturen der süditalienischen Mafia in ihrer frühen, politischen Phase und mit dem spanischen Anarchismus der dreißiger Jahre. *Seamus Costello*, der als absolut skrupellos geltende junge Chef der neuen Splittergruppe der »IRSP«, vor wenigen Tagen selbst einem Vergeltungsüberfall der Officials knapp entgangen, ist nur ein Beispiel: er hat etwas von einem hungrigen Wolf. Er benutzt die Toten-Rede auf Wolfe Tone zu einem Ausfall gegen die »Officials«, denen er empfiehlt, seine nationalrevolutionären Kreise nicht zu stören, sondern ihre korrupten Seelen in einer Kneipe auszuhauchen. Costellos hämmernder Ton ist weit feindseliger als Tom Hartleys distanzierte Bemerkungen es waren, der nur von dem »Revisionismus« der Official-IRA sprach. Aber das war Maske. Die Fehde zwischen »Officials« und »Provisionals« hat mit einem Blutbad das Jahr in Ulster eröffnet. Aber alle kommen sie immer wieder zu diesem Grabstein, auf dem folgende Sätze zu lesen sind: »*Träumer des unsterblichen Traums und Täter der unsterblichen Tat, wir schulden diesem Toten mehr, als wir ihm jemals zurückzahlen können. Seiner Lehre verdanken wir, daß es so etwas gibt wie irischen Nationalismus, und der Erinnerung an die Taten, zu denen er seine Generation anspornte, der Erinnerung an 1798 verdanken wir, daß es noch Mannestugend in Irland gibt.*« Das ist der eingemeißelte Mythos, auf den sie sich alle berufen, sentimental oder politisch, brutal oder literarisch. Seamus Costello, der Fanatiker, ist nun auch tot, in Dublin erschossen. Gibt es eine rationale, moderne Antwort auf ihn?

Träumer des unsterblichen Traums

Wollte man einen Namen nennen, der die Ideale zwischen Traum und Tat wie kein anderer verkörpert, so ist es der von *Cathal Goulding*, dem militärischen Chef der IRA-Officials. Das Treffen mit ihm war nächtlings verabredet in einem Hause nahe bei Dublin. Es gab keine Geheimnistuerei. Aber diesem Manne droht stets Gefahr von den beiden anderen IRA-Gruppen. Zunächst waren es vor allem die Costello-Leute, die seinen Freund Sean Garland zusammengeschossen hatten, dann war er selbst in den zwei Wochen vor diesem Treffen mehrfach knapp verfehlt worden. Inzwischen hat sich die Gefahr erhöht, denn die »Officials« starteten seit Herbst letzten Jahres eine Propaganda-Kampagne gegen die Provos. Auf Plakaten an Dubliner Hauswänden werden sie als Verräter der Arbeitersache hingestellt, die ungezielten, blinden Bombenattentate als konterrevolutionäre Unternehmen gebrandmarkt, deren Effekt es sei, die Arbeiterschaft, selbst die katholische, zu spalten. Kein Wunder also, daß diese Affäre innerhalb der IRA selbst durch eine Reihe blutiger Vergeltungsschläge erledigt wurde, nach der Art Chicagoer Gangster-Banden in den zwanziger Jahren.

Goulding hatte nichts vom Fanatismus an sich, der einem sofort auffiel an Costello oder dem Provo-Führer aus Belfast. Der fünfzigjährige Arbeitersohn aus Dublin, dessen Großvater und Vater schon eine wichtige Rolle in der Dubliner Arbeiterschaft gespielt hatten, verbrachte, schon bevor die neuen Unruhen 1969 ausbrachen, wegen Unternehmen in den fünfziger Jahren acht Jahre in britischen Gefängnissen, zum Teil unter verschärften Bedingungen der Einzelhaft. Davon war ihm nichts anzumerken. Es ist ein Mann mit Charisma, in dem Zartheit und Härte einen Kampf miteinander austragen, der faszinierend wirkt. Das war der erste IRA-Mann, der einer der ironisch-heroischen Erzählungen der zwanziger Jahre hätte entsprungen sein können. Er beschäftigt die Phantasie seiner Gesprächspartner. Wer war er, da sitzend, ganz ohne Pathos, voller Witz, Einbildungskraft, etwas Melancholie? Das Gesicht, der ausdrucksvolle Kopf auf dem kräftigen Oberkörper erweckte den Eindruck eines Künstlers, eines Malers, und dann erkennt man den Rebellenchef an einer bestimmten Art, wie er sein Gegenüber mustert, prüft, lächelt und im poetischen Sing-Sang des Dubliners sagt, was er zu sagen hat oder was er sagen will, sehr kontrolliert, nachdenklich, aber auch sehr fest, unerschütterbar in der Richtigkeit seiner Diagnosen. So war die Gelassenheit, der Sinn für Gelächter nur etwas sehr Menschliches. Es ließ nie die Atmosphäre von Belanglosigkeit aufkommen, die eine Intellektuellen- oder Gesellschaftsparty kennzeichnet. Der Mann lebte, seit er politisch denken kann, konzentriert, leicht überanstrengt, und das übertrug sich.

Bei Costello hatte man einer rhetorisch begabten, fanatischen Haß-Rede zugehört, bei Tom Hartley einer propagandistisch gemeinten Unterweisung. Cathal Goulding reflektierte die verwickelte Lage und ging ohne Zögern auf Einwände ein, weil die Lust am Disput stärker war als das Interesse an Instruktion. Er hatte die ganze Früh-Geschichte der Dubliner Arbeiterbewegung im Kopf. Sein großes Vorbild: der Gewerkschaftsführer James Connolly, der 1913 die radikale »Bürgerarmee« aus Anlaß einer Streikwelle aufgestellt hatte, die dann 1916 am berühmten Osteraufstand teilnahm. So diskutierte er stets im politisch-sozialen Kontext, hatte erkannt, daß es nicht darum gehen könne, die Briten oder Protestanten in Ulster militärisch anzugreifen, sondern politische und psychologische Vorarbeit zu leisten, auf deren Grundlage das Problem des Sektierertums gelöst werden müsse. Am Ende dieser langen Straße stand für Goulding eine sozialistische Republik, in der katholische und protestantische Arbeiter zusammenarbeiten.

Sein marxistisches Konzept zur Überwindung der sektiererischen Situation findet freilich bei der südirischen Bevölkerung kaum Zulauf. Zwischen der beanspruchten und der tatsächlichen nationalen Repräsentanz des IRA-Republikanismus klafft eine große Lücke. Man darf nicht vergessen, daß selbst der Osteraufstand von 1916 nie mehr als 3000–6000 Guerilleros ins Feld brachte und daß die spätere IRA eine elitäre Geheimorganisation blieb, die sich mit den faschistischen Blauhemden der dreißiger und vierziger Jahre herumschlug, 300 Mann der spanischen Linken im Bürgerkrieg gegen Franco zu Hilfe schickte, und andererseits gewisse Kontakte mit Nazi-Deutschland pflegte, weil es gegen die Engländer ging. Die nationale Frage ist für die Mehrheit der Südiren, selbst derjenigen mit spezifisch republikanischem Background, längst positiv gelöst. Die Lostrennung der sechs Grafschaften aus dem Verband des Freistaats und später aus der Republik ist für diese saturierten Alt-Republikaner keine Herausforderung mehr. Fragen nach dem Norden oder gar der IRA werden bei ihren bürgerlichen Söhnen und Enkeln am liebsten überhört: ja keine Beziehung herstellen zum explosiven Norden!

Cathal Goulding weiß das alles und spricht daher von der Evolution in der Revolution. Darin steckt ein gut Stück Resignation, die er nach außen nicht zugeben kann. Im Grunde scheint er auf der

Grenze zum parlamentarischen Taktieren. Er sähe gern Mitglieder der offiziell zugelassenen »Sinn Fein«-Partei, dem politischen Pendant zur militärischen Untergrundorganisation der IRA, im Wahlkampf und im Parlament. Er glaubt zwar nicht an den Parlamentarismus, hält ihn für korrupt. Aber ihm scheinen alle Wege zur politischen Beeinflussung notwendig. Sein eminenter politischer Instinkt zeigt sich auch darin, daß er marxistisches Vokabular im Umgang mit südirischen Arbeitern nur zurückhaltend verwendet. Für ihn wurde der Marxismus nicht von Marx erfunden, sondern von allen Unterdrückten vor ihm und nach ihm. Marxismus ist keine Theorie, sondern gelebte Geschichte. Die katholischen Arbeiter der Republik wollen nichts von Marx hören, der ihnen etwas unheimlich, kontinental und atheistisch vorkommt, sondern sie wollen gute, irische Namen hören, Namen wie Wolfe Tone oder James Connolly.

Was Cathal Goulding aber eigentlich von der Karriere eines legalen Arbeiterführers trennt, das ist der erwähnte Mythos, von dem Abschied zu nehmen für ihn persönlich zu spät ist. Allzu sehr ist er selbst ein Stück von ihm: seine Entfernung vom bürgerlichen Moralkodex, die wilde Geschichte seiner Jugend, seine langjährigen Kämpfe mit dem britischen Geheimdienst, bei denen er selbst die Befehle zur Erschießung eingeschleuster Agenten gab. Es wäre ein frommes Märchen, wollte man unterschlagen, daß dieser Mann, der da so menschlich, so irisch im besten Sinne vor einem saß, den Rotwein in der Hand, daß diese seltene Mischung von Humanität und Exzentrik vor allem auch ein Mann der Gewalt war und ist. Politischer Mord ist ihm auch heute kein Problem moralischer Natur. Er unterscheidet zwischen politisch sinnlosen »sectarian«-Morden der Provos und protestantischen Kommandos, die er verurteilt, und der politisch notwendigen Verteidigung der eigenen Organisation, was die Tötung von Menschen einschließt. Auch er hat etwas durchaus Gefährliches und Archaisches an sich. Aber er hat die primitive Substanz der IRA wie kein anderer verwandelt in politische Sprache, die weitab liegt vom nationalistischen Atavismus der Costello-Leute oder gar der nordirischen Provos. Der Mythos freilich, die zu entzaubernde Legende hält auch ihn fest: Cathal Goulding ist ein Täter, der irisch träumt. Vor solchen Träumen haben eine Menge Leute in Dublin Angst.

Die verzauberte Legende, von der Cathal Goulding nie Abschied nehmen wird, enthält eine tief irrationale, ja mystische Vorstellung vom irischen »Volk«. *Conor Cruise O'Brien*, der scharfsinnige südirische Politiker und Schriftsteller, hat es gewagt, diese Legende als »antidemokratisch, militaristisch, autoritär« anzuprangern, zu entzaubern als den Grund allen Übels. Er sieht eines richtig: Nordirlands und Irlands Zukunft ist die entzauberte Legende oder ein Blutbad ohne Ende.

BBC – Mythos und Wirklichkeit

Die Kunst, vom Ruhm zu zehren

Als im vorigen Jahr die New Yorker eine Woche lang englisches Fernsehen ins Haus geliefert bekamen, da schlug die Begeisterung über. Angefangen von handfester Volkskomödie bis zur anspruchsvollen Dokumentation, nahmen amerikanische Zuschauer einen Einblick in das britische Medium wie nie zuvor. Vorausgesetzt, zwischen England und dem Kontinent gäbe es keine Sprachbarriere, so daß ein Wesentliches, das Fluidum und die Melodie, Psychologie und Seele also, nicht notwendig verlorenginge, würde auch bei uns, wo man lange Zeit hohe Stücke auf das eigene Fernsehen hielt, die Reaktion so enthusiastisch sein? Die Statistik favorisiert die Briten seit langem eindeutig: Da ist nicht nur der Prix Italia, der ihnen im Bereich von Fernseh-Drama und Dokumentation immer wieder Trümpfe überläßt, da ist überhaupt die lange Kette internationaler Preise, die das British-Broadcasting-Corporation-Handbuch alljährlich mit unterkühltem Selbstbewußtsein aufführen kann.

Das sind Erfolge nach dem kritischen Maßstab internationaler Preisrichter. Aber gerade auch dort, wo der einfache Zuschauer unmittelbarer reagieren kann, im Bereich des volkstümlichen Dramas, speziell historischer Serien, steht England ganz vorne. Von allen produzierenden Fernsehanstalten konnte die BBC in den letzten Jahren die größten wirtschaftlichen Erfolge im Auslandsgeschäft verbuchen. Publikumsschlager wie »Charme, Schirm und Melone«, »Die Forsyte Saga«, »Die sechs Frauen Heinrichs VIII.«, »Krieg und

Frieden« und last not least »Eton Place« (Originaltitel: »Upstairs, Downstairs«), das von 300 Millionen in 30 Ländern zwischen Finnland und Zaire gesehen wurde, sprechen eine deutliche Sprache: Welcher Katastropheneinbruch auch sonst von einst traditionell starken britischen Feldern zu vermelden ist, die BBC hat an Macht und Ansehen nichts eingebüßt, sondern scheint die weltweite Ausstrahlungs-Sphäre des einstigen Empire noch immer zu behaupten, zumal es sich bei diesen Massenschlagern um spezifisch britische Motive und Themen handelt, auf welche eine ganze Fernseh-Welt offensichtlich so scharf ist wie jene kontinentalen Fußballfans, die zu Tausenden am Wochenende herüberkommen, um Englische Clubs so spielen zu sehen, wie man auf den Kontinent nicht mehr Fußball spielt: abenteuerlich.

Damit ist neben der journalistischen und technischen Leistung, die während der besonders in England künstlerisch ingeniösen sechziger Jahre neu fundiert wurde, eine historische Ursache des Vorurteils genannt: der Mythos BBC. Es ist die Legende, die durch die Genauigkeit und Wahrheitstreue der BBC-Rundfunknachrichten während des Zweiten Weltkriegs entstand, als selbst in Zeiten größter britischer Niederlagen das Ausmaß strategischer Debakel und die Zahl der britischen und alliierten Verluste peinlich genau gemeldet wurden. Die heroische Sage der Kriegs-BBC, deren lautliches Symbol das dreimalige Ankündigungszeichen »Hier ist London« wurde, hat auch der nachfolgenden Fernseh-Ära die Gütemarke Souveränität und Zuverlässigkeit als Erbschaft hinterlassen. Den Engländern ist es zudem gelungen, ihre lässige Selbsteinschätzung, das beste Fernsehen der Welt zu besitzen, unaufdringlich in anderen Ländern zu verbreiten.

Dabei sticht nicht nur der Vergleich mit den sprichwörtlich schlechten, von Industrie-Anzeigen beherrschten amerikanischen Fernsehstationen, sondern auch die von staatlichem und parteilichem Zugriff immer gefährdeten französischen und italienischen Sendeanstalten halten den Vergleich wohl nicht aus. Das Deutsche Fernsehen wäre strukturell und konzeptionell schon eine stärkere Herausforderung, wenngleich auch hier durch Sprachbarrieren und geringere Vielfalt noch immer Grenzen gesetzt sind, ganz abgesehen davon, daß hier kein traditionsreiches Image werbend aushilft.

Zwischen Dienst-Ethos und
linker Szene

Zum unaufgezehrten Mythos kommt etwas anderes hinzu: ein spezifisches Ethos des Dienstes, den die europäische Konkurrenz nicht entwickelt hat. Verantwortlich nur dem Parlament, unabhängig von Regierungen und Anzeigengeschäft, entwickelte sich in der BBC und zudem auch in ihren beiden Fernseh-Kanälen (seit 1954 gibt es auch noch den durch Anzeigen finanzierten dritten Kanal ITV) eine elitäre Haltung aus nationalem Sendungsbewußtsein und gesellschaftlichem Status. Systematische Interviews mit BBC-Fernsehleuten haben gezeigt, daß die Zugehörigkeit zu dieser Institution mehr bedeutet als Glamour, Einfluß und Geld. Es bedeutet: »Facing the Nation.«

Das BBC-Fernsehen ist deshalb im Unterschied zu ähnlichen Rang-Institutionen wie Parlament und »Oxbridge« (Oxford und Cambridge) wohl die einzige britische Institution, die vom 30jährigen Niedergang der Weltmacht und vom radikalen sozioökonomischen Wandel nicht negativ betroffen wurde. Vielleicht deshalb, weil sie als Neuling sich gerade in der Epoche des allgemeinen Debakels erst entfalten und festigen mußte, dabei die Überreste des ehemaligen Glanzes geschickt in die eigenen Absichten stellend, unmittelbar unter der Krone (die Krönung Elisabeth' II. war eines der großen Fernsehspektakel in der Eröffnungsepoche des europäischen Fernsehens). Wenn es dem BBC-Fernsehen erst gelungen ist, was es seit Jahren gegen den Widerstand des Parlaments vergeblich versucht, nämlich Debatten aus dem Allerheiligsten, dem House of Commons, zu übertragen, dann wird dies das äußere Zeichen dafür sein, welcher Zugewinn an Establishment und Prestige erreicht wurde.

Establishment-Rang plus seine Werte sind allerdings seit geraumer Zeit auch Angriffsfläche der linksliberalen Intelligenz. Ein Dorn im Auge ist das britische Fernsehen schon seit den sechziger Jahren den Labour-Regierungen, speziell Sir Harold Wilson, als er noch Premier war. Überlegungen, eine völlig neue Herrschaftsorganisation zu versuchen, die nicht mehr auf dem alten Lizenz-System beruhen würde und Programmgestaltung vom technisch-journalistischen Know-how trennt, waren ein Lieblingsthema des linken Labour-Flügels. Der Kampf um politischen Einfluß ist nicht geringer, nur versteckter als anderswo: das alte Statussymbol der Unparteilichkeit, auf dem das ganze Prestige beruht und das nach außen noch immer so glänzt, ist bei näherem Zusehen heftig angekratzt. Wenn auch der Labour-Vorwurf überzogen formuliert war, so steht doch außer Frage, daß die BBC seit den Pioniertagen von Reith geradezu naturwüchsig die Werte der englischen Oberschicht und oberen Mittelklasse vermittelt.

Wie sollte es auch anders sein? Das hindert sie nicht, solche sozialaggressive Fernseh-Dramen zu senden, wie etwa »Days of Hope«, und damit Angriffe der konservativen Presse und Zuschauer auf sich zu ziehen. Es war die Darstellung der Tage des großen Generalstreiks von 1926, gesehen aus einer revolutionären Perspektive und ausgerechnet zu einem Zeitpunkt, in dem das Land von neuen Streikwellen betroffen ist, einer Perspektive zudem, die wohl mehr mit den politischen Absichten des Autors, Kim Allen, zu tun hat als mit der damaligen Gewerkschaftsführung, die nicht auf Revolution aus war, wie ihr Generalsekretär jener Tage, Walter Citrine, mit Nachdruck festgestellt hat.

Der brillant gehandhabte neue Stil einer Mischung aus Fiktion und Dokumentation forderte zudem den Vorwurf linksextremer Manipulation heraus. Die Aufregung über »Days of Hope« entsprang einem allgemeinen, sich verbreitenden Mißtrauen der Konservativen gegenüber der Drama-Abteilung der BBC. »Days of Hope« war nur der letzte Anlaß in einer Reihe von »linken« Fernsehstücken wie »Leeds United«, »Brimstone and Treade« (von der BBC selbst zurückgezogen), »Cathy come home«. Vermutungen, daß der englische Geheimdienst Druck ausübe auf Auswahl der Stücke und Autoren, sind schon deshalb nicht abwegig, weil eine Anzahl von für die BBC arbeitenden Dramatikern gleich anderen britischen Künstlern der anarchistisch-revolutionären Partei angehören, die durch die Aktionen der Schauspieler-Geschwister Vanessa und Corin Redgrave viel von sich reden machte.

Der Konflikt um die politisch-ideologische Ausrichtung der BBC ist vorläufig noch weit von den Korridoren der Macht entfernt und bloß ein intellektueller. Er läßt sich aber neben anderen Symptomen ablesen aus zwei Büchern, die soeben erschienen sind und deren

Autoren für die kontroverse Einschätzung des BBC-Fernsehens stehen: auf der einen Seite die Insiderin Grace Wyndham Goldie, die zwanzig Jahre lang das BBC-Fernsehgespräch und »current affairs« leitete, die aber auch so berühmt gewordene Programme oder Programmformen wie »That was the Week that was«, »Tonight«, »Panorama« miterfand.

Grace Wyndham Goldie, eine charakteristische Repräsentantin des liberalen Dienst-Ethos, sieht in ihrem Buch »Facing the Nation« die Gefahren für die BBC nur von Staat und Parteien oder industriellen Interessen her drohend. Im übrigen zeigt sie das für englische Journalisten besonders typische, unreflektierte Vertrauen zu ihrem berühmten Medium, ohne auch nur die ihm eingeborene, unterschwellige Ideologie zu diskutieren. Diese Ideologiekritik wird, abgesehen von unabhängigen Kritikerstars (Kenneth Tynan), ausschließlich von akademischen Outsidern geliefert, beispielhaft von der Glasgower University Media Group, die dem Mythos BBC – Objektivität, Neutralität und Wahrheitstreue – methodisch zu Leibe rückte. Die bedrückenden Ergebnisse ihrer sorgfältigen Forschungen sind nunmehr nachzulesen in dem Buch mit dem lakonisch-vielsagenden Titel: »Bad News«.

Die theatralische Anstalt

Was gibt das englische Fernsehen dem ersten Blick des unschuldigen, tagtäglichen Zuschauers? Soviel ist schon deutlich: In der spezifischen, fruchtbaren, für die BBC charakteristischen Polarisierung zwischen den Abendnachrichten um neun (BBC 1) plus »current affairs« einerseits und dem hohen und niedrigen Entertainment, so »sophisticated« und einfallsreich wie sonst nirgendwo, scheint die Qualität nicht mehr so selbstverständlich, wie sie es lange vielen schien. Der »Thrill« des Witzes, die ungemeine Theatralik unterhaltender, ja auch belehrender Programme bis hin zum lächelnden Gutenachtgruß, der die Leute geradezu ins Bett schmust, schaffen eine so hochgradig stilisierte, harmonische Künstlichkeit, eine so artifizielle Welt und Menschheit, daß man das Fernsehen als Droge nirgends besser schmecken kann als in England.

Zunächst: Drei Hauptkanäle, die beiden Sender der auf Lizenzsystem aufgebauten BBC und die von der Werbung abhängige ITV (seit 1954), entwickeln im Vergleich zum kontinentalen Fernsehen mit den beachtlichen Zeitvorsprüngen von fast einer Epoche in Fülle, Variation und Stil ein noch immer ungewöhnliches Programm, zumal dort, wo Stil vonnöten ist, seien es Nachrichten, Fußballübertragungen, politisches Round-table-Gespräch. Wer die Autorität und Gelassenheit ausstrahlenden Nachrichtensprecher und Moderatoren der BBC (Starnamen sind die älteren Day, Kennedy, Chataway, Kee) beobachtet – ihre Konkurrenz von ITV gibt sich da biederfreundlicher und spricht nachweislich stärker die untere Mittelschicht und die Arbeiter an –, wer den Star-Glamour einer Parkinson-Talk-Show betrachtet, eine der samstäglichen »Match of the Day«-Fußballübertragungen genießt, wer nostalgisch-historische Stücke (»Poldar«, »Edward VII«), modern-intellektuelle Problem-Dramen (»The glittering Prizes«, »The Nearly Man«) oder sozialrevolutionäre Botschaften (»Days of Hope«) verfolgt, wer die immense Detailfülle zeitgeschichtlicher Dokumentationen oder die Resultate der »Open University« (55 000 Fernsehstudenten mit 99 Kursen im Jahre 1976) ansieht, der ist zunächst beeindruckt von der Benutzung des Massenmediums als theatralische Anstalt, das die Engländer schon deshalb so raffiniert beherrschen, weil ihnen hier ihre besondere rhetorisch-politische und dramatisch-künstlerische Erbschaft zu Hilfe kommt. Hier lernt man noch immer auf den Universitäten die Kunst der Debatte mit verteilten Rollen, hier bringt die Vielfältigkeit und Fruchtbarkeit des Theaters zwischen Nationaltheater, Shakespeare-Company, Westend-Komödie und Fringe-Bühne ein riesiges Routine-Reservoir, an dem selbst der Laie sinnliche Selbstdarstellung lernen kann. Die sozial tief gestaffelte Gliederung der britischen Nation, also die Widersprüche im Klassenstaat, kommen, unzynisch gesagt, den nach Individualität und Differenz ausschauenden Programm-Machern der BBC und der ITV entgegen. Selbst wenn man jene massenhaft produzierten niederen Formen der Volkskomödie betrachtet, die man bei uns unter Ohnsorg-Theater einstufen würde und deren amüsanteste Verwirklichung die nach britischem Vorbild produzierte »Ekel Alfred«-Serie war, dann erkennt man hinter den oft albernen Kleinbürger-Stereotypen – es sind der Dandy-Schwule, der angeberisch-lustige Westinder, der faul-aufmüpfige Cockney-Sohn, das noch immer nach Höherem strebende, frustrierte Familienoberhaupt, die realistisch-tüchtige Mama, die blasiert-blöde, auf ihre Frisur konzentrierte Tochter – noch immer die dramatischen Regeln des Komischen, die nur dort wirklich wirken, wo sie noch in der Gesellschaft tagtäglich unbewußt produziert werden.

Ihre stereotype Wiederholung im Fernsehen dient natürlich auch dazu, das Elend breiter Bevölkerungsschichten unter dem Verdikt, immer witzig sein zu müssen (»Just let a smile be your umbrella«), zu verharmlosen, vergessen zu machen. Kein Fernsehen wie das englische beschäftigt so viele Witzbolde und Spaßvögel. Ausländern geht das längst auf die Nerven wie ihnen, jedenfalls den Deutschen, der unüberwindbare Chauvinismus britischer Kriegsserien auf die Nerven fällt. Kein europäischer Sender weidet sich so im Zweiten Weltkrieg wie die BBC, und selbst eine harmlose Verblödelung der eigenen Heimwehr (»Dad's Army«), die zur Massenerfolgs-Serie wurde, läuft auf patriotische Botschaft hinaus. Auch bei den glänzenden Dokumentationsserien über den Zweiten Weltkrieg, den Faschismus, die »Warlords« (Churchill, Hitler, Roosevelt, Mussolini, Stalin) besticht eher Würde, ja Erhabenheit und außenpolitisches Detail, während eine innenpolitische Motivanalyse fehlt.

Bei der Priorität brillanter Selbstdarstellung ist es nicht verwunderlich, daß BBC 1 trotz zum Teil hervorragender Reportagen aus Afrika, Asien und Südamerika – hier macht sich wieder die Kennerschaft aus Empire-Zeiten bemerkbar – noch immer relativ weniger ausländische, speziell europäische Nachrichten liefert als BBC 2 oder ITV. Der Anteil der Nachrichtensendezeit verläuft in BBC 1 nach dieser Reihenfolge: Economics, Politics, Home Affairs, Foreign (BBC 2: Sience, Home Affairs, Politics, Foreign and Industrial zu gleichen Anteilen). ITV: Politics, Industrial, Foreign and Home Affairs zu gleichen Anteilen.

Todsünden:
Langeweile, Bombastik, Arroganz

Dabei ist der Anteil der »Industrials« im ITV nach absoluten Zeiteinheiten weit höher als der relativ hohe Anteil der »Economics« in BBC 1, wo die einzelnen Themen-Posten nach Zeiteinheit am wenigsten differieren. Anders ausgedrückt: BBC 1, der offiziöse Kanal, stuft seine Themen am traditionellsten ein. Wenn ökonomische Nachrichten an erster Stelle rangieren, dann nur deshalb, weil Ökonomie, allgemeine Politik und Home Affairs im krisengeschüttelten England zur ununterscheidbaren Sache der Nation wurden. »Industrials«, also interne Berichte aus der Industrie, die im volkstümlichen, anzeigenabhängigen ITV schon an zweiter Stelle rangieren, liegen im BBC 1 zusammen mit »Crime« an fünfter Stelle.

Das sind relative Besonderheiten der BBC gegenüber europäischen Anstalten. Was mehr unterscheidet und noch nicht untersuchte Folgen auf den Zuschauer hat, ist die Tatsache, daß auch die Nachricht zum Schauspiel wird in einem vom Schauspiel beherrschten Stil, mehr oder weniger. Positiv wirkt zunächst Lebhaftigkeit und Intensität der Nachrichtensprecher und Moderatoren, vor allem, wenn man – mit Verlaub – auf das Dumpfe und Ausdruckslose westdeutscher Sprecher schaut, die bei bedrohlichen Fakten in einen tragischen Ernst geraten oder, wenn es Moderatoren sind, sich zur Drohgebärde versteigern, die einschüchternd wirkt, nicht zu vergessen die prätentiöse Selbstgefälligkeit mancher Kommentatoren, die ungewollt komisch wirkt.

Demgegenüber herrscht bei der BBC ein Ton, der mit dem Zuschauer leger kommuniziert, der über Nachrichten als Nachrichten verfügt und sie nicht als Botschaften vom lieben Gott verliest. Der informelle, legere Stil entspricht dem alten Kanon der BBC aus der Gründer-Ära: Formen, Unparteilichkeit, guter Geschmack, Verantwortlichkeit, Genauigkeit und Dezenz. Das sind aber genau die Werte der britischen Oberschicht, die bis in die Sprache hinein auf diese Weise sich im Massenmedium privilegiert ausdrücken kann, auch wenn neuerdings Sprachverfall und Stil-Schlamperei bei BBC-Sprechern angekreidet werden. Die bekanntesten Moderatoren, das mit Charme gesegnete Duo Denis Tuohy und Donald McCormick, die zusammen für die BBC 1-Sendung »Tonight« zuständig sind, gerieten deshalb unter Beschuß, weil die Neigung zum interessanten Spektakel dazu führte, daß sie stärker die Atmosphäre der eigenen Recherche, des News-Room, des journalistischen Know-how inszenierten als die ermittelten Tatbestände. Dabei muß man ihnen jedoch eines bescheinigen: daß sie die vier Erzsünden, die ihnen angekreidet werden können, vermieden haben, nämlich langweilig, bombastisch, arrogant und langatmig zu sein. Es ist kein Zufall, daß Peter Jay, Schwiegersohn des jetzigen Premiers, einer der begabtesten und einflußreichsten politischen Intellektuellen, wegen eines Interviews herb kritisiert wurde, weil er sich allzu sehr auf die komplizierte, zu wissenschaftliche Terminologie seines Interviewpartners, des deutschen Direktors der London School of Economics, Professor Dahrendorf, einließ und diesen introvertierten, zähflüssigen Dialog dem Publikum gegenüber nicht öffnete. In Westdeutschland wäre das Gespräch wegen seines Sachverstands und intellektuellen Niveaus gelobt worden.

Wenn man die in England als Todsünden angesehenen Punkte Langeweile, Arroganz, Bombastik und Langatmigkeit vermeiden will, dann steht man allerdings sehr bald unter dem Zugzwang, auf Teufel komm heraus amüsant und kurzweilig sein zu müssen. Diese Fähigkeiten enthalten aber auch die größte Gefahr, die dem englischen Fernsehen droht. Unübersehbar ist die Tendenz, Ereignisse, besondere Ereignisse auf ihren Showwert hin zu präsentieren. Das Unübliche steht hoch in der Gunst der BBC-Nachrichtenmacher. Wo aber der Ereignis-Charakter betont wird, wo Sport-Ereignis, Wetter-Ereignis, Polit-Ereignis sich in ereignishafter Weise aneinanderreihen und dies mit möglichst viel »Thrill«, da geht der eigentliche Problemzusammenhang verloren.

Es ist zu fürchten, daß dem durchschnittlichen englischen Fernsehzuschauer noch nie deutlich geworden ist, wie sehr England inzwischen von außerenglischen Vorgängen und Entscheidungen abhängt. Solche Determination ist sinnlich-anschaulich schwer ins Bild zu bringen und verletzt darüber hinaus die englische Selbstgefälligkeit. Wenn irgendwo, dann bleibt in diesem phantasievollen, dramatischen, spannenden britischen Fernsehen die Welt, wie sie immer schon war. Daß die Inszenierung von Ereignissen als pure Ereignisse mit all ihrer Schein-Authentizität (der mikrofonbewaffnete Reporter ist ein klassischer Topos dafür) diese verborgene ideologische Botschaft ohnehin enthält, ist inzwischen eine Erkenntnis über das Massenmedium Fernsehen überhaupt. Je besser, je gekonnter – und dies eben ist der Fall BBC – seine Möglichkeiten benutzt werden, je verführerischer muß dieses One-way-System wirken. Selbstkritische Sendungen, wie sie in Deutschland versucht wurden, gibt es in England noch nicht.

Diese Abstinenz erklärt sich einmal aus dem englischen Widerwillen, Dinge zu »hinterfragen«, wie es in Deutschland bis zu einer neuen Bewußtlosigkeit betrieben wird. Sie erklärt sich auch aus dem erwähnten Haus-Geist der BBC als Teil des Establishments. Gespräche mit führenden BBC-Fernsehjournalisten haben bewiesen, wie wenig diese in der Lage oder willens sind, ihre eigene Position und Arbeit in ihren Abhängigkeiten zu bedenken, wie sehr sie sich gegen Kritik von außen, zumal gegen wissenschaftlich begründete Kritik naiv gewappnet haben. »The system is good, because I succeeded« ist eine typische Haltung. Schließlich: Als schützender Wall funktioniert noch immer eine durchgängige Waffe aller Fernsehstationen: die einzigartige Reproduktion der britischen Mythologie. Wem das zu kompliziert ist, der nehme nur die Form der Wettervorhersage: die neuen, wechselhaften Daten sind oft eingebettet in poetische, statische Stimmungsfotografien einer romantischen englischen Landschaft: Wolkenspiel, Regenvorhang und das Grün der Meeresnähe. So malte auch Constable. Welcher Aufklärer will dagegen aufkommen?

Der Totenwald
von Highgate

Symbolismus und Horror
Die Victorianer und ihre vergeßlichen Enkel

Der Friedhof von Highgate im Nordwesten von London ist berühmt durch einen Toten: Karl Marx. Der Name läßt das häßliche Grab vergessen, das wuchtig hingeklotzt ist in die stille Ewigkeit der kitschigen oder zierlichen Gräber rund herum. An seinem Sockel liegen Papiere, manchmal vom Herbstwind aufgeblättert, aber von einem Stein festgehalten, so daß sie nicht davongeweht werden können. Es sind Briefe, bekritzelte Zettel. Botschaften an Karl Marx, aber keine geheimen. Jeder darf oder soll sie sogar lesen. Sie sind geschrieben von seinen Jüngern, die an diesen Platz aus aller Welt zusammenkommen, um ihm schriftlich zu sagen, was sie von seiner Theorie halten. Chinesische, arabische, französische, englische, spanische, italienische Briefe. Keine deutschen. Einige sind demütige Huldigungen, glückliche Lobpreisungen des heiligen Mannes und liegen da wie Grabspenden, kultische Geschenke, so dargebracht, als wären die Briefschreiber in der Gewißheit davongegangen, daß der heilige Mann ihre Sätze schon lesen werde. Andere Briefschreiber wiederum argumentieren mit ihm: sie heben einen Punkt der Theorie hervor und versuchen angeblich falsche Konsequenzen zurückzunehmen. Der Mann ist gar nicht tot. Er lebt. Sie reden mit ihm, unaufhörlich.

Die wirklichen Toten von Highgate, die Generation der Victorianer, die dem deutschen Emigranten einst Zuflucht gewährten, ohne sich weiter um ihn zu kümmern, diese selbstbewußten, sonoren Generationen liegen im höheren und älteren Teil des Friedhofs und sind vergessen. Man kann nicht mehr zu ihnen. Hier sind die Eisentore seit Jahr und Tag geschlossen. Die Firma, der das Gelände gehört und die sich um die Gräber kümmern müßte, hat nicht genügend Geld, um den Ort instand zu halten, und da er verwilderte, ist der Zutritt für die Öffentlichkeit verboten. Wenn man sich dennoch, erlaubt oder unerlaubt, Zutritt verschafft, betritt man keinen Friedhof mehr, sondern einen exotischen Regenwald. So undurchdringlich bestückt ist dieser einstmalige Stolz von Designern, Architekten und Gärtnern, die Highgate am Rande von London anlegten, daß man meint, ein Gebiet am Amazonas zu durchqueren. Wenige Meter eingedrungen in diese Wildnis, verwandelt sich der Anblick auf Gräber und Inschriften, Kreuze und Engel, Säulen und Jesus Christus zur Ansicht einer verschwundenen Zeit, zur Unterbrechung einer Leichenfeier, zur Expedition in ein Totenreich, das in sich geschlossen ist. Ferne Geräusche erinnern nur noch, wo ein paar hundert Meter entfernt die Welt der Lebendigen wieder beginnt.

Es ist eine Expedition in Wahrnehmungsereignisse, nicht übernatürliche, aber doch symbolistische. Man kann hier alle ästhetischen Perspektiven der Moderne rekonstruierend wiederholen: von der Romantik bis zur Decadence, von Caspar David Friedrichs einsamem Kreuz bis zu Baudelaires Blumen des Bösen. Der gotische Horror ist an jeder Stelle buchstäblich da, denn unter jedem Quadratmeter verfaulen die toten Victorianer, und Witzbolde sehen zwischen dem fetten Totenwald und ihnen einen natürlichen Zusammenhang.

Was wirklich merkwürdig ist und von keinem Regisseur oder Maler der Nostalgie jemals hätte erfunden werden können, ist die tiefe Übereinstimmung verrottender Kultur mit ungehemmter Natur, von wuchernden Stämmen mit zerbrochenen Engelflügeln und einfallendem Novemberlicht. Wegen der ökonomischen Krise stört hier kein Gärtner und kein Friedhofswärter mehr. Die konventionelle Pietät muß sich wohl an dieser verwahrlosten Dämmerung über anonym werdenden Toten erregen, deren Namen bald keiner mehr entziffern kann. Die heftige Diskussion, die über diesen verkommenen Friedhof in den Leserbriefspalten der »Times« zu lesen war, kann man nachempfinden. Aber ohne unmittelbaren Bezug, ohne persönliche Erinnerungen empfindet man keinen Platz angemessener: das reine, ein bißchen zynische Stimmungsziel für die Augen, kurios, aber nervenschonend, romantisch, aber ohne belastende Gefühle, wirklich so etwas wie der ewige Friede. Das einsame weiße Kreuz, das in der Wirrnis von umgestürzten Grabsteinen, abgebrochenen Zweigen, frei steht im Dämmerlicht, ist das einzige und letzte Zeichen der hier sichtbar zerfallenen Kultur. Es allein hat nichts Kurioses und bedeutet einfach nur, was es bedeutet. Da wirkt die steinerne Figur von Jesus Christus schon viel zweideutiger.

Durchdringt man diesen Irrgarten auf einem der wenigen noch passierbaren Wege, dann steht man plötzlich wie im Märchen vor einem halbgeöffneten Gitter, ummauert von exotischer Architektur, einem indischen Tempel im herbstlichen Dschungel. Das ist inmitten des dämmerigen Totenwalds der Eintritt zum eigentlichen, terrassenförmig ansteigenden Totenreich. Die Familien, die hier ihre Toten begruben, verwendeten ihren Ehrgeiz darauf, alle denkbaren Stile, die im britischen Empire des 19. Jahrhunderts zusammengekommen waren, hier noch einmal zusammenzutragen und sich kreuzen zu lassen. Seitlich, versteckt hinter Buchengehölz, erhebt sich die abenteuerliche Silhouette einer neugotischen Kapelle, halb zerfallen, ganz ein Bild der romantischen Malerei. Betritt man durch die Gittertür das indische Verlies, so wechselt abermals der Baustil: nun geht man eine altrömische Gräberstraße entlang, zu beiden Seiten Familiengräber, die sich in die Mauer hinein unter antiken Kapitellen öffnen. Man denkt an Brutus, Cato und Cicero, doch der zuletzt Begrabene starb im Jahre 1937.

Die meisten liegen seit hundert, hundertfünfzig Jahren dort. Englische Senatoren, Unterhausmitglieder, Cityleute. Ihre Kinder wetteiferten miteinander, wer wohl der Würdigste im Grabe sei. Nunmehr scheinen die Namen Schall und Rauch, vergessene Inschriften aus einer verschollenen Kultur. Im Helldunkel der Gruft die eingemauerten Särge. Nicht alle sind eingemauert. Da steht auf dem Steinsokkel der Holzsarg eines ehemaligen Unterhausmitglieds, gestorben 1877. Der Sargdeckel ist heruntergefallen oder heruntergerissen. Im offenen Sarg ist der Totenschädel zu erkennen, der Körper nur noch eine zerfallene Masse. Jenseits der höher gelegenen Treppe dieser auf zwei Ebenen gebauten Gräberlandschaft ist die Tür zu einer im grie-

chischen Stil gehaltenen Gruft aufgebrochen. Beim ersten Blick könnte man denken, es sei das Grab des Erlösers, von dem die Wächter gerade geflohen seien, während er selbst unsichtbar gen Himmel fuhr. Tatsache ist, daß dieser Friedhof bei Nacht Schauplatz für die Tätigkeit sektiererischer Gruppen oder jugendlicher Banden war, die aus perverser Neugierde oder einfachem Berserkertum die Gräber aufbrachen. Das ist nichts Einmaliges in Londons allmählich verfallenden Grabstätten. So spielte sich nach einem Polizeibericht auf dem Friedhof von Nunhead, im Süden von London, ebenfalls eine letzte Ruhestätte der Victorianer, Makabres ab. Ohne daß die Polizei es hindern konnte, haben hier Kinder die Gräber geöffnet, um von den Fingern noch verwesender Leichen die Ringe zu reißen. Wenn dies nicht möglich war, dann brachen sie die Finger gleich mit ab. Kleine, verwegene Jungen, schmutzige alte Männer in Regenmänteln, Penner und Polizisten haben hier bei Nacht eine Art schwarze Komödie gespielt.

Wenn die Eigentümer des Geländes im Unterschied zu vor hundert Jahren, als ein reicher Toter und sein Grab Geld brachten, nunmehr keinen Gewinn mehr aus dem Friedhof ziehen können, die bloße Instandhaltung aber zu teuer geworden ist, so bleibt die Frage offen, warum nicht die Enkel und Urenkel der einst so einflußreichen oder doch berühmten Männer und Familien, darunter die Eltern von Dickens, die Familie Rossetti und George Eliot, nicht Sorge für diesen Ort tragen. Sind diese Familien und ihre Abkömmlinge gänzlich verarmt, sind sie ausgestorben, in alle vier Winde des einstigen Empires verstreut oder in der englischen Provinz verkümmert, weil ein Haus in London schon zu teuer wäre?

Auf der obersten Terrasse des victorianischen Totenreichs, wie wir nun endgültig die verlassene Geschichtsstätte nennen können, steht ein ganz im indischen Stil gehaltenes Mausoleum, zugeeignet einem Toten namens Julius Beer. Die Tür ist verschlossen, aber das Glas dieser Tür zerbrochen, so daß der Einblick möglich ist. Das was man wahrnimmt, könnte der Phantasie eines jener Filme spanischer oder italienischer Filmregisseure entstammen, die sich besonders auf den Tod verlegt haben: Altar, Sarkophag und die Steinfliesen des bürgerlichen Tempels sind fußhoch mit Taubenkot bedeckt. Der entsetzliche, süßliche und zugleich ätzende Gestank, läßt einen zurückweichen, er kommt nicht nur von den seit Jahren abgelagerten Exkrementen dieser Vögel, sondern von toten Vögeln, verfaulenden Tierleichen selbst, deren Körper im Grau-Weiß des Kots kaum mehr identifizierbar sind. Hunderte von Vögeln müssen hier Zuflucht gefunden haben. Dann und wann erinnert ein Flügelrascheln an die unsichtbaren Bewohner hoch oben unter der Kuppel.

Die verfaulenden Exkremente, vermischt mit Gefieder und toten Körpern, umgeben mit den Insignien der Auferstehung und des Todes, haben diese einst stolze Erinnerungsstätte für einen wohl erinnerungswürdigen Mann verwandelt. Die Mischung gibt ihm den Anflug von Zynismus und Perversion, der sich Gläubige wahrscheinlich nur mit dem Schutzmantel des moralischen Protestes aussetzen können, während den Ungläubigen das Unbehagen der verwesenden Zeit überfällt. Ein doppelter Effekt verursacht das. An einem Ort,

gebaut im symbolistischen Stil des memento mori, werden die ursprünglichen Zeichen des Ewigen Lebens buchstäblich in ihr Gegenteil verkehrt: aus dem kontemplativen Motiv wurde eine widerwärtige Sache, die Stille, immer schon das Beherrschende eines Friedhofs, überfällt einen nun wie etwas Bösartiges. Highgate war einmal eine Ausflugsattraktion für das fashionable Bürgertum, das sich hier nach dem Tode noch einmal ausstellen ließ.

Es gibt davon rührende Zeugnisse, namentlich von solchen, die eigentlich nicht dazu gehörten, aber doch wohl dazu gehören wollten. Wer war der Emigrant Leopold Keller, geboren 1821 in Oberstein, Germany, gestorben 1905? War er ein Mitglied der Londoner Gesellschaft oder starb er allein wie Hunderte von Emigranten nach ihm? Wer war der Menagerie-Besitzer Georges Wombwell, geboren am 24. Dezember 1777, gestorben im November 1850? Der steinerne

Sarkophag ist geschmückt mit seinem Lieblingstier, einem Löwen. Auch dieser hat die steinernen Augen geschlossen, und wie er hier ein bißchen rührend und ein bißchen lächerlich vor sich hinschläft, wird er zum Löwen, der das Empire nicht mehr zu bewachen braucht. Der britische Löwe ist für immer eingeschlafen.

Wie man hört, will der Camden-Council den Friedhof von Highgate kaufen, instandsetzen lassen und der Öffentlichkeit wieder zugänglich machen. Es wird aber auch davon gesprochen, daß man dann den Friedhof niederreißen wolle und an seine Stelle Hochhäuser setzen. Vielleicht ist es nur die Phantasie, die sich nichts Schlimmeres vorstellen kann: das Hochhaus anstelle des Grabes. Dann wäre endgültig die Erinnerung, die in diesem Lande ohnehin so verheerend wirkt, ausgelöscht wie auch anderswo. Das Kreuz der Romantiker, die altrömische Straße, das indische Tempeltor, Jesus, der britische Löwe, das ganze Totenreich der Victorianer, alles wäre endlich ersetzt durch die anonymen Korridore aus Beton. Und es gäbe sicher genug, die zu dieser schönen neuen Welt kämen und riefen: »O what a lovely place!«

Die Präraffaeliten

oder

Die Seele als Widersacher der Gesellschaft

»Präraffaeliten« – für die meisten nichtenglischen Leser ist das heute noch ein so aufreizend fremdes Wort geblieben, wie es dies war für das englische Bürgertum in den frühen fünfziger Jahren des 19. Jahrhunderts, als man erstmals davon hörte. Es klingt nach Geheimcode und gesuchter Esoterik, und damit wäre sogar schon etwas Spezifisches genannt, der Grund auch schon angegeben, warum die so folgenreiche und in verschiedener Hinsicht heute wieder interessante Kunstbewegung bei uns mehr oder weniger unbekannt geblieben ist. Wer waren die Präraffaeliten und warum ist von ihnen hier so ausführlich die Rede?

»Präraffaeliten« nannten sich einige sehr junge englische Kunstschüler, die in den vierziger Jahren des vorigen Jahrhunderts an der Londoner Royal Academy aufeinandertrafen und zunächst nur eines gemeinsam hatten: eine herausfordernde Ablehnung der offiziellen Kunst des imperialen Englands zwischen pompöser Historienmalerei, Genreszenarien und Porträts. Die Namen der Ersten: William Holman Hunt, John Everett Millais, Dante Gabriel Rossetti, William Michael Rossetti, James Collinson, Frederic Georges Stephens, Thomas Woolner. Wichtig, ästhetische Schule machend waren nur die drei Erstgenannten: Hunt, Millais und D. G. Rossetti. Der letzte, Sohn eines nach England eingewanderten italienischen Flüchtlings, steht mehr oder weniger für das Programm der Präraffaeliten. Er war das Haupt der »Bruderschaft«, die sich definitiv 1848, im Jahr der europäischen Revolution, zusammen tat. Die Aura, die seine Person bald umgab, entstand durch einige exzentrische biographische Details, durch eine psychologische Konstitution, in denen die problematischen Merkmale der deutschen Frühromantik wiederkehrten sowie die der europäischen Décadence vorweggenommen wurden. Die Poesie der viktorianischen Lyriker Tennyson und Swinburne enthält analoge Erscheinungen.

Was sie dem herrschenden britischen Kunstbetrieb entgegenzusetzen unternahmen, war zunächst dieses: Naturtreue (nicht Naturalismus). Hunt hatte in einer neuen Schrift »Modern Painters« des damals noch unbekannten, bald aber zur unumstrittenen Kritikerautorität gelangenden Oxforder Graduierten John Ruskin, der den großen William Turner gegen aufkommende Angriffe programmatisch verteidigte, den Satz gefunden: »Gehe zur Natur in aller Einfachheit des Herzens, wähle nichts aus, schließe nichts aus.« Dieser Satz, auf den sich Hunt und Millais verschworen, wurde unterstützt durch Ideen des dazustoßenden D. G. Rossetti: Durch Vermittlung seines Lehrers Ford Madox Brown, der in der präraffelitischen Bewegung eine charakteristische Rolle spielen sollte, hatte er nachwirkende Eindrücke gewonnen von den deutschen Nazarenern, den deutschen und italienischen alten Meistern, die er selbst nicht kannte.

Vor allem in den italienischen Malern vor Raffael (zum Beispiel der malende Mönch Fra Angelico oder Filippo Lippi) glaubten Rossetti und Brown eben jene Einfachheit der Darstellung und Unschuld der Ideen zu entdecken, die man der akademischen Kunst des imperialen Englands entgegensetzen müsse. Ruskins Theorie und Browns Anschauungen initiierten das formale und ideologische Konzept, woraus sich die spezifischen Natur- und historisch-literarischen, nämlich vorwiegend mittelalterlichen, neutestamentarischen Motive ergaben. Was anfänglich wie eine sektiererische, zum Scheitern verurteilte Schülerrevolte aussah, anläßlich der Akademie-Ausstellung von 1851 auf mißtrauische Ablehnung der konventionellen Londoner Kritik stieß, wurde zum beginnenden Triumph, nachdem jener von Hunt privat entdeckte, inzwischen berühmt gewordene John Ruskin in zwei Briefen an die »Times« für die bis dahin völlig unbekannt gebliebenen Präraffeliten Partei ergriff.

Zwei Jahre später war die offizielle Anerkennung, der Ruhm unvermeidlich. Der Gefälligste von allen, Millais, wurde in die Akademie gewählt, die »Bruderschaft« selbst brach allerdings auseinander. Was folgte war eine drei Jahrzehnte währende künstlerische Vorherrschaft, Debatte und Produktion im Zeichen der einzelnen präraffaelitischen Alleingänger, unter denen Rossetti die hervorragende Figur blieb, nicht zuletzt durch neue Bündnisse, vor allem seine Freundschaft mit zwei außergewöhnlichen, die englische Kunstentwicklung nachdrücklich beeinflussenden Künstlern: William Morris und Edward Burne-Jones, den Henry James als Größten der englischen Maler seiner Zeit später bewunderte.

Wieso aber ist die hier nur andeutbare Geschichte und Ästhetik der Präraffaeliten des Aufhebens wert? Läßt man einmal das auffällige Phänomen beiseite, daß die intensiven, gebrochenen präraffaelitischen Farben und ihre manierierten Formen (denn »unschuldig« waren ihre Bilder eben nicht) sowohl in der gegenwärtigen angelsächsischen Mode als auch bei einigen britischen Pop-Malern, vor allem bei Hockney, wiederauftauchen, ja daß man ohne Überanstrengung die Wiederkehr malerischer Gegenständlichkeit unter dem Begriff »Präraffaelitismus« verstehen könnte, so ergibt sich das besondere Interesse aus folgendem: Hier ließe sich abermals der Beweis führen, inwiefern die Extreme, nämlich ästhetische Esoterik und gesellschaftliche Aggressivität, äußerster Ästhetizismus und moralisch-politische Empfindsamkeit, eine nicht zufällige Verbindung eingehen. Ferner: Intensiver und weniger theorieblind als »realistische« und weniger exzentrische Künstler des 20. Jahrhunderts haben einige dieser »Fancy«-Engländer über die Produktionsbedingungen ihrer Arbeit, über die Herausforderungen der industriellen Epoche nachgedacht, allen voran William Morris.

Sie reagierten zwar mit rückwärtsgewandten, ja oft mit mystifizierenden Antworten, aber auf sehr richtig gestellte Fragen. Ihre Ideenfluchten in mittelalterliche, literarisch vermittelte Sagenwelten oder kultische Inbilder von erotischer Nervosität, bei einigen inspiriert durch des konservativen Kulturkritikers Carlyles ständestaatliche Theoreme, die direkt auf Novalis' Aufsatz »Die Christenheit oder Europa« zurückgehen, worin die industrielle Massengesellschaft mit Vorschlägen korrigiert werden sollte, die später wiederum bei esoterischen Ästheten wie dem pathetischen Stefan George und dem frivo-

len Oscar Wilde wiederkehren – diese Ideenfluchten in die historische Vergangenheit oder ins neurotische Niemandsland waren nie formalistische Spielereien jenseits eines Begriffs von Geschichte. Vielmehr wurde die ästhetische Revolution von ihren Urhebern als revolutionärer Akt schlechthin verstanden. Ihre Weltflucht – so resignativ und mystagogisch sie in einzelnen Beispielen auch war – entsprang noch keiner beliebigen Form-Ideologie (wie bei einigen Künstlern der Décadence), sondern einem utopischen Motiv.

Dieses eigentümlichen Zusammenhangs von symptomatischen Widersprüchen sollte man sich vergewissern, wenn man an einige der seltsam-raffinierten, befremdend-aparten Bilder gerät, die in Deutschland lange kaum zu sehen waren, weder in Ausstellungen, noch in zugänglichen Publikationen. Leid, Sensibilität, sentimentalische Reaktion auf den viktorianischen Empirismus zeigte schon die viktorianische Malerei, das »narrative painting«, selbst: Sie erzählte von melodramatischen Augenblicken zwischen Ehegatten, von finanziellem Ruin, von bürgerlichen Katastrophen. Sehr oft ist die nachempfundene Zerreißprobe zwischen zwei Gegensätzen ausgemalt. Ruhe und Aufregung, Friede und Beunruhigung, Heim und Fremde, Bekanntes und Unbekanntes. Die Idylle ist nur scheinbar, sie ist angeätzt, sie enthält Angst. Ein Zug zum Unwirklichen ist diesen Bildern eigen, die Tendenz des Festmachens von etwas nur Flüchtigem, die Besitznahme von etwas Ungesichertem. Die häufige symbolische Überhöhung enthält ein Krisenmotiv und entspricht dem Bewußtsein von Gefährdung.

Den Unterschied zwischen melodramatischem Leid-Motiv der Viktorianer und der beunruhigten Seelengeste der Präraffaeliten – bei gleichem sozialen Motiv – zeigt ein berühmtes Bild wie das von Ford Madox Brown »The Last of England« (1855). Das sehr viktorianische Thema, die Auswanderung einer Familie nach Übersee, in diesem Falle nach Australien (der schon erwähnte David Hockney parodierte vor Jahren diese Szene), verbirgt seine beunruhigende Information in den Details: dem verstörten Ausdruck im Gesicht des Mannes, dem sanften Händedruck der Ehegatten, der sich wiederholt in dem außergewöhnlich gesuchten, ja manieriert-makabren Ineinandergreifen der linken mütterlichen Hand und des Händchens eines nicht sichtbaren Kindes, das die Mutter vom Umhang verborgen offenbar im Arm hält. Diese mit Affekten spielende, berechnende Aussparung, Deutungen und Phantasien des Betrachters etwa in die Richtung lenkend, welche Zukunft diese Familie wohl vor sich haben werde, ist formal eine Umkehrung des viktorianischen Darstellungsprinzips, wo alles einfach und direkt gesagt wird. In diesem Bild scheint die soziale Verunsicherung zurückgenommen und verrätselt in psychologisierender Gestik, in die Ohnmacht zweier Individuen, die nur noch sich selbst kennen, aber keine Ursachen, keine Zusammenhänge mehr.

Brown hat am eindeutigsten die soziale Beunruhigung der Präraffaeliten in Bilder umgesetzt. Sein Gemälde »Work« (1852–65) gilt allgemein noch immer für das repräsentative Beispiel sozialkritischer Information innerhalb des präraffaelitischen Kreises und bietet den äußersten Gegensatz zu der schon erwähnten anderen Möglichkeit, den kultischen Inbildern, wie sie nicht nur von Rossetti, sondern noch mehr von Burne-Jones hervorgebracht wurden.

Die ideologische Zwiespältigkeit, ja Janusköpfigkeit der Präraffaeliten offenbart sich theoretisch bei Ruskin und bei Morris. Ruskin sah das Elend der Massen. Aber ebenso hilflos wie später sein Proselyt Oscar Wilde in dem Essay »Die Seele des Menschen unter dem Sozialismus« gesellschaftspolitisch dilettierte, meinte Ruskin, das Ziel für die Massen könne in einer allgemeinen Verbreitung des »Schönen« liegen, was er dadurch vorbereiten wollte, indem er das Kunsthandwerk gegen die moderne Technik und Industrie der Massenfabrikate ausspielte, ein Kurzschluß, der in Deutschland dreißig Jahre später von kulturpessimistischen Künstlern wie Stefan George und seinen Schülern aufs Haar genau wiederholt wurde, allerdings mit gefährlicheren Folgen.

William Morris, der seit 1861 so eng mit den reinen Ästheten Rossetti und Burne-Jones zusammenarbeitete, hat ebenfalls der Herausforderung durch die industrielle Revolution mit seiner kunsthandwerklichen Firma begegnen wollen, die er 1861 gründete. »The Green Dining Room«, heute zu sehen im Victoria-Albert-Museum, gibt einen lebhaften Eindruck seiner ästhetisch-pädagogischen Absichten, die den neuen Stil der Jahrhundertwende, den Jugendstil, so entscheidend beeinflußt, ja initiiert haben: eine Einfachheit, die erlesen und kostbar ist, eine Farbgebung, die eher zur Adoration durch einzelne als zum Wohnen für viele taugt. Gegenstände für künstlerische Menschen, die Morris aber ausgerechnet in Frage stellen möchte, weil sie sich »in Träume von Griechenland und Italien« hüllten, ohne Bezug zum Alltagsleben.

Morris, der seinerseits durchaus ebenfalls träumte, nämlich von mittelalterlichen Kathedralen, nordischen Sagas und Handwerksgilden und den Alltag nur mit der gesteigerten Sensibilität des ästhetischen Menschen wahrnehmen konnte, dekretierte andrerseits: »Ich wünsche keine Kunst für wenige, so wenig wie Erziehung für wenige oder Freiheit für wenige« oder: »Was haben wir überhaupt mit Kunst zu schaffen, wenn nicht alle dran teilnehmen können?« Die Radikalität, mit der er die gesellschaftliche Lage der Kunst reflektierte, war keineswegs verbal, sie war subjektiv ehrlich und mit praktischen Konsequenzen verknüpft. Morris durchschaute durchaus den Zusammenhang von Häßlichkeit der Waren und dem unschuldig-zynischen Manchester-Liberalismus, dessen Philosophen von

Entwicklung aller Energien als Weg zum Fortschritt sprachen. Was er nicht merkte, war, daß er trotz allem eigentlich immer nur von der Kunst, nicht aber vom Menschen sprach. Indem er die ästhetische Reform mit gesellschaftlicher Reform verwechselte, hatte er Grund genug anzunehmen, der industriellen Klassengesellschaft im Namen einer individualistischen Kunstauffassung widersprechen zu können.

Sieht man auf die Werke seiner Freunde Rossetti und Burne-Jones, aber auch auf die von Millais und Hunt, dann wird die Paradoxie des präraffaelitischen Unternehmens vollends deutlich. Hier sind soziale Themen kein Anlaß mehr. Der Rückzug in eine unendlich verführerische, ja narkotisierende Psychologie, in eine morbide erotische Thematik sind ihr Fall. Etwas Biographisches kommt hinzu: für die Freunde wurde das Schicksal von Elizabeth Eleanor Sidall, der Frau Rossettis, die im Jahre 1862 an einer Überdosis von Schlafmitteln starb, folgenreich. Der Tod dieser schon im Leben Sterbenden, geisterhaft-melancholischen ehemaligen Londoner Modistin ist von Rossetti nachträglich zur Legende, zum ästhetischen Mythos stilisiert worden. Dem nekrophil veranlagten Lyriker Swinburne eng verwandt, mit dem er in der Todesnacht in einem Londoner Hotel tafelte, hat Rossetti fortan das Thema des rätselhaft schönen Weibes ästhetisch ausgeweitet und dabei mit dem Widerspruch von Entsagung und Sex, Tod und Leben, Heiligkeit und Sünde gespielt, einem literarischen Topos, der die romantische Linie des 19. Jahrhunderts bis zur Jahrhundertwende kennzeichnete.

Inwiefern hier letztlich sozialpsychologisch erkennbare und ganz und gar nicht rätselhafte Lebensbedingungen mystifiziert wurden, erklärt das Nebeneinanderhalten dreier Frauendarstellungen von Rossetti, von Millais und von Burne-Jones: Rossettis Kopie des Bildes »Beata Beatrix«, in dem er ein Jahr nach ihrem Tode seine tote Frau zur »Beatrice« Dantes verklärte, zeigt mystische Versenkung im verschwimmenden Grün und Scharlach der Farben, in symbolischen Personifikationen aus Dantes »vita nuova«, die in einer einbezogenen Predella noch einmal wiederkehren. Das Irdische ist überwunden. Millais' schon 1851 gemaltes Bild »Mariana«, anspielend auf ein Gedicht von Tennyson, in dem die Heldin sich aus melancholischem Lebensüberdruß den Tod wünscht, nutzt den Gegensatz von bleicher Lebensentsagung, Auge in Auge mit religiösen Glasfenstern und schwüler, noch bereiter Sinnlichkeit des Körpers, dem die herbstlich-hinfällige Natur festlich und räumlich zugeordnet ist. Ein farbsymbolisch raffiniertes Bild, das die Überwindung des Irdischen effektvoll verknüpft mit uneingestandenen sexuellen Wünschen des Körpers. Burne-Jones Wasserfarbenbild »Sidonia von Bork« (1860) schließlich, ebenfalls auf ein literarisches Sujet zurückgehend, hat die seelische Exaltation der beiden anderen Bilder umgewandelt und formalisiert zum Typus des dämonischen Weibs. Die Verselbständigung des Ornamentalen, der Linie, weist direkt auf die bösartigen Zeichnungen des späteren Beardsley voraus. Weder Irdisches, noch Überirdisches, sondern reine Erstarrung im Formprinzip der beginnenden Décadence.

In allen drei Fällen haben wir es mit ästhetischen Projektionen, mit Verdrängungsmanövern zu tun, die ihrerseits schon eine Geschichte haben und gerne nur kunstimmanent erklärt werden. Unserem Interesse aber eröffnet sich mehr: Hinweise auf die Situation der viktorianischen Frau, die man einsperrte beziehungsweise idolisierte, was aufs selbe hinauskommt.

Wenn die Präraffaeliten sich so auf die Seele konzentrierten, die Außenwelt gänzlich aus dem Auge verloren, dann drückte sich darin, unabhängig von ihren künstlerischen Absichten, die Widersprüchlichkeit und Krisensituation jener gutbürgerlichen Jahre aus. Im Gegensatz zu der vorangegangenen »objektiven« Kunst war dieser äußerste Subjektivismus der Präraffaeliten auch ein Akt der Erkenntnis, ein demonstrativer Vorgang. Die exaltierte Seele bewies die Feindseligkeit zwischen privater Welt und gesellschaftlicher Welt, ein Zwiespalt, der die bürgerliche Kunst bis heute kennzeichnet: Die Seele als Widersacher der Gesellschaft.

Die Stadt des Poeten

Oscar Wildes Fluchtversuche in die Moderne

Wenn man stadtabwärts zwischen den Gärten von Chelsea im Südwesten von London, den ruhigen Plätzen unterhalb der modeflirrenden King's Road nahe der Themse, den Weg entlang dem altersgrauen Royal Hospital einschlägt, dann stößt man auf eine kleine Straße: die Tite Street. Die eine Hälfte besteht aus baumbeschatteten, roten Backsteinhäusern, gut erhalten, zum Teil das flache altenglische Country-Haus ehrgeizig nachahmend. Die andere, zur Themse hin gelegene Hälfte, bildet nur eine einzige Häuserfront, inzwischen wohl schon hundert Jahre alt, ziemlich schäbig, ungeschützt von Bäumen oder gegenüberliegenden Gebäuden, ebenfalls aus rotem – aber schon schwärzlich gewordenem – Backstein. Genauer hingesehen ist es angedeutete Backsteingotik, bevorzugter Stil der anwachsenden Häuserblocks des ausgehenden englischen 19. Jahrhunderts. Hier wohnte Oscar Wilde. Das dreistöckige Haus steht noch wie damals. Ein blaues Schild neben der Eingangstür enthält die Lebensdaten des Dichters: 1854-1900. Gewohnt in diesem Haus hat er zehn Jahre, nämlich in der eigentlich dramatischen Periode des Ruhmes und des Absturzes: von 1885, nach seiner Heirat, bis 1895, als zwei Prozesse ihn wegen Homosexualität ins Gefängnis brachten, ihn geistig und ökonomisch vernichteten.

In den teilweise kleinstädtischen, zuweilen sogar noch ländlichen Bezirken, den teilweise aber auch eleganten und teuren Passagen des alten Chelsea gibt es einige solcher blauer Schilder. Man weiß es als

Londoner, man hat davon gehört als Ausländer. Chelsea war seit den Tagen, als Thomas Moore, der Kanzler Heinrichs VIII., sein Haus hier bezog, ein Viertel, wohin Künstler und Schriftsteller häufig hingingen. Überdies gibt es solche Schilder auch bei uns und in anderen Hauptstädten. Nichts Besonderes also.

Vor Wildes Haus, damals mit der Nummer 16 versehen, heute mit der Nummer 34, bleibt man schon deshalb stehen, weil in diesem Spätherbst Handwerker das Haus renovierten. Es ist wahrscheinlich nur das Ungewohnte, das einen Ausländer hineinzugehen zwingt. Vom Dachboden bis zum Keller sind Arbeiter zugange. Wo Wilde seine Bewunderer und Gesprächspartner empfing, wo er den verhängnisvollen, jungen Lord Alfred Douglas zum ersten Mal sah, wo er dessen Vater, den rachebesessenen Marquess of Queensberry nach einem haßerfüllten Wortwechsel aus dem Haus warf, da wurden jetzt die Wände niedergelegt und neue Decken eingezogen. Man gerät über die Holztreppe hinauf in die Mansardenräume. Fast ein Jahrhundert liegt zwischen der Aussicht auf einen verwilderten Garten, auf verwachsene, jetzt staubbedeckte Sträucher und Bäume, wie sie sich heute darbietet, und den Ansichten, die Oscar Wilde vermutlich hatte.

Eine Epoche wird alt

Das ein bißchen an Geisterbeschwörung erinnernde Experiment, sich nämlich die äußeren, die sinnlichen Bedingungen von Wildes Existenz als Hausbesitzer in Chelsea vorzustellen, ist zunächst deshalb verführerisch, weil diese Bedingungen heute noch fast die gleichen sind wie damals: Das Haus, die Straße, der Weg zur Themse, das Royal Hospital, die Royal Hospital Road und die Gärten: Burton's Court, Ranelagh Gardens, Chelsea Physic Gardens. Zugegeben, es kommt etwas weniger Plausibles hinzu, das wir vorläufig einmal den »Spleen von London« nennen wollen und mit dem räumlichen Beieinander von zeitlich längst abgestorbenen und vergessenen Dingen zu tun hat, ganz unabhängig von unserer hier einmal gewählten Beziehungsperson Wilde. Das fing vor 20 Jahren wohl an, als Engländer zum ersten Mal in dem, was sich ihren Augen anbot, so etwas wie das Alt-Werden, die Historizität ihrer Epoche entdeckten. Gegenwärtiges erschien plötzlich in seiner besonderen Öffnung zur Vergangenheit hin grotesk. Einen frühen authentischen Niederschlag von dieser Erscheinung zeigt sich in den Büchern des neovictorianischen Schriftstellers Angus Wilson, wo – wie etwa in »Hemlock and After« – besonders kuriose, wenig bekannte, alte Plätze oder Gebäude Londons eine besondere Anziehungskraft auf die Romanhelden ausüben, die sie deshalb immer wieder aufsuchen. Angus Wilson meinte dabei die unsicheren Beziehungen von Menschen zueinander, die das äußerlich Befremdende suchen, um an ihrer eigenen Wirklichkeit, vor der sie Angst haben, vorbeizukommen.

Das Interesse an dem pittoresk Anderen, dem historisch Befremdenden wurde inzwischen etwas, das seit jener ersten literarisch-intellektuellen Entdeckung nachahmbar geworden ist, sogar massenhaft. Dennoch hat diese von Medien, Kunst und Mode vermittelte Saisonkrankheit, etwas prätentiös Nostalgie genannt, eine historische Motivation, die über den kurzfristigen Impuls hinausgeht und uns noch längere Zeit beschäftigen wird: Das erwähnte Erlebnis der eigenen Historizität, in England deshalb so jäh aufgekommen, weil hier die Sozial- und Kunstformen am schärfsten ins Heutige ragen, bedeutet doch viel mehr als nur eine Verführung zu reizvollen, aber abgetanen Kinkerlitzchen. Darin äußert sich vielmehr die Widersprüchlichkeit des noch immer individuellen Bewußtseins angesichts der Bedingungen konformer Arbeits- und Verhaltensnormen.

Die Erinnerung an Wilde, die exemplarische Künstlerfigur, dessen überanstrengter Versuch, Konventionen zu verletzen, fast so interessant war wie sein Werk, ist in diesem Zusammenhang also nicht zufällig: Im Jahrzehnt sich ankündender Sozialkonflikte und Revolutionen war da einer, der so tat, als gäbe es nichts Wichtigeres als die Schönheit eines Einfalls, die Schönheit einer Geste. Die Schönheit, oder sagen wir besser, die eindrucksstarke Natur seiner Umgebung, wenn nicht gerade Tite Street, so doch das Revier zwischen den Gärten von Chelsea, das die Präraffaeliten schon vorher für sich entdeckten, hat das Wilde besonders geschätzt? Gewiß ist er nicht hierhingezogen, weil ihn das Idyllische daran so angezogen hätte. Wenn er hierhin gezogen ist, dann zunächst deswegen, weil seine Mutter, Lady Speranza Wilde, 1880 aus Irland nach England übersiedelnd, in Chelsea sich niederließ, wo sie unter dem Spitznamen »Récamier of Chelsea« verschiedene junge Künstler bei sich sah.

So wählte Wilde also die Nähe eines Milieus. Im übrigen ist es so gewesen, daß ihn ganz anders geartete Orte angezogen haben: Seit Ende der achtziger Jahre, spätestens ab 1890, traf er sich mit seinen seltsamen Partnern immer seltener in Tite Street, wo seine Frau mit den zwei Kindern so etwas waren wie das ständig mahnende Gewissen. Er ging oft in das mit großem Pomp 1865 eröffnete rotbesamtene, spiegelschimmernde Café Royal in der Regent Street nahe Piccadilly Circus. Hier lag alles nah beieinander: Die Halb- und Unterwelt von Soho, die Theater von Haymarket und Shaftesbury Avenue, in denen er mit seinen Gesellschaftskomödien fünf Jahre lang Triumphe feierte, der turbulente Leicester Square, von wo es nicht mehr weit war in jene finstere Spelunkengegend unterhalb des Strands, oder aber zu dem von ihm fast am meisten favorisierten Ort: dem Savoy-Hotel, das 1889 eröffnet worden war.

Wenn man von Wildes dem heiteren Chelsea abgewandten Bedürfnissen spricht, gibt das Hotel und zunächst dieses Hotel ein ganz besonderes Stichwort. Wilde wurde immer stärker von Hotels angezogen. Er vertrieb allmählich die meiste Zeit in Hotels, obwohl zwischen diesen Hotels – es sind außer dem Savoy vor allem das Avondale und das Holborne gewesen – und seiner eigenen Wohnung nicht allzu weite Kutschfahrten lagen. Das Hotel suchte er nicht nur für seine hysterischen Zusammenkünfte mit Lord Alfred Douglas. Er brauchte es als Fluchtburg, als Einsamkeit. Nicht in der eigenen Wohnung bei seiner Frau und seinen Kindern, sondern im Hotel wartete er auf seine Verhaftung. Das Hotel war ihm eine Lebensform. Sie wurde es für viele, als mondänes Leben oder als Endpunkt. Zuletzt in der Epoche der politischen Emigrationen. Wilde emigrierte auch, aber das Besondere daran war: er emigrierte inmitten des eigenen Zuhauses, bevor er nach Entlassung aus dem Gefängnis wirklich außer Landes gehen mußte.

Was ihn zu dieser Flucht ins Hotel brachte, war zunächst sicher etwas sehr Vordergründiges: Es war der ungeheure, fast einschüchternde Prunk, mit dem sich die neuen Hotels, die frischen Adels- und Machtburgen der mondänen Epoche, darstellten. Das Savoy – sein Name wird wiederkehren als Name einer Zeitschrift des wie Wilde als skandalös empfundenen Zeichners Aubrey Beardsley – war der Gipfel an Allüren. Man kann das, wie fast alles hier Geschilderte, heute noch so authentisch wie am ersten Tag, vor achtzig Jahren, studieren, nur daß die Gäste weniger vornehm oder abenteuerlich sind. Wildes widersprüchlicher Hang zum Aristokratischen (denn es zog ihn ebenso in Spelunken), und sei es in nachgeahmter Form, kam im Savoy voll auf seine Kosten. Das beginnt damit, daß die Eigentümer auf Eisentafeln renommierten, auf ihrem Grund und Boden habe einst Simon de Montfort, der sprichwörtliche Erfinder des englischen Parlaments, gewohnt und ebenso John of Gaunt, der Herzog von Lancaster, habe hier in »fürstlichem Luxus gelebt«. Man erhob die Großen der englischen Geschichte nachträglich zu einer Art Ehrengäste, und dieser heraldische Snobismus setzt sich fort im Entree und den Sälen des Gebäudes: Es ist eine Festung, eine ritterliche Gestalt mit Helm und Schild als Galionsfigur, als Geschäftsmaskottchen. Wilde konnte säulengeschmückte Säle durchschreiten, wie er sich vorstellte, daß man byzantinische Feste durchschritten haben mochte, bis man schließlich zum zentralen Speisesaal kam: biblisch-bukolische Motive der Wandmalereien, streng-gemusterte Stuckdecken, Bögen in Form des Omegas, hier schon ornamentale Feierlichkeit, die wenige Jahre später eine so wichtige Bedeutung im Jugendstil bekommen hat. Wildes unklarer, sozial labiler Zustand entsprach diesen Bedürfnissen.

Hintergründiger Reiz aber war die vollkommene Anonymität, dieses Unerkanntsein unter Menschen, deren einziges Erkennungszeichen Rang und Geld war. Wahrscheinlich wurde für Wildes problematische Sensationen entscheidend, daß ihm hier nichts aus Sympathie, alles nur für Geld geboten wurde: die Freundlichkeit, die Dienstbereitschaft, die Diskretion. Wilde experimentierte instinktiv, aber notwendigerweise, mit der Moral eines ausschließlich nach ökonomischen Regeln anbrechenden Zeitalters. Er erfüllte das noch mit seiner Subjektivität. Gefühle, die befriedigt werden ohne Gefühl des Gastgebers – solange man zahlt, Geborgensein auf Teppichen hinter geschlossenen Türen – bei völliger Gleichgültigkeit der Diener. Irgend etwas an dieser Gleichgültigkeit, die ja Distanz garantierte, hat ihn an diese Hotels gefesselt. Die totale Veräußerlichung des Lebensstils enthielt für ihn gerade den tiefsten Sinn.

Im Gegensatz zu Oscar Wilde waren einige Präraffaeliten, die ihm geistesverwandten Bewohner von Chelsea, zwar ebenfalls angezogen vom Zweideutigen, haben andererseits jedoch das schöne Milieu von Chelsea naiver erlebt. Sie waren eher enthusiastische Liebhaber dieser pittoresken Straßenlandschaften. Wenn man die Tite Street in Richtung Themse hinuntergeht und sich flußaufwärts hält, kommt man nach ein paar Straßenzügen zu einer durch eine vorgelagerte schmale Parkanlage geschützte Häusergruppe namens Cheyne Walk. Das schönste, das stilistisch blendendste Haus dieses Villenhalbkreises ist jenes, wo Dante Gabriel Rossetti bis 1882, dem Jahr seines Todes, wohnte, für kurze Zeit auch der Kumpan einer verhängnisvollen Nacht: der Lyriker Swinburne. Dante Gabriel Rossetti, das Haupt der präraffaelitischen Malerschule, verbrachte genau jenen Abend des Jahres 1862, als seine Frau Elizabeth Eleanor Siddal an einer Überdosis Schlafmitteln starb, zusammen mit dem ebenso skandalösen wie bedeutenden Swinburne in dem Hotel Sablonière, das am Leicester Square gerade eröffnet worden war. Allerdings kehrte er noch in der gleichen Nacht zurück. Seine tote Frau verklärte er zur »Beatrice« farbenglühender Gemälde. Immerhin: Auch hier das neue Hotel als Möglichkeit zur Flucht.

Wenn man vor Rossettis Haus steht, die großartig geschnittenen, schmalen Fenster der Vorderfront dieses Georgian-Hauses betrachtet, dieses prätentiöse Gitterwerk des Gartens, diese ausgesuchte Mischung von einfachstem Material und Aufwand mit spröder Herrschaftsgeste, diese völlig unzeitgemäße Hinterlassenschaft von auf Anmut und Würde versessenen Menschen, dann wird einem jedenfalls in der Konzentration von Minuten klar, welch andere Bedingungen zum Leben, zum Arbeiten, zum Gefühle-Entwickeln bei denjenigen gewesen sein müssen, die hier gewohnt haben und deren künstlerische Versuche von uns all zu schnell auf kunstgeschichtliche Begriffe gebracht werden. Solche Rationalisierung war unumgänglich, aber der verbleibende Rest ist unbefriedigend. Was macht ein Mensch in einem solchen Haus? Man wird das nur herausfinden können, würde man sich des Mechanismus einer imaginären Zeitmaschine bedienen und hundert Jahre jünger werden. Es ist nicht mehr wahr. Es hat keinen Anteil mehr an irgendeiner heute noch diskutierbaren Idee von Notwendigkeit oder Wünschbarkeit.

Wie auch immer – auf jeden Fall können wir uns hier, in dieser Gegend, eine Vorstellung vom Schönen und Einfachen holen, was die Präraffaeliten geradezu erzwingen wollten: die Morris, Ruskin, Rossetti, Millais, Carlyle, aber auch jüngere Maler wie Ricketts und Shanon, die Burne-Jones und William Morris nachahmend vereinfachten. Carlyle wohnte direkt ein paar Häuser weiter, die beiden jungen Maler eine gute Viertelstunde zu Fuß entfernt in der Beaufort Street, deren Verlängerung, Drayton Gardens, bis heute sehr exzentrische Menschen und recht ungewöhnliche Lebensläufe verschließt. Rickett und Shanon sind deshalb auch erwähnenswert, weil sie wohl die letzten Chelsianer waren, mit denen Wilde in der Zeit der beginnenden Krise Umgang pflegte, zu denen er auch dann noch ging, als er sich fast nur noch in der demimondänen Umgebung von Regent Street und Leicester Square aufhielt, in den Hotels die Nächte verbrachte. Kurz bevor die Katastrophe über ihn hereinbrach, am 28. Februar 1895, nachdem er wieder zerstörerische Tage mit Alfred Douglas im Avondale Hotel hinter sich hatte, besuchte Wilde die beiden Maler noch einmal nachts in der Beaufort Street. Charles Ricketts hat Wildes spöttisch-seltsame Art an diesem Abend beschrieben. Shanon traf ihn danach noch in der King's Road, müde und abwesend, dennoch Witze darüber machend, was für Würste die Leute hier gerne äßen. Sie trennten sich, als eine Droschke kam, die Wilde zu einem Club in der Nähe von Piccadilly brachte. Es war der Albemarle Club, wo Wilde noch an diesem Abend die auf seine homosexuellen Beziehungen anspielende Karte des Marquess of Queensberry las, die ihn zur verhängnisvollen Anklage trieb.

Wilde hat danach sein eigenes Haus in Tite Street kaum mehr betreten. Während der beiden Prozesse wohnte er zunächst auch in Chelsea, ein paar Schritte von Rossettis einstigem Haus entfernt in der Ocklay Street, bei Mutter und Bruder in einer allerdings weit weniger prächtigen, eher armen Gegend. Dort traf er noch mit seinem Landsmann, dem irischen Dichter Yeats, zusammen. Freunde, das Ehepaar Leverson, holten den in seiner Erniedrigung sich Quälenden zu sich nach South Kensington, 2 Courtfield Gardens, vor der Türe die gerade zwanzig Jahre alte neugotische Kirche St. Jude's, die Wilde allerdings nie betreten hat, da er überhaupt keinen Fuß mehr vor die Tür setzte. Heute in South Kensington häufig zu sehende Männer, die scheinbar bessere Tage erlebten, ein Typus des Deklassierten, von dem Dickens schon als dem »Schäbig-Vornehmen« berichtet, solche Zeitgenossen hätten gegenüber dem gestürzten Star ebensowenig Rücksicht geübt wie jene Huren, die dem Verurteilten ihre Schadenfreude ins Gesicht schrien, die Genugtuung, daß hier ein »Gentleman« für seine fatalen Sünden büßen muß. Das Volk war, sofern es von der Affäre etwas mitbekam, gegen ihn, selbstverständlich das Bürgertum! In dieser Wohnung lehnte er zum letzten Mal Überredungsversuche zur Flucht ab, von hier fuhr er zum zweiten Prozeß in Old Bailey und ins Gefängnis.

Mit Ausnahme von William Morris, der im Nordwesten von London, in der Salisbury Street, einer ärmlichen Gegend wohnte, waren die Ästheten von Chelsea Bohemiens im Schönen, Liebhaber des Hermetischen, im Kreis Zurückgezogene. Wildes wilde, ruinöse Existenz – er sprach später einmal davon, daß er »mit Panthern Gelage gefeiert habe« – war von alldem die Umkehr. Er hat zwar »das Schöne« mehr denn je ideologisiert, aber offensichtlich die Verhäßlichung, ein Charakteristikum der zivilisatorischen Moderne, gesucht. Direkter, unmittelbarer Ausdruck dieser Haltung und Gesinnung war eben der hier beschriebene Verzicht, in einem Haus mit Familie und Freunden zu leben, statt dessen auf dem Sprung zu liegen von einem zum anderen der neuen, mondänen Hotels und durch das phantastische London zu jagen. Es gab noch nicht die Reklamen, die Kinotempel am Leicester Square und Piccadilly Circus, aber es gab die Menschen, die vorbeiströmende, auf Darbietungen und Ablenkungen wie er selbst erpichte Menge, deren Atmosphäre ihn wahrscheinlich aufputschte: Wirkliche Beschreibungen des damaligen London haben wir nicht von Wilde, abgesehen von diesem oder jenem Hinweis, etwa im »Dorian Gray«.

Der Geist des Verbrechens

Hierin liegt ein Unterschied zu anderen Entdeckern des Londons jener Tage im abendlichen Zwielicht von aufkommendem Nebel und Gaslaternen. Der Gegensatz vor allem zu Edgar Allan Poe, einer seiner literarischen Beziehungspersonen, der die Erzählung »Der Mann in der Menge« schrieb, worin von einem rätselhaften Unbekannten erzählt wird, dem man einen ganzen Tag durch die Straßen von London folgt, ihn belauert, die Schemen von Dingen wahrnimmt, um schließlich kein individuelles Rätsel zu lösen, sondern in der verfolgten Gestalt ein Prinzip zu entdecken, »den Geist des Verbrechens«.

Es gibt einige berühmte Versuche, dieses gefährliche, im Gegensatz zu Paris ganz und gar irreguläre London des 19. Jahrhunderts zu beschreiben, jenes London, von dem Dostojewski als dem »modernen Babylon« erschreckt wurde: Paul Fevals »Mystères de Londres« (1840), Charles Dickens' verschiedene berühmte Darstellungen wie »Zwei Städte«, »Londoner Skizzen« und »Oliver Twist« bis hin zu

Gustave Dorés Zeichnungen von Wildes glitzernder Epoche. Die Kriminalromane von Doyle, die grausigen Geschichten über »Jack the Ripper« sind dabei nichts Peripheres, sondern geben mit ihrem Leitmotiv, dem Kriminalort, jene prinzipielle Andeutung über die Stadt, wie sie Edgar Allan Poe auf eine Idee gebracht hat: Das Verbrechen ist die zu Ende gedachte Polarisierung des gefährdeten schönen Lebens in den Gärten von Chelsea.

Den eigentümlichen Zusammenhang von London und dem Verbrechen hat Theodor Fontane genau erkannt. Als Londoner Korrespondent der »Vossischen Zeitung« in den Jahren 1856-58, zu jener Zeit also, als der sehr umstrittene Ruhm der Präraffaeliten aufging, von denen Fontane allerdings keinen kannte, berichtet er unter der Überschrift »The Waterloobridge Tragedy« über einen grauenhaften Mord, der das englische Publikum in jenen Tagen mehr interessiert habe als der gefährliche Aufstand der Sepoys in Indien: Fontane schreibt von einer »geblümten Reisetasche« auf einem Pfeilervorsprung der Waterloo-Brücke, und von »einem furchtbar entstellten menschlichen Rumpf, eingewickelt in die Fetzen seiner ehemaligen Kleidung«. An die kopf- und gliederlose Leiche hätten sich mancherlei öffentliche Betrachtungen geknüpft, die Fontane zum Anlaß nimmt, auf das seltsame Interesse am Mord hinzuweisen, das in keinem anderen Lande so entwickelt sei wie gerade in Großbritannien.

Er erklärt in diesem Zusammenhang die Entstehung des makabren Wortes »burken«, das besonders bestialische Mordfälle fachmännisch unterscheide bis hin zu jener Perversität, nach der menschliche Glieder über die Straßen Londons ausgestreut werden. Das ist »ein neuer Greenacre-Fall«. Daneben gibt es den neuen »Malone-Fall«, den neuen »William-Palmer-Fall« und so weiter. Fontane berichtet, daß im Laufe der Jahre Hunderte Menschen in London verschwänden, deren Verschwinden oft niemals bemerkt wird.

Der Ästhetizismus von Chelsea, wie ihn Dante Gabriel Rossetti erfand und Oscar Wilde zur Spitze trieb, hat eine besondere Beziehung zum Verbrechen, wenn man in ihm gerade mit dem Blick auf Wildes Schicksal etwa folgendes erkennt: Es ist der äußerste Gegensatz zum »cult of the beautiful«, der in Chelsea gepflegt wurde. Dieser Schönheitskult, in seinen Folgerungen noch heute sichtbar, ist der polemische, bewußt herbeigeführte Widerspruch zu einer sozialen und moralischen Verelendung der Massen im Londoner Eastend, von der das Verbrechen wiederum nur ein Symptom war. Das Verbrechen war gleichzeitig aber auch ein Reiz, eine extreme Herausforderung von Konvention und Gesetz und somit wiederum den anarchischen Bedürfnissen Wildes eng verwandt. Es bedeutet keinen Zynismus, wenn man sagt, daß Londons Kapitalverbrechen ein Preis für jene bürgerlichen Freiheiten waren, die seit dem 18. Jahrhundert im Vergleich zu den deutschen Polizeistaaten bis zur Verwilderung gerieten. Sichtbarster Ausdruck dafür: das völlig unentwickelte Polizeiwesen der Stadt London. Die anarchische Attitüde von Oscar Wilde waren letzte Konsequenzen aus einem bürgerlichen Freiheitsbegriff, den das Bürgertum zu diesem Zeitpunkt schon nicht mehr zuließ. Fügte man noch weitere Daten dieser Art hinzu, dann würde vollends deutlich, daß die hier erinnerten Ereignisse und Erscheinungen wie Ästhetentum, Flucht, Wohn-Idylle, Allüre, Verbrechen kein mysteriöses, »literarisches« System waren, sondern prosaischer erklärbar sind: Nur dem heutigen Blick, der sich darauf konzentriert, wo Wilde wohnte, muß es vorkommen wie eine Sache, die nie gewesen ist.

Das Gespenst des Kollektivismus

Bürgerliche Intelligenz gegen Sozialismus

Vor wenigen Jahren noch gab England das Bild der lächelnden Oberfläche: die ideologische Attacke, die Absage an gemeinsame Überzeugung, die revolutionäre Rhetorik gehörte auf die Tribünen im Hyde-Park. Sie gehörten nicht, noch dazu von Intellektuellen formuliert, in die politisch ernst zu nehmende Debatte. Das war die über Epochen hinweg festgelegte liberale Spielregel, vererbt vom bürgerlichen und händlerischen 19. Jahrhundert, institutionalisiert im Club-Dialog zweier parlamentarischer Parteien. Das schien etwas naturwüchsig »Englisches«. Hinter dieser Oberfläche milder politischer Zivilisation liegt jedoch eine frühe Erfahrung blutiger, ideologischer Entzweiung: die Erfahrung des politischen Glaubenskrieges zwischen Cromwell und Charles I., Kavalieren und Rundköpfen, Royalisten und Puritanern. Nicht einmal die jakobinische Hinrichtung Ludwig XVI. schockte Europa so sehr. Den metaphysischen, großen Schrecken brachten die demokratischen Puritaner von London, als sie bei Beginn des absoluten Königstums ihren Stuartherrscher aufs Schafott schickten. Diese Tat verstand sich als ein Stück »politischer Avantgarde«.

Anthony Wedgewood Benn, der äußerst linke Labour-Minister, sieht England abermals in der Rolle der sozialpolitischen Avantgarde. Als einen möglichen Cromwell fürchtet ihn die von Steuern geschlagene, der Privilegien beraubte Mittelklasse. Seitdem dies so ist und seitdem innerhalb und außerhalb des Parlaments Benns Konzept einer »industriellen Demokratie«, das heißt eines nach Gewerkschaftsmodell aufgebauten egalitären Sozialismus wächst, den man in Deutschland Kommunismus nennen würde, hat sich der schöne Oberflächeneindruck jäh geändert: die Polarisierung der Debatte greift täglich schärfer um sich, das Feldgeschrei wird ideologisch und schrill, die Konturen zweier aufs Blut verfeindeter Lager werden deutlich, die an den alten, fast vergessenen Glaubensdualismus erinnern.

Die Zwietracht wird vorläufig nur von Dissenten, intellektuellen Abtrünnigen, zur Sprache gebracht; denn gemeinhin sind englische Radikale radikaler mit Taten als mit Worten. Die Dissenter sind erwähnenswert wegen ihrer politischen Herkunft. Es handelt sich durchweg um »linke« Intellektuelle, die sich vom Trend sozialistischer Politik demonstrativ abwenden. Den jüngsten und lehrreichsten Eklat lieferte Paul Johnson, der 48jährige ehemalige Herausgeber der linken Wochenzeitschrift »New Statesman«, bis zur Stunde noch Redaktionsmitglied und gewiß der farbigste Autor dieses noch immer ersten Blattes der politischen Intelligenz. Unter dem Titel »Farewell to the Labour Party« rechnete er in einem Furioso mit der Partei ab, der er 24 Jahre angehörte. Das Echo war groß.

Ein Blick auf das, was er zu sagen hat, leuchtet nicht nur die Bühne theatralisch mit Schurken und Helden aus. Es ist vor allem ein Dokument des über die Jahre hinweg illusionär gefärbten Beziehungs-Bildes von Intellektuellen und Arbeitern, jenes Mythos also, der die linke Intelligenz seit dem spanischen Bürgerkrieg trug und trotz Orwell, Koestler und den bolschewistischen Lagern im Grunde bis heute nicht zerstört worden ist. Es ist schließlich das Selbst-Porträt eines desillusionierten Intellektuellen selbst. Paul Johnson setzt die englische Dissenter-Linie der Orwell und Koester aktualisierend fort: er will die britische Öffentlichkeit wachschrecken mit dem übergroß an die Wand geworfenen Gespenst eines britischen Kollektivismus, der die Ur-Mitgift der Labour-Partei, nämlich die Freiheit des Individuums, vernichte. Es ist der einfache, in diesem Lande vornehmlich von dem Philosophen Popper theoretisch erneuerte Gedanke, daß radikal erzwungene Gleichheit die Freiheit des einzelnen auflöse.

Leider aber ist Johnson politisch zu naiv und gedanklich zu undiszipliniert, als daß er in Poppers These den bis heute nicht aufgelösten Widerspruch des Sozialismus selbst erkennen würde. Vielmehr verstrickt dieser ehemalige linke Radikale – oder sagen wir besser radikale Konservative? – seine ehemaligen Freunde in ein emotionelles Scheingefecht, indem er seine linken Ideale – oder was er dafür hält – konfrontiert mit dem, das er als ihre Perversion ansieht: die autoritäre Machtfülle der Gewerkschaften, ihre »kollektivistische« Philosophie, die wiederum identisch sei mit dem korporativen Gedanken des faschistischen Staates.

Das sind die hier nur kurz gerafften Ansichten eines »Linken« über Englands sozialistische Zukunft, die in solch einer Tonlage nur ein sehr exzentrischer Tory formulieren würde, die im politischen Establishment deshalb auch wenig Gehör finden und dennoch repräsentativ sind für bisher noch unartikuliert gebliebene Gefühle einer einst mächtigen, inzwischen aber politisch immer mehr an Boden verlierenden Schicht: des akademisch erzogenen, höheren Mittelstands selbständiger Berufe. Johnson, der von Oxford geprägte Schüler des berühmten Historikers A. P. Taylor, war zwar lange ein glühender Kreuzfahrer für Labour, ein heißer Bewunderer der Neuen Linken in Frankreich, ein Radikaler sogar, der die erhoffte neue Französische Revolution von 1968 auch für England herbeisehnte, der aber offenbar niemals wirklich begriffen hat, um was es der Labour-Bewegung von Anfang an ging: nämlich um soziale Gerechtigkeit und Freiheit für alle in einem egalitär kontrollierten System, nicht um die individuelle Freiheit privilegierter Individuen oder einer privilegierten Schicht. Johnson muß sich in Arbeiterbriefen nun sagen lassen, daß die Gesundheit eines einzigen Arbeiterjungen mehr wert sei als die Möglichkeit zum literarischen Selbstausdruck.

In der Tat bauen Johnson und mit ihm alle sogenannten linken Kritiker des Sozialismus, vornehmlich jene neuen Pariser »Philosophen« falsche Fronten auf, wenn sie nunmehr polemisch die kollektivistischen Elemente des Marxismus entdecken. Kollektivistische Aktion – so wurde ihm von Ronald Butt in der »Sunday Times« bedeutet – war seit jeher das Lebensblut von Labour. Sie war niemals die Partei individueller Freiheit, gar privaten Selbstausdrucks, wie Johnson behauptet, sondern die Partei des zu beschützenden Individuums, das unvermeidbar schwach ist, wenn es allein steht, so daß seine soziale und menschliche Unsicherheit nur in einer ständig erweiterten Ära kollektiven Schutzes, sei es durch Gewerkschaften, sei es durch den Staat, gewährleistet ist. Statt diese fundamentale Wahrheit der Labour-Bewegung zu erörtern, schwärmt Johnson – und dies eben ist symptomatisch für den asozialen, elitären, linken Romantizismus – vom angeblich individualistischen Auftrag der Arbeiterpartei.

Es stellt sich nunmehr heraus, daß die große Romanze des einflußreichen Intellektuellen aus gutem Hause und mit exquisiter Erziehung so nicht aufgeht, daß ein prosozialistisches England inzwischen ohne die exzentrischen Bedürfnisse dieser Anspruchsvollen auskommt, daß zwischen den solipsistischen Phantasien Johnsons und seiner Londoner und Pariser Freunde einerseits und den Bedürfnissen und Gedanken einfacher Gewerkschaftsleute, Berg- und Automobilarbeiter andererseits eine Welt des Nichtverstehens steht. Paul Johnsons rasende Enttäuschung darüber, daß sein Romantizismus so lange in falsche Richtung starrte, tobt sich nunmehr in einer aggressiv-asozialen Rhetorik aus, die spleenigen Toryismus zu nennen noch euphemistisch wäre.

Warum hat der Romantiker und Ästhet so lange gebraucht, um zu solchen Ausbrüchen zu kommen? Wieso entdecken jene Pariser Revolutionäre von 1968, über die Johnson einst emphatisch im »New Statesman« berichtete, nunmehr ebenfalls das Gespenst des Kollektivismus als die neue große Einsicht?

Alle Argumente dieser enttäuschten »Linken« sind nur Rationalisierungen eines elementareren Interesses: Solange der Sozialismus auch ein moralisches und intellektuell befeuerndes Motiv blieb, solange es vornehmlich Anlaß zur unendlichen Debatte, zum nie endenden Gespräch war, Stoff für ausschweifende Phantasiebildung lieferte, so lange konnte der intellektuelle, bürgerliche Individualist in der Frontlinie daran teilnehmen, ohne sich jemals die Frage stellen zu müssen, ob sein Idealismus wirklich sozial motiviert sei. Seitdem aber die hohe Zeit der moralischen, ja der intellektuellen Phase vorbei ist, Hunger – wie Robbe-Grillet einmal scheinbar zynisch schrieb – ein Verteilerproblem wurde und der britische Wohlfahrtsstaat Stück um Stück errichtet wurde, geht dem fälschlichen Linken die Luft aus.

Der klassenmäßig angelegte Konflikt zwischen libertinistisch-bürgerlicher Intelligenz und sozialistisch-egalitärer Politik muß in dem Augenblick ausbrechen, da diese Intelligenz in ihrer Favoritenstellung als Avantgarde nicht mehr gefragt ist. Was nunmehr einsetzt, ist der Prozeß des ideologischen Alterns dieser Art von »linken« Intelligenz in einer noch nicht genau bestimmbaren Nachgeschichte. Herbert Marcuses verführerische Theorie, wonach intellektuelle Minderheiten anstelle einer saturierten oder konformen Arbeiterschaft die Rolle des revolutionären Subjekts übernehmen, deckt sich mit Johnsons romantischer Erinnerung an die Träumer und Outsider der dreißiger und vierziger Jahre. Seine maßlosen Ausfälle gegen einen neuen, bescheideneren, weniger romantischen, wohl aber sozial bewußteren Intellektuellen-Typ in Gestalt von Londoner »Sozialhelfern, Soziologen und Administratoren« sind letzte Barrikaden gegen den Verlust der eigenen Rolle zwischen politischem Salon und Cricket.

Das alles muß gesagt sein, gerade wenn man, wie der Verfasser, starke Sympathien für diesen Aufschrei gegen drohende kollektivistische Entwicklungen hat. Und Sympathie muß jeder haben, der den Konflikt zwischen anarcho-individueller Freiheit und Sozialisierung im Alltag nicht aufheben kann in einer Vorstellung von gesamtgesellschaftlicher Vernunft. Fragwürdig bleibt gerade dann aber eine sich selbst belügende Radikalität, die sich noch immer politisch versteht, aber politisch leer bleibt, sich in eine Kette logischer Widersprüche verwickelnd. Wie kann man einerseits an den Rand eines geistigen Poujadismus geraten, sich zwar vom Sozialdemokratismus distanzieren, andererseits aber den brillanten Tony Benn bewundern und für den soeben zur äußersten Labour-Linken gestoßenen ehemaligen Führer der Jung-Liberalen Sympathie empfinden?

Die Antwort ist umwerfend einfach: Weil der »radikale« Intellektuelle keine Inhalte kennt. Er sucht das »Radikale« schlechthin, eine formale Kategorie – als Stil, als Traum, als Widerspruch an sich. Insofern sind Tony Benn, der adlige Schrecken des Bürgertums, und Peter Hain, das unruhige Gewissen der Jung-Liberalen, nichts anderes als »Radikale« für Paul Johnson. Es ist der alte romantische Occasionalismus, den Carl Schmitt, selbst ein Occasionalist, als apolitisch anprangert. Zu früh. Er ist gewiß keine Voraussetzung zu handfester Politik, wohl aber zur nonkonformen Distanz oder – zur künstlerischen Produktion. Sobald Johnson und seine Freunde und die vielen, die mit ihm sympathisieren, das einsehen, werden sie eine Entscheidung treffen können, die den Namen Entscheidung verdient. Dann erst und nur dann werden ihnen die angemessenen geistigen Strategien einfallen, um das gefürchtete Gespenst namens Kollektivismus wirksamer zu attackieren als in einer politisch und historisch gealterten Rhetorik.

Die Stummen und die Schreienden

*In den Schächten des Untergrunds
von London South-East*

Der Mann war vierzig oder sechzig, von jener undefinierbaren Verschlissenheit vieler Männer, die hier herumsaßen, kein Wort sprachen und sich monoton der Monotonie einer rasenden Bewegung, in die der Zug auf dieser Strecke unterhalb der Londoner City geriet, in einer Art anpaßte, die man hätte Stoizismus nennen können, wäre irgendeine psychische Regung, ein Entschluß hierzu oder ein Leiden erkennbar gewesen. Der Mann war nicht still. Zunächst war es nur ein Schlurfen seiner Schuhe oder dessen, was man dafür halten konnte, dann war es ein schabendes Flüstern, ein halblauter Sing-Sang von Cockney-Lauten, die nur zu verstehen waren, wenn das Gebrüll des eng an der Tunnelmauer entlangrasenden Wagens der Metropolitan-Linie für Sekunden sich selbst zuzuhören schien und aussetzte wie der Schrei eines Kindes, dem die Luft wegbleibt. Die dreckverklebten, von verklebtem Schmutz erstarrten Kleider des Mannes hingen an ihm herunter wie das naß gewordene Gefieder von Vögeln, von pechschwarzen Raben, von ins Gewitter geratenen Hühnern. Als die Geschwindigkeit des Wagens den schwankenden, flüsternden neuen Mann auf einen der nächsten, noch frei gebliebenen Sitze drückte, blickte keine der ringsum ihn oder direkt neben ihm sitzenden, stummen Figuren auch nur für einen Augenblick auf. Sie nahmen den Anflug von Erstaunen, diesen Versuch einer erklärenden Geste, mit der er auf das, was ihn kleidete, wies, überhaupt nicht wahr. Es schien, als ob dieser schüttere Ansatz einer Erklärung von jemand, der nur um Nuancen schlimmer aussah als sie alle, etwas Unverzeihliches habe, etwas Obszönes, das nicht nur ihn, den Neuen, sondern sie selbst, die hier täglich vom Wagen Hin- und Hergeschaukelten, betraf.

Diese schwarzverkrusteten, nackten Füße, die aus den Hosen mit aufgelösten Umschlägen herausragten, an ihrem Ende nur von Leder umwickelt, waren allein schon eine Demonstration von Verelendung, die nur totale Gewöhnung, ohne die Miene zu verziehen, zur Kenntnis nehmen konnte. Es gehörte aber mehr als Gewöhnung dazu, das, was nunmehr einsetzte, vor aller Augen sichtbar und unüberhörbar wurde, ebenfalls nicht zu registrieren. Der neue Mann schien das einzig lebendige Wesen in einem Wachsfigurenkabinett zu sein. In ein inwendiges Flüstern verfallen, wobei der Kopf in schaukelnde Bewegung geriet, begann er sich langsam, aber stetig zu kratzen. Mit kreisenden Bewegungen, die immer heftiger, immer wilder wurden, fuhren seine Nägel über den Körper, stießen die schwarzen Finger in Gesicht, Rumpf und Füße. Ein grauenhafter Juckreiz trieb sie in die Achselhöhlen, über die Ellenbogen und die Kniescheiben. Der Mann mußte vor Ungeziefer starren, sie mußten an ihm wimmeln. Ein solches Kratzen in der Londoner Untergrundbahn Richtung Süd-Ost bot keinen »realistischen« Anblick mehr, man fühlte sich versetzt in irgendeine jener starren komödiantischen Trostlosigkeiten. Der Mann, den es fast konvulsivisch überkam, war nicht krank, es juckte ihn nur bis zur Folter und er kratzte sich nur, dem monotonen Ablauf seiner Qualen Linderung spendend.

Es war eine Frage der Zeit, wann die anderen Figuren entweder aufblicken würden, vielleicht den Platz wechseln oder gar aussteigen, um das Abteil zu wechseln. Es stieg keiner aus. Es war, als ob sich die Strecke zwischen Whitechapel im Eastend und Surrey Docks verwandelt hätte in die einzige rasende Bewegung eines nie mehr enden wollenden Kratzens, an der alle teilnahmen, die da saßen und mit verblichenen Gesichtern in verblichenen Anzügen auf verblichene Zeitungen oder verblichene Bücher starrten. Es war ein kollektiver Kultus, dem alle bewußt oder unbewußt verbunden waren, und jetzt wurde auch deutlich, warum keiner dieser Schweigenden aufblickte, keiner in die Versuchung geführt worden war, dem neuen Mann in irgendeiner erkennbaren Form zu begegnen: Er war der Vortänzer des Rituals. Es war nicht Befangenheit gegenüber einem Outlaw, einer grotesken Erscheinung gewesen, die diese Männer alle so stumm machten. Ihre Stummheit war vielmehr das innige Einverständnis mit diesem Kratzenden, das allen längst bekannt war und davon nur ein diesem Land Fremder Aufhebens machen würde – was für ein Land war das?

Alle diese Männer waren vierzig oder sechzig Jahre alt, alle hatten diesen undefinierbaren, irgendwann einmal gereinigten Mantel an, dessen Schwärze oder Karos die Schwärze des Abgetragenen verbargen, dem frühen Verschleiß ausgesetzt, selbst in der privilegierten Umgebung eines in Plüsch heruntergekommenen Theatersessels, unter dessen Sitz der Mantel nach Landessitte geschoben wird, ohne Rücksicht auf Zigaretten-Asche, leere Papp-Becher für Eis-Creme. Diese Mäntel sind verräuchert vom wirbelnden Staub und Luftzug der Untergrundschächte und selbst jene, deren schäbige Eleganz noch den Preis eines Ladens von Bondstreet oder Regentstreet erraten läßt, haben die Gleichgültigkeit ihrer Träger in sich aufgenommen. Es macht keinen Unterschied, ob es der Mann ist mit dem schwarzen Aktenkoffer der City oder der irgendwie intellektuell Dreinschauende, konzentriert auf eine Seite des vorletzten »New Statesman«, auf der mit ironischer Müdigkeit entwickelt wird, warum die Anhänger des Gemeinsamen Marktes in Europa und in England einem verschwommenen, historisch unhaltbaren und verblasenen Begriff von Europa anhingen, auf den sich England, sofern es noch bei sich selbst ist, nicht einzulassen hätte.

Die Mehrheit der Stummen hier haben den Namen der Zeitschrift nie gehört, geschweige ihre ätzenden Sottisen gegen einen britischen Beitritt gelesen, aber ihre Müdigkeit, die selbst nicht vor einer auf dem Boden zu Ende schwelenden Zigarette gestört wird, scheint ein stummes Votum für das immer schon Dagewesene und gegen etwas Neues zu sein. Auf der Höhe von Whitechapel, wo sich über dem rasenden Wagen Südost-London endlos in rotsteinigen Quadratkilometern ausdehnt, wo schon Westend und erst recht die schönen nordwestlichen und südwestlichen Vororte einer inzwischen ökonomisch beunruhigten Mittelschicht unentdecktes Gebiet sind, auf der Höhe von Whitechapel gibt es andere Fragen als die nach Europa.

Immer kann man diesen Typ, der nicht aufblickt, wenn einer das

Zeitungspapier über sich ausbreitet als wenn es zum Sterben ginge, in irgendeiner jener Kneipen von Südost-London sehen. Vor irgendeiner jener unglaublichen Theken, riesig wie ein Dreimaster, in Räumen, bunt und schummerig wie die südliche Tiefsee, vollgestopft mit Buntem, Goldflitter und Sporttrophäen sowie scheinbar unwichtigen Geräten von höchst symbolischer Regional-Bedeutung. Hier vor diesen grotesken Inbildern und Spiegeln, die einen anderen Spiegel spiegeln und dem Ganzen die Dimension weitläufigster Ausmaße geben, in die man sich unmittelbar verlieren möchte, hinter einer der roten Samtvorhänge etwas Verbotenes, unsäglich Verrücktes vielleicht entdecken möchte, hier, in diesen Kneipen erwachen die Stummen aus der Untergrundbahn nach Südost vom Tod zum Leben. Hier verwandeln sie sich zu Wesen, denen Gott die Stimme gab zu sagen, was sie leiden, in einem Tonfall, in einem Tonfall, ja in was für einem Tonfall? Mehr dem Geschrei in Schanghai als den Lauten ähnelnd, die der Zeitungsmann am Leicester Square ausstößt, die man als *paper* identifiziert und für Cockney hält. Das war nur Slang.

Sid, der Zimmermannsgeselle, ist ein Cockney. Er leidet darunter, daß er nicht lesen kann und kompensiert dies Leid, indem er stolz darauf ist, ein Cockney zu sein. In seiner Sprache bedeutet das viel-

leicht etwa dasselbe, was es einem Sioux oder einem Irokesen bedeutet haben mag, zu dem berühmtesten aller Stämme zu gehören. Am meisten aber leidet er darunter, daß seine durch die schwere Arbeit in den Docks ohnehin schon ungefügten Arme entstellt sind durch noch immer rötlich schimmernde tiefe Fleischnarben, die man ihm vor zwei Jahren beigebracht hatte, als ihn ein paar Typen im Hinterzimmer der Kneipe auf den Billardtisch festbanden und Arme, Beine und Oberkörper mit dem Rasiermesser so scharf traktierten, daß man ihn blutig wie ein Schlachtvieh ins Krankenhaus abschleppen mußte. Über die Gesetzlosigkeit, die Brutalität verlor Sid kein Wort, es ging ihm um das lädierte Aussehen.

In diesen Distrikten Südostlondons, weit jenseits der Themse, die nachts noch immer in dasselbe gelbe Laternenlicht getaucht sind wie in den alten Filmen, die von »Jack the Ripper« handeln, denken Figuren wie Sid am allerletzten daran, die Polizei zu verständigen. Ein Cockney wie er, einer, der kein Englisch kann, der kein Gentleman ist, ein solcher Mensch habe innerhalb eines noch immer vom Mittelstand beherrschten Systems kaum die Chance, von diesen Cops wirklich angehört zu werden. Wenn sie einen wie ihn sprechen hörten, dann sei sein Fall schon negativ erledigt.

So jedenfalls denkt Sid, der sich für ein völlig anderes Wesen hält als die Leute um Westminster. Klassenbewußtsein im kreatürlichen, nicht ideologischen Sinne und ein extrem entwickelter Regionalismus, durchaus vergleichbar den verschiedenen Nationalismen in Schottland und Wales, Yorkshire und Cornwall. Er hält sich eigentlich überhaupt nicht für einen »Engländer«, und was er eigentlich ist, scheint ihm bis heute nicht klar zu sein oder er macht ein Geheimnis daraus.

Es ist das Geheimnis von South-East, das ins 19. Jahrhundert zurückgeht, weshalb es Dorian Gray, den fatalen Helden Oscar Wildes immer wieder hierhin trieb. Hinter der Einöde der kilometerlangen roten Backsteinsiedlungen und schwerverrußten Trucks gibt es verborgenes Leben, wenn man es nur durch Zufall oder Hilfe der Eingeborenen entdeckt: Hier spielen sich in den Kneipen an der Ecke jene fabelhaften Drag-Acts ab, bi-sexuelle Shows, wenn zu in allen Regenbogen-Farben aufblitzenden Scheinwerfern männliche Körper in täuschend weiblicher Maske bis hin zu den Brüsten bei einem aufgellenden Schlager über die lange Theke wirbeln. Auf hohem Absatz und schenkelfreiem Kleid, puppenhaft oder als Vampir, feminin-affektiert den Fuß so genau setzend, das Kleid so gerafft rauschend lassend, daß auch nicht eines der letzten, stehengebliebenen Whisky- oder Biergläser herunterfällt. Bis zur absoluten Verwandlung streifen diese jungen Arbeiter-»Girls« ihr Geschlecht ab. Im Anfang sind es durchweg Laien und nicht professionell gezähmt wie »Danny La Rue«, der berühmteste Drag-Act-Mann, der seit Jahren im Londoner Westend, weitab von den Slums des South-East, sein Publikum amüsiert.

Hier in South-East, wo zwischen Arbeitern und ihren Mädchen auch einige Repräsentanten der »beautiful people« auftauchen, die man eher in Chelsea vermutet, wird das Amusement zur kleinen Ekstase. Die jungen Männer und Mädchen beginnen die aufbrüllende Musik, mit extremer Phon-Verstärkung wiedergegeben, mitzusingen, denn es sind viele alte Londoner Schlager darunter, und dabei geschieht es, daß dieses oder jenes männliche Paar der aufpeitschenden Wirkung der fortschreitenden Drag-Acts verfällt und den eigenen Ausdruck bis zur Verzückung steigert. Schwül oder »schwul« im Sinne, wie wir das Wort verstehen, ist dies alles jedoch zu keiner Sekunde, auch wenn der hochblonde baumlange Seemann hinter dem Tresen die auftretenden männlichen Schönen mit seinen Blicken förmlich verzehrt oder die an der Kasse sitzende Negermammy, schwerbrüstig im Perlenkleid, ab und zu obszön zu erkennen gibt, daß sie eigentlich männlichen Geschlechts ist. Es sind immer zwei bis drei männliche Queens, die unter sekundenhaft wechselnden Licht-Effekten jenen femininen Ausdruck zustande bringen, den man nicht für möglich hält, ehe man es mit eigenen Augen gesehen hat. Manchmal Vampir, manchmal Feenkönigin rasen die falschen Weibskörper mit süßem oder entsetzlichem Glamour-Lächeln eine halbe Stunde lang über die Theke, ihren traditionellen Laufsteg, stets einen neuen Anlauf der Verführung nehmend, das stereotype Lächeln bei jedem Song, der das Pub erbeben läßt, neu ansetzend, ein neues Flitterkleid, blutrot oder strahlend weiß.

Alle Natürlichkeit ist gewichen, nichts Weiches, nichts Laszives im herkömmlich-konventionellen Sinne ist anwesend wie es Unterhalterinnen oder Stripteusen in den nepp-teuren Etablissements der Großstädte noch hervorbringen für müde Geschäftsleute. Hier ist alles hellwach, schrill und grotesk. Man ist auf Zwischenfälle gefaßt, auf Aggressionen und sei es auch nur solche des Worts. Man hält die wenigen Pfunde, die man mitnahm, in der richtigen Innentasche und beobachtet Gestalten, die im schwarzen Killer-Leder wahrscheinlich so aussehen, wie jene, die Narben-Sid auf den Billardtisch banden.

Es gibt auch noch letzte Überbleibsel von »Swinging London«, ausgeflippte Studentenhippies, die aus England abhauten, als hier die Szene düsterer wurde. So der hier erstmalig wieder aufgetauchte einstige Schulfreund von Sid, Cockney von Geburt wie dieser, aber durch Schul- und Universitätserziehung, also durch die Sprache, allmählich sternenweit entfernt. Er hat noch immer die langen Lokken im Stile der Stuart-Kavaliere, vergeblich nach den verlorenen sechziger Jahren suchend. Zuerst die Heimat am Südufer nahe Blackfriars, wo Kräne und Eisenbolzen das einstürzen lassen, was die deutschen Bomber übrigließen, wo jahrzehntealte Wohngemeinschaften und Nachbarschaften, zumal alte Leute, umgesiedelt werden in eine schönere, neuere Welt, wohin sie nicht wollen, so daß Selbstmorde verzweifelter Alter hier vorkommen, wo die Eintönigkeit von Fish-and-ships solch dramatische Lösungen eigentlich nicht ein-

beschließt. Der Stuarthaarige war nach South-East gegangen, nachdem er an seinen alten Plätzen in Kings-Road und Piccadilly vergeblich seinen phantastischen Erinnerungen nachgelaufen war und hatte hier, in diesem Pub, wo ganze Welten auf- und untergingen, weil einfache Gefühle im hohen Seegang explodierten, zumindest etwas wiedergefunden: das immergleiche Musical, das schon vor zehn Jahren gedröhnt hatte: Keine Nostalgie, kein Nachhorchen der Sechziger, nicht diese Gesichter einer verlorenen Generation, wie man sie im Royal Court-Theater am Sloane Square sieht, sondern die naive Wildheit des Heute.

Aber das Gestern ist da. Zwar zogen die makabren Blödeleien des Stuarthaarigen nach abendlichen IRA-Bomben nicht mehr so, wie sich das vielleicht sein Snobismus wünschte. Aber die melancholische Ironie, die er zeigte, scheint doch irgendwie zu wiederholen, was die dumpferen, sprachloseren Männer in der Untergrundbahn und die nach maskulinen Queens starrenden Arbeiter ebenfalls ausdrükken: einen Absturz der Erwartungen nach einem Jahrzehnt besserer Hoffnungen. In England waren sie um so lustiger, als es hier keine ideologischen Debatten gab, wohl die alten Klassenschranken, die aber keiner verändern wollte mit Zerstörung.

Der Stuarthaarige hätte eine Figur abgeben können in dem Theaterstück, wohin seit letztem Oktober vielleicht deshalb so massenweise Londoner allabendlich gehen, weil er diesen Verlust an Hoffnungen so beispielhaft widerspiegelt. Das Stück heißt »Kennedys Children«, wurde gezeigt im King's Head Theatre, dem Hinterzimmer einer sehr alten Kneipe in einer pittoresken, rüden Gegend, nahe der Untergrundstation Angel, ehe es wegen seines sensationellen Erfolgs ins Westend überwechselte. Autor des 6-Personen-Stücks, das an einem New Yorker Nachmittag des Jahres 1974 spielt, ist der Amerikaner Robert Patrick. In Szene gesetzt wurde es von dem englischen Regisseur Clive Donner, und dies so glänzend, spezifisch unterstützt von einer brillanten englischen Truppe, daß man etwas Angst davor bekommt, alle Aura könnte bei den geplanten Übersetzungen und Aufführungen auf dem Kontinent verlorengehen. »Kennedys Children«, das sind die verlorenen, neurotischen, pathetischen, sich selbst betrügenden und mutigen Angehörigen einer Generation, die sich nach Kennedys Ermordung zur großen Veränderung aufmachte: »Kennedys Children« ist die Analyse dieser Veränderung, nachdem sie mißlungen war. Sie ist in gewisser Hinsicht das Gegenstück zu dem Musical »Hair«, das ursprünglich auch amerikanisch, in London fünf Jahre lang Zuschauer aller Kontinente ins Theater an der Shaftesbury Avenue zog. So irrsinnig von tobender Lust wie dieses »Hair« war, so starr und hoffnungslos spricht die Melancholie von »Kennedys Children«. Fünf Personen bemächtigen sich reflektiv, naiv, manisch oder zynisch der politischen und kulturrevolutionären Entwicklung der amerikanischen Sechzigerjahre. Jede der fünf Figuren hängt einem besonderen Mythos nach. Die Lehrerin schwärmt von Kennedy, dem Präsidenten, und erzählt den plötzlichen Augenblick, als seine Ermordung in New York bekannt wurde. Ein homosexueller Schauspieler erinnert an die großen Nächte des amerikanischen Underground-Theaters und die blutig einbrechende Ernüchterung. Ein sehr junger Vietnam-Veteran, längst dem Gemetzel entkommen, liest noch einmal die alten Tagebuch-Briefe, die er seiner Mutter von der Front nicht schreiben konnte, und es zeigt sich, daß er aus seinen Wachträumen von Pflicht und Tod nicht aufweckbar ist. Eine süße Dolly spricht ausschließlich von Marilyn Monroe, ihrer Heldin, der Heldin eines ganzen Medien-Kults, deren Reinkarnation sie sein will, mit rührender Komik. Eine ehemalige Hippie-Studentin, in verwaschenen Blue jeans und verrottetem Perlenhemdchen, memoriert die persönlichen Erfahrungen in der politischen Studentenbewegung, die Friedensmärsche Luther Kings, den Marsch aufs Pentagon, die Kämpfe mit der Chicagoer Polizei. Alle Schauspieler bleiben reine Monologisten. Es findet kein Dialog statt, und so entsteht das faszinierende Mosaik einer Epoche, die zwischen Tapferkeit, Farce, Terror zehn Jahre lang taumelte.

Der Wahrheit, daß alle jene vergangenen Träume von Freiheit und Kulturrevolution ein Rausch waren, der durch Drogen, ästhetische Verführung und Ersatz-Mythen beeinflußt worden ist, dieser Wahrheit steht plötzlich auch die nachträgliche Gewißheit gegenüber, daß hier eine phantastische, vielleicht nie mehr wiederholbare Vitalität und Glücksfähigkeit wirke, die nicht nur drauf und dran war, konkrete Utopie herzustellen, sondern historische Würde besaß, in Amerika und im Abglanz, in der Verwandlung auch in England.

An Samstagabenden kommen viele Zuschauer auch am Ende des Stücks nicht aus der rekonstruierten Atmosphäre heraus: im Pub von King's Head wurden die sechziger Jahre, von denen das Stück melancholisch handelte, so fortgesetzt, als ob nichts gewesen wäre: den entfesselten Klängen eines wiederentdeckten Rocks hören bis auf die Straße hin Engländer, Chinesen, Neger, Westinder, Jugend aus allen Wind-Richtungen des ehemaligen Empire zu, als sei dies die Arche Noahs, die Schutz bietet vor dem aufdämmernden Morgen, an dem die Lieder von Dylan, der Beatles, von Donovan, Mick Jagger und Hendrix wirklich nicht mehr zu hören sind.

Warum findet das hier statt, warum ist das hier so unvergleichlich intensiver und selbstverständlicher als an irgendeinem anderen Flekken der Erde, es sei denn in San Franzisko? Warum sterben die sechziger Jahre hier so langsam? Man stößt auf sie wie auf eine neue archäologische Schicht, die sich auf die vielen historischen Schichten dieses Landes gelegt hat und ihm das Aussehen eines mit schriller Farbe übermalten uralten Hauses oder Schiffes verleiht. Vielleicht ist es diese historische Tiefe, diese ständige Anwesenheit vergangener, gelebter Zeit, weshalb so viele junge, aber auch ältere Engländer Verrücktheiten mit besonderer Souveränität suchen, spielen, finden. Irgendwas in diesem Lande, das man sich hüten sollte zu definieren, hat seit jeher ein besonderes Empfinden, Gefühl, Ahnung erzeugt für das, was wir »Zeitgeist« nennen. Hier drückt sich dies nicht so sehr in Theorien aus, sondern in Verhaltensformen, sehr persönlichen Reaktionen einzelner. Wenn irgend etwas stirbt, zu Ende geht, starren die Überlebenden auf das Alte zurück und sehen noch keine verlockenden Erkennungszeichen im Neuen. Der Fall des unter abenteuerlichen Umständen an einem Strand Floridas verschwundenen und in Australien unter falschem Namen wieder aufgetauchten britischen Unterhausmitglieds Stonehouse hat auch hiermit etwas zu tun. Stonehouse schrieb seinem ehemaligen Kollegen und Führer des Unterhauses Edward Short einen Brief, in dem er sein geheimnisvolles Verschwinden aus England als verzweifelten Versuch, eine neue Identität zu finden, erklärt: »Ich weiß nun, daß die langen Traumata, unter denen ich litt, ihre Ursache hatten in einer tiefen Desillusion über den Zustand der englischen Gesellschaft und in der vollständigen Zerstörung der Ideale, die ich in meinem politischen und geschäftlichen Leben verfolgt habe.«

Stonehouse mag sein, wer er will. Eines ist er auch: Ausdruck einer Haltung, die sich mit weniger neurotischen Vorzeichen in vielen Engländern äußert: Befremdung vor der Zukunft.

Teil 2
Die europäische Dekadenz und Wir

Die europäische Dekadenz und Wir

*Warum die Westdeutschen
nach außen so gesichtslos wirken*

Seit Jahren hat kein Intellektueller einen so nachhaltigen Eindruck auf britische Kommentatoren, Politiker und Leser hinterlassen, wie es Solschenizyn mit seiner »Warnung an die westliche Welt« tat. Die Kette der Reaktionen politischer Hauptfiguren und einfacher Durchschnittsengländer ist noch nicht abgerissen, denn wo die angebliche Dekadenz des »Westens« zur Debatte steht, da ist Großbritannien ohnehin das Paradebeispiel, wohl nicht zuletzt deshalb, weil es so lange auch das Paradebeispiel für alles abgab, was den Westen so imposant machte. Solschenizyn hat diesen glorreichen Hintergrund sehr geschickt in sein düsteres Szenengemälde eingebracht, so daß die moralischen und geistigen Werte, die speziell England in nuce für eine ganze Weltzivilisation entwickelte, noch nicht abgeschrieben sind, sondern aktivierbar gemacht werden sollen. Solschenizyn nennt England noch immer den »Kern des Westens«.

Die westdeutschen Beobachter können bei diesem historischen Staatsspektakel zwar einen bevorzugten Sitzplatz einnehmen, aber es fragt sich, ob es sich auf diesem Platz wirklich so gut sitzt, wie der Typ des »schadenfreudigen« Zuschauers manchmal denken läßt. Die im ganzen Westen ausgebrochene Diskussion über den Niedergang enthüllt nämlich auch die Achillesferse der scheinbar am ganzen Verfaulungsprozeß nicht beteiligten, ewig gesunden Deutschen: ihre kaum vorhandene Präsenz, wenn über die psychischen und die geistigen Strukturen (West-)Europas gesprochen wird.

Von westlichem Abstieg sprechen heißt nämlich gleichzeitig vom deutschen Gesichtsverlust reden: in dem Grade, in dem sich im Westen ökonomisch, politisch Symptome des Niedergangs häufen, im gleichen Maße erscheint die Isolierung Westdeutschlands vom seelisch-intellektuellen Kontext seiner Nachbarn. Ausgerechnet zu einem Zeitpunkt, an dem die Bundesrepublik von allen Seiten, vornehmlich auch von britischen Interpreten, offiziell komplimentiert wird und man von ihrer ökonomischen und politischen Vormachtstellung in Westeuropa pointiert redet, wird ihre eigentümliche Farblosigkeit, ihr Gesichtsverlust als nationale Identität und als intellektueller Faktor offenbar. Der westliche Niedergang enthüllt nämlich nicht nur die ihm eigenen Fatalitäten, sondern auch spezifische Charakteristika, und die enthalten alles das, was Westdeutschland definitiv abgeht. Wieder einmal, nunmehr nicht im Krieg, sondern in Wohlstand und Stabilität, beginnt sich Deutschland, genauer der Rest, der übrigblieb, vom »Westen« zu unterscheiden, und dies kurioserweise durch jene Barriere, die einst die deutsche Ideologie selbst aufgerichtet sah und die den Fremdling Solschenizyn so sehr entsetzt: die Dekadenz.

Diese Dekadenz ist nämlich weder etwas nur Negatives noch ist sie so neu. Sie ist und war das offene, schillernde Symptom westlicher Zivilisation, das schon in den dreißiger Jahren zum Gemeinplatz wurde, als die nationalsozialistischen und die sowjetischen Führer die westlichen Demokraten als »dekadent« zu verhöhnen begannen, als das betont zivilisierte Auftreten britischer und französischer Diplomaten auch solchen Deutschen als lächerlich und schwächlich erschien, die keine Anhänger der Nazis waren und keine kraftmeierischen Ideale hatten. Und auch diese Reaktion war nur die Aktualisierung jenes antiwestlichen Ressentiments, das der junge Thomas Mann und mit ihm eine ganze Weltkriegsgeneration zwanzig Jahre vorher empfunden und ausgesprochen hatten: die deutsche »Kultur« gegen die westliche »Zivilisation«.

Westdeutschlands Dekadenz-Ferne ist seine neue psychologische Isolation, so »splendid« sie zur Zeit auch aussehen mag. Es ist eine ironische Tatsache, daß sich der alte, ideologisch längst überholte und von den Deutschen selbst nachdrücklich aufgegebene Dualismus nunmehr auf einer banaleren Ebene wieder eingestellt hat, ausgerechnet dadurch, daß die Westdeutschen ihre einstig idealistisch-weltanschauliche Begrenztheit aufgaben und dem früher als »westlich« eingestuften Pragmatismus und Materialismus Platz machten, der ihnen einen so privilegierten Platz unter der europäischen Sonne einbrachte. Der alte, metaphysisch begründete Omnipotenzwahn war eine Mischung aus extremer Ideensucht und extremem Erfahrungsmangel, unter der Geister wie Nietzsche und Heine sehr polemisch und sehr deutsch litten. Es war die provinzielle Enge, die russische Revolutionäre direkt nach Paris weiterfahren ließ, als sie es im Berlin des von ihnen bewunderten Hegel nicht mehr aushielten. Es hätte nicht des Ersten Weltkriegs bedurft, daß sich außerhalb Deutschlands die Vorstellung vom einsiedlerischen Barbaren, innerhalb Deutschlands die überdimensionierte Trotzreaktion (gegen die ganze Welt) zu entwickeln begann.

Kleinbürgerliches im moralischen Planquadrat

Unser Ausnahmecharakter ist, verfolgt man die anglo-amerikanische Dekadenz-Debatte, wieder nahe, nur diesmal ohne die Reize des Exotisch-Unbegreiflichen, ohne den Anspruch der »Tiefe«. Obwohl die liberale Staatsphilosophie, die enge Bindung an den Westen, die Suche nach der aufklärerischen Tradition, die Abwendung von jeder nationalistischen Irredenta so wohl gelang, führen die Westdeutschen im Interesse der anderen ein Schattendasein, sofern es nicht um ökonomische Fragen geht. Warum das so ist und an welchen Kriterien das deutlich wird, ist nicht statistisch zu beweisen. Man kann es nur als Hypothese dahinstellen, die den subjektiven Irrtum einschließt.

Zunächst: Verabschieden wir einmal für eine kleine Weile das immer bereitliegende Erklärungsmuster vom Neid der anderen, der unsere Tüchtigkeit nicht ertrage. Vergessen wir einmal Harold Wilsons letzte Pressekonferenz, auf der er die britische Misere relativierend trocken erklärte, die Deutschen verdankten ihre gegenwärtige Wirtschaftsmacht britischen Kriegsbomben und amerikanischer Nachkriegshilfe. Vergessen wir auch den Nazi-Vorwurf. Sehen wir auf menschlichere, psychologische und intellektuelle Reaktionen, so liegt der Grund für das neuerdings wieder befremdende Image der Westdeutschen nicht im Neid oder im Haß. Die Wahrheit ist nämlich, daß auf nichtpolitischer, nichtdiplomatischer Ebene das Gegenteil von Neid, nämlich eine Art von Superioritätsgefühl, eine noch immer wesentliche Rolle spielt. Das klingt zynisch. Aber der deutsche Mangel an Zynismus wäre ein erstes Unterscheidungsmerkmal. Im Lichte des westeuropäischen Dekadenz-Symptoms nämlich erscheinen die Bewohner der Bundesrepublik abermals als die seltsamen Europäer, die als einzige nicht teilnehmen am Charme einer untergehenden Bourgeoisie oder einer anarchistisch-selbstbewußten Arbeiterschaft, als Arbeitswillige, die als einzige die Reize des Niedergangs nicht kennen. Kleinbürgerliches im moralischen Planquadrat.

Da ist einmal der Reiz des Niedergangs selbst, der Westdeutschland ausschließt, da dieses seine Geschichte verloren hat. Positiv gewendet, bedeutet Niedergang unendliche Promiskuität, intelligenten Lustgewinn nicht nur bei den »Ausgeflippten«, sondern bei repräsentativen Teilen der Gesellschaft selbst. Es ist eine hochstilisierte Vergnügungsfähigkeit nach so viel imperialer Anstrengung. Der Niedergang ermöglicht sogar, noch nicht entdeckte Möglichkeiten einer Weltzivilisation bis auf die Ebene der bisher Unterprivilegierten zu bringen. Das ist der volle Widerspruch zur Provinz subventionierten Kulturgehabes mit höherer Bedeutung und mit höheren Menschen. Zivilisation nach Maßgabe dieses »Westens« ist nicht die akademische Reproduktion von Klassikern vor einem kulturgehorsamen Premieren-Publikum.

Es ist vielmehr die tagtäglich geübte aggressive Intelligenz einer Weltstadtbevölkerung, die sich das ihr Interessante herausnimmt. Es ist die extreme Liberalität, Kennerschaft und Beiläufigkeit im Umgang zwischen Amerikanern, Engländern, Negern, Iren, Chinesen, Indern, Pakistani, Polen, Italienern, von denen eine Menge gewiß Bürger zweiter Klasse sind, aber doch eben Bürger und keine »Gastarbeiter«.

Die englische Sprache, die englische Hauptstadt, die englische Zivilisation integrieren selbst im Niedergang – wenn es denn wirklich ein Niedergang ist – ethnische, kulturelle Gegensätze und Farben zu einem einzigen Spektrum. Sie produzieren noch immer menschlich Exemplarisches und bilden somit übernationale, kulturelle Strukturen, die sich weit über die Insel hinaus fortsetzen, wo in Westdeutschland das schier Deutsche keine übernationale Repräsentanz mehr beansprucht, sondern selbst eher als Stiefkind an einer angelsächsisch geprägten Weltzivilisation epigonal partizipiert und seine Künstler charakteristischerweise im Sprach- und Naturmilieu hinterer Provinzen das Glück von Identität suchen. Je stärker im Dekadenzgefälle des Westens sich traditionelle Herrschaftsattitüden und Werte auflösen und dafür eher emotionale, bisher unbekanntere Erfahrungen und Wünsche erscheinen, desto stärker verliert Westdeutschland mit seinen linken oder rechten, immer aber akademischen und »bürgerlichen« Ordnungskriterien an Beziehung zu dieser »dekadenten« westlichen Zivilisation.

Unsere eigene Emotionalität wird außerhalb ihrer schmalen Grenzen kaum mehr verstanden, denn der exotische Reiz, der Thomas Wolfe einst zum Oktoberfest trieb, wirkt nicht mehr. Jeder Zulu-Tanz, jede gälische Flöte haben mehr Verführung für den westlichen Weltstädter als ein bayrisches oder rheinisches Heiterkeitsfest, denn die neue, dekadente Stimmung Westeuropas, nennen wir sie einmal Gräcisierung, integriert diese Art von Atavismus nicht mehr.

Emotionelle Armut

Das schlagendste, einfachste und in sich delikateste Beispiel dafür, daß so viele Ausländer bei uns einen Mangel an emotionaler Bewegtheit stärker denn je empfinden, ist der Deutschen Image von sich selbst: es ist orientiert nicht an Charme, Zärtlichkeit oder erotischer Ausstrahlung, sondern an Effizienz (früher Tapferkeit), Intelligenz, Ordnung. Erstere Eigenschaften erscheinen traditionell als weibisch. Dieses Verdikt war lange Zeit so natürlich, daß man nur durch Zufall darauf kommen konnte, wie unnatürlich diese Gefühlswelt ist: Sämtliche anderen europäischen Völker haben ein dem deutschen entgegengesetztes, sich untereinander aber berührendes Männlichkeitsideal entwickelt. In jedem von ihnen ist der Mann, bei allen Unterschieden im einzelnen, als Verführer, als Liebhaber denkbar. Fern liegt jedoch dem Deutschen der Liebhaber, der Verführer, als Entwurf von sich selbst. Undenkbar ist er in dieser Attitüde den anderen. Man muß sich dies an einer psychologischen Konstante verdeutlichen, die der Männlichkeitswahn Deutschlands nie hervorgebracht hat: der sich selbst bespiegelnde Narziß in Gestalt des englischen Dandys oder des spanischen Tänzers. Man sucht deshalb auch vergeblich in ausländischen Büchern und Filmen nach männlichen Figuren deutscher Nationalität, die emotional attraktiv oder »interessant« wären.

Während es von »interessanten« Russen, Iren, Franzosen und Engländern nur so wimmelt, erscheint der Deutsche, wenn er überhaupt erscheint, eher als Funktionsträger. Da aber Funktionen, zumal solche von Effizienz, der westeuropäischen Dekadenz abstoßend vorkommen, degeneriert der Deutsche zu einem Satrapen des »häßlichen Amerikaners«. Sein Gesicht, sein Körper, seine Sinnlichkeit sind in diesem Bilde nicht vorhanden.

Dieser buchstäbliche Gesichtsverlust hat eine Ursache, die in Westdeutschland selbst unterschätzt wird: die Unbekanntheit der deutschen Sprache. Das bedeutet aber, daß man dem Zentrum unserer emotionalen Selbstdarstellung von außen selten wirklich nahe kommt. Die Zahl derjenigen, die von unserer Sprache angezogen werden, wie man von der französischen, der englischen, der spanischen, der italienischen und der russischen Sprache angezogen werden kann, schwindet. Eine Szene mag erläutern, woran das liegen könnte: Gefragt, warum sie kein Interesse an der Sprache habe, in der doch zweifellos intellektuell Wichtiges gedacht und geschrieben worden sei, antwortet eine junge Engländerin in national gemischter Runde, in der fast alle ihr Urteil teilen, in Frankreich oder Italien habe sie stets das Gefühl, witzige Bemerkungen und Scherze zu verstehen, selbst wenn sie die Worte selber nicht verstehe. Witziges in Deutsch hingegen könne sie sich nicht einmal vorstellen. Das klingt snobistisch, war aber eher naiv-ehrlich und ist als menschliche Reaktion weit verbreitet.

Die Sache ist doch wohl so: Kant, Hegel und Marx sind internationale Figuren und Standards des Denkens. Für die private Psyche des Ausländers, die ohnehin viel weniger akademisch geprägt ist, hat die deutsche Sprache zur Zeit wenig Anziehendes zu bieten. Wer nicht akademisch-historisch ist, sondern einfach nur lebt, dem ist ein schmutziger oder brutaler Cockney-Witz, der groteske Slang von irgendwo zwischen Marseille und Brooklyn, wenn es nur Slang ist, abenteuerlicher, gegenwärtiger, ja auch wichtiger als die »Phänomenologie des Geistes«, »Sein und Zeit« oder Hölderlin. Eine nicht mehr umkehrbare Entwicklung gegen das Interesse an der deutschen Sprache liegt darin, daß man im »Westen« in ihr nur noch historische Bildung, akademische Terminologie, aber kein intellektuelles Abenteuer mehr vermutet. Akademisches allein zählte im Westen nie. Es war oft synonym mit Mangel an Geist und Einfall.

Was Henry James schon entbehrte

Es sieht fast wieder so aus, wie es Henry James sah, als er 1860 an den Rhein kam, nicht gerade angezogen von seinen Gastgebern, aber auch nicht feindselig, vielmehr mit der gleichgültigen Neutralität folgender Art: Sein Hauswirt, ein Bonner Professor für Griechisch und Latein – so James in einem Brief –, sei ein recht genialer Mann, aber ohne eigentlichen Charakter, mehr aus Bücherkenntnis denn aus etwas anderem bestehend. Der ganzen Familie fehle, abgesehen von Bücherweisheit, allgemeine Kenntnis. Vor allem aber fehle das, was die Angelsachsen »smartness«, wache Intelligenz, nennen. Sie machten selten Witze, obwohl sie imstande seien, sich an solchen zu erfreuen, wenn man ihnen einen erzähle. Henry James, der Röntgenologe seelischer Vorkommnisse, gab mit dieser Einschätzung geradezu eine topische Beschreibung jener westlichen Befremdung vor deutscher Emotionalität, die wieder einmal gilt: auf dem Höhepunkt einer philosophisch-akademischen Kultur erschienen dem raffinierten Amerikaner die Repräsentanten dieser Kultur doch eher wie Mitglieder eines noch unbekannten, zu entdeckenden Stammes: Immerhin, Witze, die man ihnen erzählt, scheinen sie zu begreifen!

Solcherart mitleidigen Vermissens emotional-intellektueller Farbe – aktuelle Beispiele ließen sich häufen – verliert in dem Maße an Liebenswürdigkeit, in dem die Westdeutschen an jener Exotik verlieren, die Henry James noch entdeckte. Die bösartige amerikanische Kritik an den in London und Paris so enthusiastisch aufgenommenen neuen westdeutschen Filmen geht in diese Richtung. Sie akzentuiert unsentimental etwas Richtiges, das meist unterschlagen wird: die verquollene Dumpfheit in diesen Filmen, ihre mangelnde Artikulation, ihre Wehleidigkeit, ihr gänzlicher Mangel an sprachlichem und szenischem Witz, etwas von der tödlichen Langeweile, dem dumpfen Identitätsverlust, den das Bild der Bundesrepublik nach außen neuerdings bietet.

Der Generalsekretär der CDU, Professor Biedenkopf, machte einmal in London zur deutschen Nationalität einige interessante Bemerkungen, die in englischen Zeitungen ausführlich zitiert wurden. Er meinte, Deutschland komme geschichtlich und psychologisch wieder zu sich selbst, die Wiedervereinigung sei nicht ausgeschlossen, es habe seine wirtschaftlichen Möglichkeiten voll auszuspielen, um den anderen zu helfen.

Es gibt nicht wenige Westeuropäer, die fürchten, diese Sendung liefe zum dritten Male darauf hinaus, in Europa deutsche Ordnung schaffen zu wollen, wo man diese Art von Ordnung nicht wünscht, weder in Yorkshire noch in Süditalien, weder im Baskenland noch in Irland und auch nicht an der Seine. Selbst Leute, denen es vor dem Linkssozialisten Michael Foot und seiner Popularität innerhalb der Labour Party graust, beginnen sich zu fragen: Sind die Deutschen wirklich die ewig Braven, die ewig Arbeitswilligen? Ist Deutschland das immer nur motorische, emotional aber so tote Land, das keine Dekadenz kennt, weil es keine Vergangenheit, aber auch keine Zukunft mehr hat? Europäisches Arbeitslager und strategisches Aufmarschgebiet in einem, nichts weiteres mehr?

Das sind Stimmungen jenseits der offiziellen Politik, die dem Leser zur Beurteilung überlassen sein sollen. Manche Färbung dieser Stimmungen ist grotesk, böswillig, willkürlich. Aber Böswilligkeit und Willkür gehören zum Kern menschlicher Beziehungen. Man kann sie nicht ignorieren.

Wie fremdenfeindlich ist England?

Am deutschen Beispiel geschildert

Unter den Argumenten des Dafür und des Dawider, die Englands Europa-Gefecht zur Zeit heißlaufen lassen, ist unterschwellig immer eines anwesend, auch wenn es nicht direkt ausgesprochen wird: wir sind anders als sie, sie sind anders als wir. Da solche Gefühle und Gedanken mehr als die Neutralität einer Feststellung haben, enthalten sie auch mehr als nur bloße Distanz. Die Europa-Debatte, die, wenn auch fast schon positiv entschieden, dennoch mit aller Leidenschaft auf der politischen Bühne ausgetragen wird, hat denn auch ein früher eher schlummerndes Ressentiment geweckt: die Vorstellung von der notorischen Inferiorität der Kontinentaleuropäer. Bevor sich der Leser, zumal der bis zur Aufdringlichkeit in europäischer Solidarität eingeübte westdeutsche Leser, moralisch entrüstet, da er diese Kunde so fast unglaublich, nämlich altmodisch, ja grotesk empfindet, sollte er sich zunächst an einen Fakt erinnern: Schon die berühmten venezianischen Gesandtenbriefe des 16. Jahrhunderts enthielten Hinweise auf die schier unglaubliche Roheit des englischen Fremdenhasses. Spanische Adlige waren zur Zeit Elisabeth I. in den Straßen Londons nicht sicher. Wenn es keine Degen waren, so waren es doch der Kot gegen die Sänften und der Hohn der Zurufe.

Die Spanier aber waren so etwas wie die Präfiguration des bedrohlichen Fremdlings, der sich in der Figur des napoleonischen und deutschen Soldaten wiederholt hat. Andererseits wurde Großbritannien zum Zufluchtsort ganzer Emigrantenbewegungen. Im 19. Jahrhundert waren es die verschiedensten italienischen politischen Gruppen, im 20. Jahrhundert vor allem die deutsche, österreichische und osteuropäische Emigration. Die polnischen Mitglieder der Royal Air Force wurden berühmt in der Schlacht um England. Dies alles aber hat die englische Gesellschaft, sei es die ganz unten oder die ganz oben, geschweige die Mittelschicht à la Margret Thatcher um keine Spur europäischer gemacht, vergleichbar gewissen Schichten der amerikanischen Ost- und Westküste oder gar dem Künstler- und Intellektuellenmilieu von Paris oder der deutschen Gastfreundschaft. So ist die hier lebende Emigration auch einsam geblieben, und es gibt Beispiele von schlimmer Isolation, bitterer Enttäuschung nach dreißigjährigen vergeblichen Kontaktversuchen. Diese Besonderheit englischen Verhaltens gegenüber Fremden bekam durch eine noch immer dramatisch erinnerte Epoche des 20. Jahrhunderts einen solchen Nährstoff, daß er für Jahrhunderte auszureichen scheint: der Zweite Weltkrieg.

Es waren nur fünf Jahre, aber es war eine Epoche, und die epochale, nie mehr ausgelöschte Erfahrung war, daß man fünf Jahre abgeschnitten war von den korrumpierenden Erniedrigungen, die alle anderen europäischen Völker im Faschismus und im Bolschewismus erduldet oder ausgeübt haben. England, ohnehin singulär in seiner keuschen Lage, seit 1066 nie wieder ein fremdes Heer als Eroberer auf dem eigenen Boden zu sehen, empfand sich als die unbefleckte Degenspitze, als der einsame Vorposten der angelsächsischen Freiheit. Die Tatsache der französischen Kapitulation wurde in England offiziell zwar solidarisch bedauert, aber in dieses Bedauern mischte sich herablassende Kühle.

Nun scheint vielen europäischen Stimmen eine solche Herablassung historisch überholt, zudem bei einer Nation, die soviel von ihrer einstigen Macht eingebüßt hat. Das läßt sich am leichtesten dort sagen, wo historische Identität bis zum Nichts verblaßt ist und wo dieser Verlust seit 25 Jahren als Gewinn gepriesen wird: in Westdeutschland. Zu diesem Verlust gehört unter anderem, daß man offensichtlich vergaß, daß Stolz nicht abhängig ist von der Höhe des Sozialprodukts und wirtschaftlicher Reichtum sich nicht unbedingt deckt mit psychischen und intellektuellen Reserven.

Davon hat England viel mehr, als viele seiner Kritiker ahnen, weshalb es sich auch die Kostspieligkeit einer bis auf den Knochen gehenden Europa-Debatte leistet: Es scheint dabei viel mehr um eine Suche nach dem neuen, dem alten Ich als um Austausch von Sachargumenten zu gehen, so bemerkenswert gut diese auch inzwischen geworden sind, die rein emotionellen Töne nicht inbegriffen.

Seit einiger Zeit ist in deutschen Kreisen Londons Aggressivität und Verbitterung über die Engländer zu beobachten. Es scheint so etwas wie der Reflex einer nicht erwiderten Liebe zu sein. Hoffend, die Engländer würden psychologisch »überkommen«, nachdem sie auch bis zum Hals in der Tinte sitzen, sehen sich solche Deutsche mit der Tatsache konfrontiert, daß die Engländer noch immer nicht das Gemeinsame, sondern das Unterscheidende betonen, daß sie mehr denn je die eigene Vergangenheit glorifizieren und dabei keinerlei Rücksichten nehmen auf die deutschen Gefühle.

Besonderen Anlaß zu solchen Meinungen gab die Fernsehserie »Colditz«, sehr geschätzt, zur besten Sendezeit über Monate abends ausgestrahlt. Es ist die Geschichte eines englischen Gefangenenlagers mitten in Deutschland, in der die Szenen nicht müde werden, die intelligenten, einfallsreichen, couragierten Ausbruchsversuche englischer Elite-Offiziere zu zeigen. Es ist ein endloser Kampf zwischen den verschiedenen Typen des deutschen Bewachungsstabes und den unterschiedlichen Charakteren der englischen Gefangenen. Daß es jedoch nicht nur eine Art fairer Zweikampf zweier intelligenter Gruppen ist, sondern letztlich doch der Kampf zwischen Himmel (Engländer) und Hölle (Deutschen), das liegt vor allem am Topos des Orts der Handlung: Das Gefangenenlager läßt sehr leicht die Assoziation einer ganz anderen Art Lager zu, die damals in Deutschland unterhalten wurde, und der Ausbruchversuch der Engländer hat zweifellos etwas von einer symbolischen Geste: Deutschland ist das Unland schlechthin. Von dort zu fliehen heißt die Menschheit wiederzufinden. Das alles ist aber nicht so sehr als Absicht der Regie erkennbar – den deutschen Offizieren werden sehr respektable, ja sympathische Züge verliehen –, sondern eine Folge des literarischen Genres.

Man verunklärt den Sachverhalt also, wenn man behauptet, dieser Film sei »deutschfeindlich«. Man wird sich vielmehr bewußt machen müssen, daß seit dem Ersten Weltkrieg schon und besonders seit dem Zweiten »der Deutsche« als eine in der Tat wenig schmeichelhafte Figur innerhalb des angelsächsischen Showbusiness figuriert. Natürlich erscheinen in »Colditz« die Gestalten der deutschen einfachen Bewachungsmannschaften schwerfällig, plump und mit einer gewissen brutalen Dümmlichkeit des Ausdrucks, und dies um so mehr, vergleicht man sie mit den schlanken, kühnen, frechen englischen Offizieren. Das wiederholt sich in dem gerade angelaufenen Film »Papertiger« mit David Niven, wo ebenfalls wieder der schon totgeglaubte brutalgesichtige, dümmliche deutsche Landser als Phantasiegegner herumgeistert.

Dazu läßt sich zweierlei anmerken: Einmal ist es sinnlos, gegen eine archetypische Figur, einen Topos der englischen Kriegskomödie argumentieren zu wollen, der so unwiderruflich ist wie Dracula oder Superman und zum Teil konkret-historische Beziehungen längst verloren hat und zur Schablone des dummen Bösewichts schlechthin abstrahiert ist. Zum andern – das werden solche, die sich angesprochen fühlen, mit Witz zu nehmen wissen – herrscht in England gewiß ein anderes Männerideal. Ein gewisser Teil vor allem der älteren deutschen Generation wirkt wegen anderer Trink- und Eßsitten hierzulande noch immer oder schon wieder als schwerfällig, grobianisch, komisch. Man beginnt diesen ewigen Deutschen auf der politischen Bühne in Gestalten wie Genscher, Kohl oder Strauß mit Amüsement wiederzuentdecken, wobei Strauß wegen einer gewissen Exotik zweifellos am attraktivsten wirkt. Zu diesen Äußerlichkeiten kommt jene spezifische Mischung von kleinbürgerlichem Bildungspathos oder von humorlosem, akkuratem Fachmannsgebell oder aber die begriffstarrende Drohgeste, worüber einen Witz zu reißen oder eine Komödie zu schreiben einem Deutschen mindestens ebenso einfallen könnte wie einem Engländer. Wie auch immer – nachdem man seit Jahren ein neues, ein anderes Deutschland entdeckte, vom Fräuleinwunder bis zum Neomarxismus –, beginnt man zweifellos jetzt wieder – und das lehrte in der Tat der Film »Colditz« – das ewig-gleiche Deutschland des Angelsachsen hervorzukramen.

Der deutsche Europa-Liebhaber wird, was immer das englische Referendum für ein Ergebnis brachte, sich damit abfinden müssen, daß andere Völker ebenso wie Menschen eminent an ihrer eigenen

Geschichte interessiert sein können, daß dies durchaus normal ist und das Gegenteil eher abnorm. Bei diesem Erinnerungsprozeß gerät der »Deutsche« wohl noch oft zur Rollenfigur des lächerlichen oder gefährlichen Fremden. Wenn unlängst eine Serie englischer Kriegsfilme Sonntag für Sonntag angekündigt wurde mit dem berühmten dreimaligen Pausenzeichen »Hier ist London . . .« und David Niven mit näselnd-arrogantem Tonfall an jene Epoche jeweils einleitend erinnerte, dann zeigt das, wie wenig sich im Vergleich zu Deutschland eine gewisse offizielle Psychologie hat verändern können oder müssen.

Dies alles ist wahr, dies alles ist menschlich. Es zu bedauern, ist naheliegend, dagegen zu eifern ist lächerlich. Dies um so mehr, wenn man nicht blind ist gegenüber den vielen Beispielen nobelster, fairster Information, Berichterstattung, Dokumentation und Forschung. Wo das literarische Genre den negativen Deutschen nicht automatisch vorschreibt, dort ist er auch nicht negativ. Das beste Beispiel hierfür liefert die wegen des großen Publikumsinteresses zweimal gesendete Fernseh-Dokumentationsserie »Der große Krieg«. In dieser Aufbereitung des Ersten Weltkrieges, an der die besten Sprecher, Historiker und Techniker beteiligt waren, sah man eine Rekonstruktion der strategischen, politischen und psychologischen Bedingungen, deren Pointe keineswegs eine moralische Verurteilung des deutschen Gegners war, sondern im Gegenteil seine Heroisierung: in dieser gewiß wichtigsten und besten, von Millionen gesehenen englischen Darstellung der vierjährigen Schlacht in Frankreich wirft das ernste Gesicht des deutschen Soldaten unter dem Stahlhelm einen langen Schatten, und dieser verbindet sich mit den Zügen des britischen und französischen Soldaten zu einer Art melancholischer gesamteuropäischer Legende.

In solcher Abstraktion, in solcher Endabrechnung ist von Deutschenfeindlichkeit oder auch nur -ressentiment keine Spur. Nur dort, wo es gilt, von liebgewonnenen Stereotypen Abschied zu nehmen, tut man sich sehr schwer. Das ist vor allem ärgerlich, wenn davon eine Konkretisierung des Deutschen betroffen ist, der am meisten der Rehabilitation bedürfte und am häufigsten stellvertretend öffentlich gebrandmarkt wird: der preußische Adel.

Es ist immerhin auffällig, zu welch scheußlichen Karikaturen er –

Inbegriff des hackenschlagenden Typs – nach wie vor in durchaus ambitionierten englischen Unternehmungen herhalten muß. Sei es, daß er als blutiger Mordgeier in eine süddeutsche jüdische Familie einfällt, als schreiende Marionette eines versilberten Gardeoffiziers oder gar in der Popanz-Gestalt eines völlig verzeichneten Bismarcks – immer figuriert er als das schlechthin unmenschliche Wesen.

Historische Karikaturen haben letztlich nur in dem Grade Wirkungen, wie sie dem aktuellen Bild vom anderen entsprechen. Da gibt es neuerdings einige Störfaktoren, deren erster Grund in der erstaunlichen Uninformiertheit des Durchschnittsengländers über deutsche Dinge liegt, zum andern aber im extremen Unterschied gewisser sozialer Erscheinungsformen: Unverhülltes Erstaunen, gelinde gesagt, rufen seit einiger Zeit Aussehen und Auftreten der westdeutschen Polizei hervor, so harmlos sie auch sein mag, verglichen mit den Kommandos der Pariser Spezialeinheiten. Wenn der »Guardian« kürzlich in einem großen Aufsatz über das literarische West-Berlin diesen Artikel nahezu symbolisch verband mit dem Foto eines stahlhelmbewehrten Polizisten, der einen jeder Gegenwehr baren Langhaarigen offensichtlich brutal traktierte, dann hinterläßt dieses Foto hierzulande einen fatalen Eindruck, und es will ihn auch hinterlassen: schwerbewaffnete Polizei, Stahlhelm, Schutzlosigkeit des Zivilisten, das widerspricht so sehr britischer Tradition und ergänzt das miserable Image, das die westdeutsche Polizei seit jener Erschießung eines Schotten während einer Baader-Meinhof-Fahndung wieder hat. Ebenfalls der Text selbst suggeriert alte Gespenster: Lorenz-Entführung hin, Lorenz-Entführung her – wiederum erscheinen linke Künstler, Intellektuelle, Literaten, Wissenschaftler als Opfer des alten, brutalen, offiziösen Deutschlands. Ganz bewußt wird der Vergleich Nazis–Intellektuelle gesucht.

Solche Darstellungen sind nicht zu verwechseln mit eindeutig sympathisierenden linksradikalen Beiträgen in schwedischen Zeitungen. Nein, das Mißtrauen kommt aus gemäßigtem Lager und gilt einem als schwerfällig bis brutal eingeschätzten westdeutschen Behördenapparat. Es sind oft nur Fetzen von Nachrichten, die das Image machen: das jahrelange Herausschleppen des Prozeßbeginns gegen Baader/Meinhof, die plötzliche Kassierung der Anwälte, das festungsartige Verhandlungsgebäude – »es könnte hier nicht passieren«. Es fällt auf, daß zwischen den Zeilen der Berichte vom ersten Prozeßtag sowohl in der »Times« als auch im »Guardian«, die beide dem Ereignis mehr Raum gönnten als westdeutsche Zeitungen, eine gewisse Süffisance hörbar wird. Die Angeklagten werden nicht ohne Sympathie geschildert, der Verteidiger-Star fast gefeiert, und seine Erfolge gegen die Anklagebehörden werden wie ein Punktsieg des Underdogs gewertet. Das ist gewiß nicht mit mangelnder Seriosität oder gar politischer Sympathie der englischen Reporter zu erklären. Man ist nur hier sehr leicht auf der Seite des Witzes gegen den schwerdräuenden Ernst, selbst wenn die Sache, um die es geht, ernst ist.

Vielleicht ist so auch zu erklären, warum eindeutig konservative Blätter das Abschneiden der Koalition in den letzten Wahlen groß aufgemacht wie einen Sieg werteten, und damit fast unverhohlen ihre Hoffnung auf eine Wiederholung eines solchen Ergebnisses bei den Bundestagswahlen des nächsten Jahres ausdrückten. Seit jeher kommt offenbar jener bourgeoise Gemütstyp, den die CDU eher repräsentiert als die SPD, hier nicht an. Betuliche Umschweifigkeit oder akademischer Bierernst, auch eine gewisse Art provinzialen Honoratiorentums sind den englischen einfachen, aber respektlosen Massen ohnehin ein Greuel, sie haben aber auch kein Äquivalent in der englischen Mittel- bis Oberschicht, deren Auftreten nach wie vor geprägt ist durch die Beiläufigkeit des an den Universitäten gelernten Club-Tons. Das alles sind Spurenelemente für mögliche, wiederaufkommende Ablehnung. Wenn man mehrfach erlebt hat, wie aggressiv Engländer sich über das westdeutsche Fernsehen amüsieren, weil sie es für pompös, witzlos, ja autoritär im Stil halten, dann überfällt einen ahnungsvolle Skepsis gegenüber so manch frohgemutem gesamteuropäischem Idealisten, der hier politische Reisen unternimmt.

Eigene Schwierigkeiten nach außen projizieren ist eine uralte Übung. Die eigene Vergangenheit schön zu finden, wenn die Gegenwart so beängstigend ist, das muß Engländern naheliegen. So erklärt sich die historische Nostalgie, Chauvinismus und Blödeleien auf Kosten des Fremden inbegriffen, aus einem Instinkt, überleben zu wollen, ohne das Gesicht zu verlieren. Es ist schon mehrfach gesagt worden: England ist ein Narziß, der nicht müde wird, sich im Spiegel zu betrachten.

Cupfinal

oder:
Die zweite Halbzeit des Kampfes
um Europa hat erst begonnen

Der beste Gegner ist immer ein englischer Gegner: London glänzt. London ist glücklich. Nicht nur die Kinder auf den grünen Hügeln und Wiesen im Nordwesten, wo die Heide beginnt, wo die Mai-Sonne die schon ländliche Landschaft ins Feenhafte verändert. Mehr noch die Massen in den weniger besonnten Bezirken des Londoner Ostens und Westens, aus dem in diesem Jahr die beiden Fußballmannschaften kamen, die in dem berühmtesten, dem leidenschaftlichsten, dem geliebtesten Ritual aufeinandertreffen, das sich englische Wettstreit-Phantasie ausgedacht hat: Fulham aus dem Westen steht gegen West Ham aus dem Osten im Endspiel um den englischen »Cup«. Nach dem Willen der Medien und den Wünschen der Massen, nach dem Gefühl von Mister Jedermann ist es das größte, das wunderbarste Cupfinal, das je stattfand.

Jedes Cupfinal, das auf Wembleys angebetetem Rasen zum Ereignis zelebriert wurde, war bisher das größte. Es ist ein Rätsel, das der Fremde nicht lösen wird, wieso ein Spiel – unabhängig von seinem heute gewiß umstrittenen sportlichen Testwert – eine solche Verzauberung über Hunderttausende bringt.

Als es klar war, daß Leeds, die berühmte Mannschaft aus dem industriellen Norden, in Paris gegen die Bayern um den europäischen Cup spielen würde, da wurde diese Nachricht doch verdeckt durch die gleichzeitige Bekanntgabe der beiden Londoner Gegner im Cupfinal. West Ham gegen Fulham. London glänzte, London war glücklich, und man kann die Pointe darauf wagen: der beste Gegner ist immer ein englischer Gegner. Weiß Gott, wie sie da ihre Union Jacks und ihre regionaleren Banner entfalten, ihre Choräle singen, ihre Rhythmen skandieren, ihre Shawls wiegen, ihre Farben zeigen, da ist plötzlich die englische Welt wieder in Ordnung, schon am Morgen, noch mehr am Nachmittag und erst recht am Abend. Sie ist vielleicht so in Ordnung, wie es jene vorgaben, die im »The Old Cheshire Cheese Club« am gleichen Tag die Anti-Europa-Kampagne in eine neue, demagogische Phase trieben.

Was für eine Emotion ist das: War es zufälliges Zusammentreffen oder symbolischer Sinn einer höheren Lenkung, daß ausgerechnet am Tage dieses so heißersehnten nationalen Wettbewerbs auch jener andere, folgenschwerere Wettbewerb, der Kampf um Europa, in seine offenbar letzte, heiße Phase trat? Die Zeitschrift »The Economist« hat in weiser Voraussicht der Zusammenhänge für ihr neues Aufschlag-Poster das Klischee zweier Fußballmannschaften gewählt: es zeigt die beiden Finalisten, die jeweils konservativ-labour-gemischten Pro- und Contra-Spieler in den Farben von Fulham (Contra) und West Ham (Pro). Dieses Finale läuft unter dem Titel: »Little England« gegen »Europe United«, Klubbezeichnungen, die freilich keiner der beiden Kontrahenten akzeptieren kann, bestehen sie doch beide auf demselben Titel: »Great Britain«.

So wie an diesem sonnendurchglänzten Nachmittag die rivalisierenden Anhänger von Fulham und West Ham sich die Rosetten mit den Farben ihrer Mannschaft anstecken und ihre Fahnen schwingen, so können nunmehr die Europagegner und die Europawilligen sich der Argumente zweier (genauer gesagt dreier) Pamphlete bemächtigen, die Pro und Contra auf einfache, faßbare Schlagworte zusammendrängen. Vielleicht zu einfach. Aber man sollte eher an einige elementare Reize des Cupfinals denken als an spitzfindige rationale Erörterungen, will man das Hin und Her im Match um Europa etwas verstehen, das nun in eine Endphase der zweiten Halbzeit eingetreten ist.

Es geht nicht mehr um die sattsam bekannten Gründe des Dafür und des Dawider, die schon hundertmal dargelegt wurden. Es geht nicht mehr um spezifische Inhalte und Ideen, sondern um Sinnlichkeit, um Emotionen. Es geht schlicht darum, ob es den Europagegnern doch noch gelingt, die ganze Skala sachlicher Argumente, um die Ted Heath, der ehemalige konservative Premier, und Roy Jenkins, der sozialdemokratische Staatssekretär, so unermüdlich bemüht sind, auf den Punkt der reinen Emotion zu bringen.

Ein Volksmärchen: Die Emotion dieses Cupfinals ist eine unbestreitbar besondere. Wieder hat die Regie des Zufalls oder eine für historische Winke besonders empfindsame Instanz ein Zeichen gegeben. All der Glamour, den Chelsea vor fünf Jahren im Cupendspiel gegen Leeds auf dem Höhepunkt und Zenit der populären Pop-Kultur nach Wembley brachte, er ist nun erloschen. Dafür aber kam etwas anderes, fast verloren Geglaubtes zurück; und ebendies spielt auch eine Rolle beim Spiel um Europa. Zurück kam ein Volksmärchen, die nationale Romanze, die sentimentale Legende, nach der sich offenbar gerade jetzt so viele Engländer sehnen und dessen Stil sie seit Jahrhunderten bis in eine besondere Sprache hinein zu zelebrieren verstehen.

Zwei Londoner Mannschaften sorgten für dieses Ereignis, dem man stadtauf, stadtab nicht müde wurde, den Namen »fairy tale« zu geben. Diese Paarung zweier Londoner Vereine – zum zweiten Mal in diesem Jahrhundert, so wissen die Fußballhistoriker – erfüllt ein nationales Bedürfnis. Mehr unter sich sein kann man nicht mehr. Der Fußball wurde für einen Tag wieder eindeutiger zu einem Teil der »Working-class«-Kultur, von der er durch das gezielte Interesse des Showbusiness, das sich in Gestalt eines Rund-um-die-Uhr-Programms von BBC 1 auch diesmal überschlug, getrennt zu werden drohte. Für diese Aura gibt es mehrere Gründe, die aufgereiht die ganze Seelen-Fauna Englands, Londons, East-Ends und Fulhams schimmern lassen, uralte Instinkte, verborgene Wünsche offenbarend.

Englands Captain oder: Der süßeste Augenblick von allen: Da ist einmal die poore, schäbige Situation, der sogenannte soziale Hintergrund, der die Anhängerschaft beider Teams ähnlich macht und die Leidenschaft erklärt, mit der sie an ihrer Mannschaft hängen. Wer einmal gesehen hat, wie ganze Familien aus Ost-London sich zu diesem Spiel rüsten, wie in ihren Fenstern schon Wochen vorher die Farben und Symbole des angebeteten Vereins ausgestellt waren, als seien es Reliquien, der kann das nur noch mit Fronleichnamsprozessionen südeuropäischer Städte vergleichen. Soziologen haben so klug wie allgemeinplätzig bemerkt, die Fußball-Leidenschaft grenze an religiösen Fanatismus. Gemeinhin gesprochen ist das bloß eine ganz einfühlsame Metapher. Hier im East-End ist es Wirklichkeit. Zum religiösen Kult reicht Fanatismus nicht aus, sondern es bedarf eines sehr alten, langsam entwickelten Sinns für äußere Formen, für die großartige, unverwechselbare und scharf artikulierte symbolische Geste, für das subkulturelle Ritual. Da ist weiter jene besondere Stil-Tradition von West Ham, der man das Weiche, das Geschickte nachsagt, wo man behauptet, für den Rest der Welt den Kurzpaß und das 4-2-4-System erfunden zu haben.

Die Fulham-Seite hat nicht das untergründige Pathos des East-End für sich, dafür aber eine populär-romantische Atmosphäre, wo man sich noch vor einigen Jahren nahe der Themse in der Nähe von Wildenten erging. Die Emotion kommt vor allem von den beteiligten Personen. Voran Bobby Moore, Englands Captain beim Weltmeisterschaftssieg gegen Deutschland vor bald zehn Jahren. Beim Wort »England's Captain« muß gesagt sein, daß es nur einem Adelstitel aus der Hochzeit des feudalen Rittertums zu vergleichen ist. Es hat in dem »deutschen Spielführer« oder »Kapitän der deutschen Nationalmannschaft« oder »Ehrenspielführer« kein Äquivalent. »England's Captain«, das meint mit aller Knappheit keine Funktion, auch keine Aufgabe nur, das meint nicht mehr und nicht minder die Qualität des Ritters aller Ritter, des Gralshüters, des Mitglieds einer neuen, heimlichen Tafelrunde, der ohnehin nur Engländer angehören können. Und Moore, dieser Ritter aller Ritter, hat vom Cupspiel gesagt: »It is the sweetest moment of them all« – es ist der süßeste Augenblick von allen. Ähnliches hat eine zweite Traditions-Figur Fulhams, Tommy Trinder, gesagt, jener ganz London bekannte einstige Entertainer, der während des »Blitzes«, wie die Londoner die V-1- und V-2-Überfälle nannten, im Saal des Palladiums ausgerechnet unter dem Showtitel »Happy and Glorious« seine Zuschauer komisch beköstigte. Diese Kriegs-Legende hatte gesagt: »Fulham ist mein Blut, mein Leben.« Zwei Wünsche habe er als Cockney-Junge gehabt: daß ein Mensch auf dem Mond lande und daß Fulham einmal im Cupfinal spiele.

Es gibt vielleicht nur noch eine Person, die das Cupfinal nicht nur mit der Landung auf dem Mond, sondern mit dem Einzug in das ewige Leben vergleichen könnte, und das ist die dritte Figur in der Fulham-Ballade: ihr 60jähriger, asthmatischer Manager Alan Stock.

Der Mythos England gegen die Rechnung Europa: An diesem Nachmittag in Wembley, der keineswegs ein großes Spiel zeigte, sind alle offiziellen Zurichtungen über den Haufen geworfen. West Ham, der Sieger, wird zur Familie in Wembley. Sie singen nun nicht mehr die Choräle, die alle singen, »We will never walk alone« oder ähnliches. Sie singen nun, was nur sie im East-End singen, was aber wie die Umschreibung eines gesamtenglischen favorisierten Zustands klingt: »I am for ever blowing bubbles, pretty bubbles in the air« – Ich blase für immer Luftblasen, hübsche Luftblasen in die Luft. Ja, sie machen ihr Feenmärchen, und den Märchenprinzen, den 21jährigen zweifachen Torschützen, Alan Taylor, hat man auch schon »elfisch« genannt. East-End versinkt zu Hunderttausenden im Reigen der Musicalwitze, der Gefühle, die nichts anderes mehr wollen als »pretty bubbles in the air«.

Zur gleichen Zeit steht Edward Heath auf dem Trafalgar Square und ruft – ein neuer Volkstribun im Namen Europas – seinen 7000 jungen Europa-Fans zu, ob sie Europa wollen. Und sie wollen es. Was würden die 300 000 auf den Straßen und Gassen East-Ends antworten, wenn Heath sie so direkt dasselbe fragen würde? Die Ungewißheit der Antwort beginnt einige aus der Europa-Mannschaft nervös zu machen. Die Europawilligen – so hört man in den letzten Tagen immer wieder – könnten gleichgültig werden, denn eine Emotion, eine Leidenschaft, die vergleichbar wäre mit der kalten Entschlossenheit der Anti-Europäer, eine solche Kraft eint sie nicht. Während Roy Jenkins, der so besonnene Kenner der europäischen Materie, endlich aufhört, im Brüsseler Stil zu dozieren, und krebsrot vor Zorn über seine sozialistischen Genossen auf englisch in die Kriegstrompete bläst, während sein Helfer im Streite, der konservative Heath, die verschiedenen »Mythen« der Anti-Europäer pastoral auf allen Plätzen anprangert, in dieser schönen Stunde des Cupsieges und des beginnenden letzten Europa-Gefechts treffen in verschiedenen Regionalbüros Nachrichten ein, wonach Apathie und Selbstzufriedenheit sich breitmachen, die eigentliche Gefahr für Ja-Stimmen – nach Meinung der Pro-Europa-Fighter.

In der Tat: ihre Schwierigkeit ist es, daß sie keinen Mythos anzubieten haben, sondern nur eine Rechnung, die sie den Verstockten mit unendlicher Geduld präsentieren, wonach ihre kleinenglischen Mythen falsch sind. Aber das ist notwendigerweise eine negative Taktik, eine Kaltwasser-Kur, ein Abschreckungsmanöver, dem der eiskalte Blonde Tony Benn den arroganten englischen Mythos um so unbekümmerter entgegensetzt.

Bei Calais beginnt eine mindere Sorte: Erst waren es nur demagogische Nebengeräusche, wenn etwa ein bekannter sozialistischer Lord in einer kleineren Versammlung durchaus kompetenter Leute feststellte und damit ankam: »Wie können wir unsere Souveränität mit der von Leuten vergleichen, die nie eine gehabt haben? Wir sind Engländer.« Die Zuhörer gingen darauf nicht dröhnend ein. Aber nicht deshalb, weil sie die These für falsch hielten, sondern deshalb, weil sie ihnen zu selbstverständlich war. Das Superioritätsgefühl ist bei 25 Prozent Geldentwertung eher steigend als fallend. Dieses schiere Selbstverständnis ist nunmehr sogar in das soeben bekanntgewordene »No«-Pamphlet aufgenommen worden, und die Autoren haben es sich auf der Zunge zergehen lassen, keine Beleidigung zukünftiger Partner scheuend. So schreiben sie über ein mögliches europäisches Parlament: »Das mag akzeptabel sein für einige kontinentale Länder. Vor kurzem sind sie noch regiert worden durch Diktatoren, oder waren besiegt oder besetzt. Sie sind mehr an den Verlust ihrer politischen Institutionen gewöhnt, als wir es sind. Wenn du nicht mehr und mehr durch ein kontinentales Parlament regiert werden willst, in dem Britannien eine kleine Minderheit wäre, dann mußt du nein sagen.« Das ist zwar sozialistische Lesart, unterscheidet sich aber nicht so sehr von der Warnung des nationalistischen Exzentrikers Don Bennett, wonach eine engere Verbindung mit Deutschland, Frankreich und Italien die englischen Kriegstoten entehren würde. Es ist die Tonart des immer aggressiver werdenden Tony Benn. Es war aber schon die Tonart des würdigen Michael Foot, als er auf verschiedenen, sich jetzt häufenden regionalen Veranstaltungen der Anti-Europa-Kampagne auftrat. Deshalb ist Roy Jenkins so krebsrot vor Wut. Er argwöhnt, daß der blauäugig lächelnde Sozialist Benn mit Erfolg auf jene weitverbreitete Ansicht setzen könnte, die in der Witzfigur des Major Blimps und ihres kleinenglischen Nationalismus verewigt wurde: die Ansicht nämlich, daß bei Calais eine mindere Sorte von Menschen beginnt. Das glauben bis auf Ausnahmen im Grunde noch immer alle, und würde man sie im Schlafe wecken, dann würden sie es auch deutlich vernehmbar sagen. Es bedarf also der Abkehr vom liebgewonnenen Mythos. Gelingt das? Die Pro-Mannschaft ist nervös. Sie hat plötzlich Angst vor dem Lieblingsspiel mit den »bubbles in the air«, auf die eine Mehrheit auch Lust bekommen könnte, sie »für immer in die Luft zu blasen«.

England entdeckt die Banalität des Bösen

Die »Endlösung«
im britischen Fernsehen

Zur Zeit sieht man an Wänden der Londoner Untergrundbahn ein in die Augen springendes Filmplakat: Deutsche Soldaten geben vor ihnen knieenden Gefangenen den Genickschuß mit der Pistole. Das Bild ist die Einladung zu einer neuen Filminszenierung von Nazi- und SS-Greueln, betitelt »Massaker in Rom«. Der Film setzt jene Serie fort, in der seit Jahren ausländische Regisseure den deutschen Faschismus in das bizarre Licht perverser Attraktivität rücken und ihm eine spezifische Aura von sexuellem und dekadentem Reiz verleihen. Gattungstypologisch gehören solche Unternehmen zur nostalgischen Rekonstruktion, die inzwischen schon die vierziger Jahre erreicht hat, nachdem man vorher die Affinität von Ästhetizismus und Faschismus in den zwanziger und dreißiger Jahren behandelt hat. Der politischen, historischen und psychologischen Perspektive nach gehören diese Versuche zu jenem bekannten Komplex, das stattgehabte Grauen zu dämonisieren. So oder so stilisiert, verliert das Bild des deutschen Faschismus an Realität und Gehalt. Es gerinnt zur Stereotype vornehmlich in angelsächsischen Massenmedien, die ihre Zuschauer Schockern aussetzen, in deren greller Popatmosphäre der Nazi-Killer allmählich eingeht in die geschichtslose Horrorwelt von Phantasiegeschöpfen wie Dracula und Frankenstein.

Die phantastische Verkleidung eines politischen Terrorsystems ist in England deshalb geläufig, weil man noch immer sprachlos, ohne

Verständnismöglichkeit auf Deutschlands Nazizeit schaut, so daß selbst die verfremdende Satire – eine von Swift bis Orwell verwendete spezifisch englische Art, politische Systeme zu begreifen – näher liegt als psychologischer Realismus. Glück für uns, kann man sagen, denn die Exotik, die Fremdheit der Deutschen in diesem Lande war und ist noch immer ein Schleier, der manche fatale Ansichten unserer Geschichte erwirkt. Hannah Arendt versuchte diesen Schleier zu lüften, als sie – in bezug auf die NS-Täter – von der Banalität des Bösen sprach.

Das Banale scheint sich der ästhetischen Darstellung zu widersetzen, da diese nun einmal auf das Interessante angewiesen ist. Es ist dann auch, was seine Erscheinungsform im Nationalsozialismus angeht, vielleicht nie deutlicher geworden als während der Auftritte Eichmanns im Jerusalemer Prozeß. Das war keine Fiktion, sondern Wirklichkeit. Ähnliches, wenn auch nicht von vergleichbar spektakulärem Rang, fand jetzt im britischen Fernsehen statt: Das gleiche BBC-Team, das die historische Serie »Die Welt im Krieg« produzierte, hat in einer zweiteiligen, dreistündigen Sendung, betitelt »Die Endlösung«, einem britischen Massenpublikum zum erstenmal ausführlich zu erklären versucht, was die Wirklichkeit des SS-Staates gewesen ist. Sachlichkeit, die Tugend britischer Dokumentationen, war auch hier der Schlüssel zum eröffneten Grauen.

Wohl noch nie ist in diesem Lande so vielen Zuschauern vorgeführt worden, welche Psychologie und welche Methodik beim Millionen-Mord an den europäischen Juden notwendig waren. Plötzlich wurde englischen Zuschauern deutlich, daß schon in jenem schaurigen Reinheitskult der HJ, daß in ihren Hölderlin nachahmenden Gesängen wie »Deutschlands heiliges Wort« schon das Verdikt über den »Untermenschen« beschlossen lag – war er nun Russe, Pole oder Jude. Kommentarlos ließen die englischen Fernsehleute das breite Material von Nazifilmen und Nazipropaganda abrollen. Das war das eine.

Zum anderen sprachen überlebende Opfer und überlebende SS-Männer. Dabei ergab sich das authentische Grauen doppelt. Eine russische Jüdin erzählte von ihrem Überleben vor den deutschen Erschießungskommandos. Ab und zu aufblickend, mit erstarrtem Gesicht sich erinnernd, Wort für Wort setzend, erzählte sie vor den

Augen der englischen Zuschauer, wie ihre Mutter, wie ihr Vater, wie ihr Kind von den Deutschen über anwachsenden Leichenbergen erschossen wurden, wie sie selbst verletzt stürzte, aber die Nacht zwischen den Leichen ihrer Angehörigen in einer Blutpfütze überlebte und sich retten konnte. Zum anderen: Karl Wolff, der ehemalige persönliche Adjutant Himmlers, ein Kronzeuge der Anklage im Nürnberger Prozeß, erzählte auch. Er erzählte davon, wie Himmler während einer solchen Erschießung, von Blut bespritzt, sich abwandte und etwas von »schwerer Aufgabe« murmelte, wovon der Erzähler, Herr Wolff, noch immer beeindruckt schien.

Die englische Reaktion auf die dokumentierten Greuel selbst war lakonisch, den vorgeführten Schrecken angemessen. Sie entsprach dem disziplinierten, unendlich sorgfältig recherchierten Film selbst. Es war jedoch Herr Wolff, dessen naiv beflissenes Auftreten in den englischen Zeitungskommentaren Ekel und Verachtung hervorrief. Es scheint, als würden die Engländer erst sehr verspätet die Banalität des Bösen entdecken. Allerdings mit einem Nebeneffekt. So geschwätzig, so eitel, so seifig und unendlich wohlerzogen, wie der ehemalige General Wolff sich gab und sprach, stellt man sich in der Karikatur den Erfolgsdeutschen von heute vor. Das Fatale an dem Eindruck, den Wolff hinterließ, war nicht sein völliger Mangel an Verstehen, sondern sein Eifer, technische Details zu erklären, dem Massenmord als einer Art technischer Panne nachzusinnen, die sich hätte beheben lassen. Es war die Effizienz-Mentalität, verbunden mit jener aufreizend sich anbiedernden Leutseligkeit, die so nachdenklich machte. Man hatte das Scheusal in Menschengestalt erwartet, und nun tritt der Unmensch in harmlosen Gesten auf. So fragte man sich ratlos abermals, warum? Warum konnte das geschehen? Eine Antwort fanden die englischen Kommentatoren nicht.

Es sei vor falschen Schlüssen gewarnt. Auch dieses Aufklärungsunternehmen der BBC hatte keine deutschfeindliche Absicht. Nur solche absurden Stimmen, die neuerdings Ausländern am liebsten verbieten, die sogenannten alten Sachen wieder aufzurühren, könnten latente Animosität manifest werden lassen: Im berühmten Humphry-Bogart-Film »Casablanca« tritt der in den dreißiger Jahren nach England emigrierte, unvergessene Conrad Veidt in der Maske eines Nazi-Offiziers auf, der Jagd macht auf europäische Résistance-

Leute, um sie ins KZ zu bringen. In einer Szene singen deutsche Offiziere ein patriotisches Lied. Die Pointe ist, daß sämtliche anderen Personen im Raum die Marseillaise dagegenhalten und der deutsche Gesang unhörbar wird. Die Überraschung des englischen Kinoabends war: Das Niedersingen der Deutschen durch die französische Hymne wurde von dem meist jugendlichen Auditorium, das zur Zeit, als der Film entstand, noch gar nicht geboren war, so heftig beklatscht, als handele es sich um zeitgenössische Wirklichkeit und nicht um vergangene Filmfiktion. Es muß unbeantwortet bleiben, ob es sich um eine Spielhandlung innerhalb eines Spiels handelte oder um mehr.

Der deutsche Widerstand und die Briten

Eine Diskussion im Deutschen Historischen Institut London

Der deutsche Widerstand gegen Hitler gehört in der Bundesrepublik zu den zögernd wahrgenommenen, dann offiziell gefeierten, schließlich gerne vergessenen Ereignissen der zu bewältigenden, nie bewältigten Vergangenheit. Der Tabus sind zu viele auf einmal, als daß man mit dieser Realität jemals wirklich klargekommen wäre. Immerhin optierte Anfang der dreißiger Jahre ein Gutteil des konservativen Bürgertums für Hitler, aus Angst vor den Kommunisten, aus Verachtung gegen die Sozialdemokraten. Wie also sich nachträglich mit dem sozialdemokratischen, wie überhaupt mit dem parteipolitischen Widerstand (einschließlich der Emigranten) identifizieren? Dann schon eher mit den Männern des 20. Juli, von denen eine Reihe selbst als überzeugte idealistische Nationalsozialisten begannen und deren Mehrheit auch am Ende noch konservativen, ja autoritären Vorstellungen anhing.

Ein Grund, warum der 20. Juli so lange vornehmlich als Gewissenstag einiger dieser hervorragenden Männer von der politischen Geschichte der dreißiger Jahre isoliert gesehen wurde, liegt in dieser seiner Funktion als moralisches Alibi: Man entpolitisierte ihn als christliches oder ethisches Opfer und entkam so unangenehmen Fragen, etwa nach dem vitalen Zusammenhang von Nationalsozialismus und jener reaktionären Tradition eines Teils des deutschen Bürgertums, die im Ausland nun überall wieder erkannt und gefürchtet wird.

Insofern war es keine bloß akademische, erste Selbstdarstellung des 1976 gegründeten Deutschen Historischen Instituts in London, wenn ihr Gründungsdirektor, Professor Kluke, einem kleineren, gemischt deutsch-britischen Kreis von Gelehrten und Interessierten seine schon schriftlich niedergelegten Thesen zu diesem heiklen Thema vortrug. Vor den wenigen kritischen Zuhörern, zumal Emigranten, konnte man nicht in bewährter Manier, große Männer zu feiern, davonkommen. London ist zudem immer noch der schlechteste Ort für Vergeßlichkeit: Hier von Hitler zu reden, heißt von den Deutschen reden – und nicht von ihnen als dessen Opfer, wie es in Deutschland vielfach üblich ist. Vom Widerstand reden schließt aber auch folgende Frage ein: Ist der sogenannte Widerstand nicht längst eine Legende falscher Selbstreinigung und nationaler Verdrängung? War das, was man Widerstand nennt, jemals überhaupt eine ernst zu nehmende politische Realität?

Professor Kluke, der es wohl vermied, einseitig den 20. Juli herauszuheben und der sich bewußt auf die politische Geschichte der verschiedenen Widerstandsgruppen (von den politischen Emigranten der ersten Stunde bis zu dem Putsch der konservativen Militärs fünf Minuten vor zwölf) im Zusammenhang der internationalen Politik der dreißiger Jahre konzentrierte, bekam es bald zu spüren, woher hier der Wind weht. Er hatte seinerseits mutig den Stier bei den Hörnern gefaßt und die sinkenden Chancen der innerdeutschen Opposition gegen Hitler begründet mit der erst defätistischen, vor Hitler kuschenden (Chamberlain), später notorisch deutschfeindlichen Politik (Churchill) der Engländer.

Was zunächst wie eine interessante Verifizierung der Thesen Harald C. Deutschs (»Verschwörung gegen den Krieg, der Widerstand in den Jahren 1939/40«) wirkte, wonach sich die internationale Situation in jeder Facette des Widerstands widerspiegelte, war am Ende doch starker Tobak: Klukes in der Form diplomatische, in der Sache aber harte Kritik zunächst an den englischen Vertretern des Appeasement, schließlich an den Deutschenfressern lief letztlich auf die These hinaus, daß gute Chancen des innerdeutschen Widerstandes, zumal im Jahre 1938, an der notorisch englischen Nichtbereitschaft zur Kooperation gescheitert sei.

Kluke konnte zwar das Faktum der britischen Intransigenz durch die dreißiger Jahre hindurch eindrucksvoll belegen: zunächst an Chamberlains Versagen, der es fertiggebracht hatte, die deutschen Systemgegner verächtlich mit den Jakobiten am Exilhof des vertriebenen Stuart-Königs zu vergleichen; eine Politik, vor der immerhin der selbst in dieser Frage hin und her gerissene britische Staatssekretär Vansittart gewarnt hatte, sie lösche die gemäßigten Kreise in Deutschland aus. Dann Churchills kalte Abfertigung seiner beiden deutschen Gesprächspartner Brüning und Ewald von Kleist, die ihn von seinem prinzipiell antideutschen Kurs abbringen wollten und ihn vergeblich davor warnten, Hitler und die Deutschen in eins zu setzen.

Diese Abfuhr haben – wie Kluke zeigte – alle Sprecher eine antinazistischen Koalition erfahren. Männer wie Fritz Eberhard, Otto John, Wenzel Jaksch und Brüning mußten dies bitter spüren. Die deutsche Immigration in England, die verschiedenen Mittelsmänner der Weimarer Parteien und schließlich die Repräsentanten der preußischen Aristokratie und des militärischen Widerstands – sie alle scheiterten am unausrottbaren Mißtrauen des Foreign Office, das ab 1940 sich jedem noch so inoffiziellen Kontakt verschloß.

Warum dies so war, dafür lieferte Kluke direkt oder indirekt selbst die Argumente: Einmal war die englische Diplomatie seit Kriegsbeginn nicht mehr uneingeschränkter Herr ihrer diplomatischen Entscheidungen. Paris, vor allem aber später Washington und Moskau machten eine mit dem Widerstand sympathisierende Londoner Diplomatie unmöglich. Zum anderen unterstellte man englischerseits auch den Männern des Widerstands, zumal den zum Putsch bereiten Militärs, die Absicht, mit Hitlers Erfolgen (etwa Österreich) davonzukommen und sich etwa auf Kosten Sowjetrußlands in einem Separatfrieden zu einigen.

Solche Gedankenspiele mußten damals als schiere Phantastik wirken. Selbst Brüning hatte in der Londoner Emigration ja von den »berechtigten« Forderungen gesprochen (der Annullierung des Versailler Vertrags). Aber was hieß das zu diesem Zeitpunkt genau? Und was konnte sein ominöses Wort von der »gemäßigten« Demokratie als zukünftiges deutsches Modell meinen? Waren nicht die Hitler-Gegner innerhalb der Armee, zumindest teilweise, nach wie vor Anhänger reaktionärer und autoritärer Staatsvorstellungen?

Selbst Helmut von Moltke galt seinen einstigen englischen Freunden als dubios, wenn nicht gar als opportunistischer Repräsentant des nationalsozialistischen Systems. Die bedingungslose Kapitulation wurde auch gegen die zum Putsch bereiten deutschen Offiziere als Forderung nie fallengelassen.

Wie stark die Kluft damals sein mußte, das zeigte die anschließende lebhafte Diskussion dieses Londoner Abends dreißig Jahre danach: Die lautwerdende Reaktion von Emigranten, jüngeren englischen und deutschen Historikern, beanstandete vor allem einen Mangel an Klukes Ausführungen: sie gingen zu sehr von Eventualitäten aus, nicht aber von Fakten. Den Eventualitäten nämlich, die alle möglich gewesen wären, wenn die englische Diplomatie ihren Argwohn gegenüber den deutschen Systemgegnern hätte einschränken können. Das Faktum aber sei gewesen, daß der deutsche Widerstand keine wirklich glaubhaften Repräsentanten namhaft gemacht hätte, die legitimiert gewesen wären, für eine zukünftige deutsche Regierung verbindlich zu sprechen.

Im Kriege sich hierauf einzulassen, wäre in englischen Augen einem haltlosen Abenteuer gleichgekommen. Wenn in dem laut gewordenen Widerspruch zu Klukes Referat sogar Unwillen sich mischte, dann wohl deshalb, weil unausgesprochen wieder die alte deutsche Entlastungstheorie hörbar wurde, die vergröbert lautet: Nicht die Deutschen, sondern das Ausland selbst ist an Hitler schuld.

Ein Aspekt, der den Abend im Historischen Institut am Bloomsbury Square zusätzliche Hitze gab, war die Frage, wie der Widerstand heute in der Bundesrepublik beurteilt werde, wie die Geschichte der deutschen Opposition gegen Hitler überhaupt rezipiert wird. Otto John, der im englischen Exil lebende einstige Vermittler zwischen den Fronten, goß Öl ins Feuer, als er erzählte und damit ein Symptom meinte, daß Theodor Blank, Adenauers einstiger Wehrbeauftragter, die Bitte des zum selbstmörderischen Attentat bereiten von Gersdorf, beim Aufbau der Bundeswehr beteiligt zu werden, angeblich mit der Bemerkung abschlug: Wir haben genug von diesem 20. Juli.

Abgesehen von einigem Widerspruch, der diese Reaktion Blanks als unwahrscheinlich anzweifelte oder sie aber als untypisch charakterisierte, hieben junge Mitglieder des Deutschen Historischen Instituts in die gleiche Kerbe: Trotz offizieller Gedenkfeiern sei der 20. Juli nie eine populäre, geschweige nationale Tradition geworden, vor allem nicht dort, wo Traditionen notwendig sind, in der Bundeswehr. Wissenschaftlichen Untersuchungen, die dieser Frage gelten, würden vom Verteidigungsministerium jeder mögliche Stein in den Weg gelegt. Die wenigen anwesenden Engländer und Emigranten hörten diese selbstkritischen Eröffnungen mit Interesse. Dahinter verbargen sie ihre fast ungläubige Betroffenheit.

Eine auch ihnen liebgewordene Legende wurde mit deutscher Gründlichkeit angeknackst. Das Sympathische und Hoffnungsvolle dieses deutsch-britischen Gedankenaustausches blieb aber, daß ihn die Suche nach historischer Wahrheit und nicht nach billigen Rechtfertigungen prägte.

Deutsche Legende: Marlene Dietrich in der Music-Hall

Seit 1945 ist Marlene Dietrich auch für uns die Legende, die sie für das westliche Ausland seit 1933 geworden ist. Traurig oder gereizt weiß man seit 30 Jahren, daß ausgerechnet diejenige deutsche Schauspielerin, Sängerin und Entertainerin, der es als einziger gelang, die Schranken der Sprache und des gesellschaftlichen Knowhow zu durchbrechen und zum Weltstar zu werden, der Jean Cocteau und Hemingway huldigten – daß diese mit unserer Sprache, unserer Gesellschaft und unserem Lande nicht mehr viel im Sinn hat. Beides hängt wohl zusammen. Ursprünglich war es ihr politisch-psychologischer Entschluß, heute ist es eine längst sentimentfreie Tatsache: Marlene Dietrich ist Amerikanerin. Und doch! Ich habe die Legende nunmehr erstmalig leibhaftig in einem Londoner Vorstadttheater gesehen, mit Zylinder und Frack, mit blondem Haar und im körperidentischen Flimmerkleid. Wahrscheinlich war es der ausländische, der hochschlagende englische Enthusiasmus für sie, daß die Erwartung nach deutsch gesungenen Liedern so ungeduldig aufkam. Nach einer Stunde gekonntestem angelsächsischem Hieb und Stich, in dem sie das Publikum emotional führte, wohin sie wollte, auch wenn ihre eigenen Schritte – und nur diese allein – die Altgewordene erkennen ließen, kündigte sie, die Spannung bewußt anheizend, jenes Lied an, an das sich Jüngere nur von Schallplatten ihrer Eltern erinnern. Sie kündigte es an mit dem Hinweis, es nur in der bisher unübersetzten Originalfassung zu singen: »Johnny!« Es war ein elektrischer Funke, der ins Publikum fiel; man erlebte eine für englische Verhältnisse orkanartige Begeisterung, als Marlene Dietrich anhub, lasziv und mit Lächeln: ihr »Johnny, wenn du Geburtstag hast«, in deutscher Sprache zu flüstern, zu röhren. Sie sang nur noch ein zweites Lied auf deutsch, das ebenfalls so berühmte »Frag nicht, warum ich gehe, frag nicht, warum«. Und wiederum der gleiche Effekt: Wie komödiantisch und Music-Hall-gleich auch immer ihre englischen Songs ankommen – und einige sind für das angelsächsische Publikum so zum Hit geworden wie einmal der »Blaue Engel« –, es schien, daß kein englisches Wort an das herankommt, was sie auf deutsch noch immer auszudrücken vermag. Der heute mondäne englische Kritiker Kenneth Tynan schreibt im Programmheft, Marlene Dietrich habe sich immer gewünscht, Brechts »Mutter Courage« zu spielen. Wie auch immer – gewiß ist seit diesem Abend, wie unerhört wichtig für Marlene Dietrichs authentischen Klang die guttural harte, mit Zischlauten durchzogene Sprache ist, ihre militante Poesie, der Rhythmus der teutonischen Akzente, diese überfallartige Mischung von Nuance und Kommando. Vielleicht war es nur der exotische Reiz, die irgendwie noch immer so deutsche Verführerin deutschen Singens zu hören, daß die Engländer sie so sehr gerade nach den deutschen Liedern mit Beifall überschüttet haben. Mir blieb wichtiger die etwas patriotische wie deprimierende Gewißheit, daß Marlene Dietrich nur in der deutschen Sprache das ausdrückt, was sie ausdrücken kann an Melancholie, an Unverschämtheit und an korruptem Stolz, und daß jede englische Version vom »Blauen Engel« bis zu »Weißt du, wo die Blumen sind?« wie ein dünner Abguß des wunderbar starken deutschen Originals wirkt. Dabei ist ihr Deutsch, wie sie es singt, ganz offensichtlich nur noch die erinnerte, fast mechanische Reproduktion des einst Unmittelbaren. Sie erinnert sich jedoch gut, mit einem Zusatz von undurchsichtiger Ironie, dieser eigenen Legende.

Das Haupt der Medusa erblickend

Kleists »Prinz von Homburg«
zum ersten Mal
auf einer englischen Bühne

Ausgerechnet in der düsteren Stadt Manchester fand – nach 166 Jahren – das theatralische Ereignis statt: die englische Uraufführung von Kleists schönstem Schauspiel: »Der Prinz von Homburg«.

Zwischen der Wiederentdeckung durch den Franzosen Gerard Philippe vor 20 Jahren und Peter Steins berühmter Trauminszenierung in Berlin liegt ein Abgrund, der noch immer nicht ganz zugeschüttet werden konnte. Kleists Drama hat zuviel mit unserem nationalen Selbst zu tun. Wenn irgendwo neben Hölderlins Strophen unser nationales Gefühl eine schöne Hoheit erreichte, wenn irgendwo das kriegerische Preußen sich vergeistigte, dann in Kleists Legende vom Preußenprinzen, der das Gesetz brach und für das Gesetz zu sterben bereit war.

Pragmatisch, unbefangen und an den eigenen Tudor-Nationalismus gewöhnt, hat man in Manchester den verfänglichen letzten Satz gesprochen, der deutschen Regisseuren soviel Kopfschmerzen bereitete: »In Staub mit allen Feinden Brandenburgs!« Aber das donnernde »Dust take all enemies of Brandenburg« klang seltsam unwirklich, wie die merkwürdige Zauberformel eines exotischen Volkes auf der modernistischen Rundbühne in der ehemaligen Baumwollbörse »Royal Exchange«. Obwohl die dem Stück konstitutiv eigene preußische Problematik in dieser fremden Umgebung geradezu ausgelöscht war, sahen wir eine Inszenierung, deren zweiter Teil uns weit mehr hinriß, als die schon klassisch gewordene, eher aber zu lyrische Berliner Aufführung der Schaubühne, auf deren Gastspiel man hier nach Manchester gewiß noch gespannter ist. Tom Courtenay, ein intensiver Held von reinster Flamme, schaffte das Kunststück, gegen einige kapitale Fehler der Regie (Caspar Wrede) das Eisen bis zur Weißglut im Feuer zu lassen und es dann triumphierend hochzuhalten.

Zunächst: der Brandenburgische Adel war so sehr in exotisch-flatternde Farben und Formen gehüllt, daß dem zweierlei Übel nachfolgten, an denen fast jede andere Inszenierung gescheitert wäre.

Die exzentrischen Farben lenkten ab von dem, was hier eigentlich blühen sollte: das nachbarocke Wort, die wunderbar poetische Metapher. Die groteske Farbenpracht löschte vor allem jede nationale, historische und auch militärische Identität aus. Diese in harlekinartige Wamser gesteckten, mit seltsamen Haarschöpfen ausgestatteten Offiziere und Reiter sahen eher aus, als ob sie aus Else Lasker-Schülers asiatischen Traumreichen entwichen wären, als daß sie dem märkischen Sande entstammten. Der Kurfürst, souverän gegeben von James Maxwell, trug ein Phantasiegewand, das besser zu einer Shakespeareschen Märchenkomödie gepaßt hätte.

Offenbar wollte der Regisseur seinem englischen Publikum den Kleistschen Widerspruch von Traum und Realität dadurch suggerieren, daß er das Traumhafte zur sicheren Phantastik trieb, dabei aber die drohende Wirklichkeit fast vergaß. So fochten Traum und Wirklichkeit nicht das Duell miteinander aus, das Kleist sich vorgestellt hat. Hätte Courtenay, der als einziger das preußische Blau in Hemd und Hose andeutete, die fehlende Dialektik nicht wettgemacht durch seine maskenhafte, somnambule Starre, die Traumversenkung, die Zuschauer hätten den wichtigen Beginn für eine bedeutungslose, reizvolle Maskenballszene im Zirkus halten können.

Denn: die kreisrunde, von allen Seiten einblickbare kleine Bühne schuf nicht jene anspannende Distanz, die für die Entwicklung des Falles mit seinen jähen Umstürzen und zur Entfaltung der Kleistschen Kasuistik notwendig ist.

Und dennoch: Kleists Drama erwies sich abermals als so komplex, daß sein bedeutendes Thema – die Subjektivität eines einzelnen und die Norm – auf unerwartet großartige Manier doch noch Gestalt annahm: Tom Courtenay, der zuletzt in Edward Bonds »Der Narr« imponierte, hat im »Prinzen von Homburg« wahrscheinlich seine bisher größte Rolle gefunden. Zweifellos hat er etwas von dem zum Irren gemachten Dichter und etwas vom den Wahnsinn spielenden Hamlet in diese Rolle gebracht. Indem er von Beginn an darauf verzichtete, auch nur für eine Minute der militärische Führer, der hochgeborene Erbe zu sein (weshalb auch hier die Spannung zwischen Traum und Realität gering war), blieb ihm nur ein darstellerischer Ausweg: die totale Entrückung, die vollendete Ekstase, die gänzlich geleugnete Wirklichkeit, die Utopie des reinen Ichs.

Diese Konzeption war schon angedeutet in den ersten Minuten, in der weniger ein romantischer Jüngling mit seinem Lorbeer spielte, sondern ein zerstörter, fahler Outcast rätselhafte Bewegungen vollzog. Aus dieser Gefangenschaft in der eigenen Introversion kommt dieser Prinz niemals heraus: emphatisch, nicht werbend ist sein erster Ruf nach Natalie. Selbstverzückt, nicht den Ruhm suchend, ist sein Anruf des Glücks. Als er den verhängnisvollen verfrühten Befehl zum Angriff gibt, ist er auch in diesem Augenblick nicht der ungehorsame Reiterführer, sondern nicht von dieser Welt, und als man ihm dafür seinen Degen abnimmt, lächelt er endlich wie in einer Halluzination. Seine größten Augenblicke hat Courtenay in den Szenen der aufkommenden Todesangst. Er entwickelt Kleists furchtbare Ahnungen zu Anblicken, wie sie wahrscheinlich noch nie zu sehen waren, so bestürzend, so folternd, als ob wirklich einer das Haupt der Medusa erblicke: die Todesangst wird zu einem langen epileptischen Anfall, der langsam ausrinnt, wie der Speichel, der Courtenay von den Lippen fließt. Sie wird zum Sterbegesang, zum Außer-sich-Sein, zum konvulsivischen Schrei, zur endgültig gebrochenen Glocke.

Was danach folgt, ist die Gefaßtheit eines Entrückten und Entkräfteten. Todessehnsucht, nicht Ehre macht hier die Bereitschaft zum Sterben. Längst bevor der Prinz die Bedingung des Kurfürsten kennt, nämlich selbst über sein Schicksal entscheiden zu dürfen, hat er schon entschieden – für eine andere Realität. Und so wird sein stoischer letzter Bescheid zu etwas Rätselhaften von erhabener monotoner Dunkelheit. Eine pathologische Studie also über Ich-Stärke und Ich-Schwäche, die schließlich gehalten wird von einem Bühnenbild und Beleuchtung (Stephen McCabe und Mick Hughes), in der die brandenburgisch-preußische Realität doch noch den notwendigen Gegensatz schafft.

Die lächelnde Souveränität des Kurfürsten, die herbe Bestimmtheit der Kurfürstin (Olive McFarland), die verstehende Würde der Prinzessin (Judi Bowker) – sie bilden zusammen das Tugendsystem, dem der Prinz für immer entwich. Sein letzter Ausspruch: »Ich will das heilige Gesetz des Krieges verherrlichen«, meint hier: er will sein eigenes Gefühl von seiner Identität verherrlichen. Deshalb erscheint der patriotische Schluß auch eher wie die Auflösung des Helden vom Hier zur »Unsterblichkeit«, die ein utopisches Wort ist: hochgehalten von Offizieren, die einen Kreis um ihn bilden, gleicht der Prinz dem Knaben Euphorion, der in den Himmel entweicht. Das Psychodrama endet in einer Gloriole, in einem Symbol moralischer Anmut, die sich jedoch nicht mehr konventionell definieren läßt.

Neben der geballten Intensität dieses verlorenen Menschen, dieses »Unbegreiflichen«, dieses »Madman«, steht die Staatsräson des Kurfürsten wie die Diagnose eines wissenden, aber nur noch zuschauenden Arztes, schwingt sich der Ausbruch des tapferen Kottwitz (Trevor Peacock) auf zur schönen Ballade vom Vaterland. Sie bleiben isolierte Elemente eines Emotionsnetzes, das an der Stelle des Prinzen zerreißt. Banal gesagt: es zeigen sich hier unterschiedliche theatralische Anstrengungen, die den befremdend deutschen Stoff zum Anlaß großer seelischer Exaltation nehmen, ohne daß man die Kleistsche Dialektik gänzlich nachvollzöge.

Ermöglicht wurde das theatralische Ereignis in Manchester durch eine hingebungsvolle Übersetzungsarbeit von Jonathan Griffin. Was ihm nicht gelang, wahrscheinlich auch nicht gelingen konnte, war der spezifische Manierismus von archaisierender Sprache und hypotaktischem Satzbau. Kleistische Wörter wie »Empfindung«, »Ungeheures«, »wie die Antike starr entgegenkommt« sind wohl unübersetzbar. Kleists überanstrengter Duktus erscheint harmonisiert. Dagegen ist die Kasuistik exakt nachvollzogen, und viele der rein poetischen Bilder klingen im Englischen fast noch schöner als im Deutschen. Sätze wie »Before the hour strikes, to those black shadows« oder »Now, immortality, you are wholly mine« geben Courtenay Gelegenheit, die reine Monotonie seiner Stimme melodisch und klangmalerisch zu brechen.

Der Erfolg von Manchester verspricht noch keinen Durchbruch Kleists in England. Die englischen Zuschauer folgten jedoch mit schweigsamer Anspannung, ja tiefer Bewegtheit.

Finsteres Image: Berufsverbot

Es ist kein Geheimnis, daß die Kampagne gegen das sogenannte Berufsverbot unser Image in Westeuropa nachwirkend beeinträchtigt hat. Die Selbstberuhigung, es seien vornehmlich marxistische Kreise und Parteien, die ein Zerrbild über uns verbreiteten, ist jedoch dann nicht mehr überzeugend, wenn definitiv nichtmarxistische Intellektuelle und Politiker das gefällte Urteil vertiefen. Unabhängig vom Grad seines Wahrheitsgehalts wirkt es längst als ein Politikum, je offizieller es verbreitet wird. Anlaß zu dieser Warnung: verspätet, dafür aber um so wirksamer, hat nunmehr die Londoner BBC in ihrer prominenten spätabendlichen Nachrichtensendung ihr ganzes Prestige eingebracht, um die westdeutsche Verfassungs- und Gesetzeslandschaft in eine Farbe zu tauchen, die vielen Engländern seit den dreißiger Jahren nicht mehr so düster schien wie heute. Obwohl man bemüht war, die einzigartige Situation der Bundesrepublik zwischen Anarchistenszene und DDR-Infiltration zu berücksichtigen, war der vermittelte Eindruck niederschmetternd. Dazu haben vor allem die befragten Vertreter westdeutscher Behörden einen unglückseligen Beitrag geliefert. Peinlich wirkte schon ihr Auftreten, ihr Mangel an Souveränität, ihre Unfähigkeit, kritische Fragen selbstbewußt, intelligent und überzeugend zu beantworten; sowie ihr Versuch, statt dessen wie Angeklagte möglichst glimpflich davonzukommen. Alarmierend aber war ihr unscharfes Gerede auf die englische Gretchenfrage, ob denn prophylaktische Maßnahmen gegen

Gesinnungen, die vielleicht einmal zu Taten werden könnten, nicht auf Gewissensdiktatur schlimmsten Gedenkens hinausliefen? Die englischen Zuschauer – substantiell und nicht formalistisch erzogen – mußten den Eindruck gewinnen, daß diese akkurat glatten oder ungelenken, mißtrauischen Beamten, die sich in einer solchen Situation an Paragraphen klammerten, nicht einen Augenblick lang überhaupt begriffen, wie gefährlich diese Frage war. Ein Propagandafilm hätte nicht verheerender wirken können. So ging die Einblendung von riesigen Datenspeichern, in denen einzelne Deutsche vermutlich erfaßt würden, und die ausdrückliche Erinnerung an die tödliche Kommunisten- und Sozialistenjagd der Nazis ein wie ein Sciencefiction-Film über Deutschland, in dem die bösen Geister von gestern sich mit den schon erkennbaren Strukturen eines schlimmen Morgens vermischen. Noch mehr solche deutschen Repräsentanten im britischen Fernsehen, und alle Kulturarbeit in diesem Lande ist für die Katz. Schlimmer noch: das vom linken Labour-Flügel erneut geschürte Mißtrauen gegen ein von Westdeutschland ökonomisch kontrolliertes Europa wird wieder Gehör bekommen. Es gibt genügend Anzeichen hierfür.

Teil 3
Oh!
What a Lovely War

Oh!
What a Lovely War

*Die Lust der Engländer
an vergangenen Schlachten ist
mehr als ein Tick*

Den Londoner Flohmarkt in der Portobello-Road und das Imperial-War-Museum scheint nur eine Taxifahrt von 20 Minuten quer durch Kensington, Chelsea und Westminster Bridge zu verbinden. Die Engländer, die sich beide Showplätze ansehen, werden wahrscheinlich keinerlei Gemeinsamkeiten entdecken können. Scheinen diese beiden Orte doch, wenn man sie schon in Verbindung bringt, eher Gegensätze, wie sie größer nicht denkbar sind: hier der allwöchentliche ungeordnete, vergammelte Rummelplatz mit antiquarischen Seltsam-und Köstlichkeiten aus allen Ländern: Bilder, Kleider, viel Silber, Möbel en gros und en detail. Dort aber die wohlgeordnete, 1917 gegründete Dokumentation der beiden großen Weltkriege, 1966 von Königin Elisabeth mit drei neuen Galerien eröffnet. Dem Ausländer aber fällt mehr auf, und er beginnt zu kombinieren.

Es fängt mit den Uniformen an. Es ist nicht ganz klar, was den Blick mehr schärft: zuerst nach Portobello-Road und dann zum War-Museum oder umgekehrt. Jedenfalls beginnt die Geschichte mit den Uniformen: den prächtigen, buntscheckigen, rotglänzenden, strahlenden, lustigen, heroischen Uniformen von Waterloo, vom Krim-Krieg, aber auch den khakifarbigen, erdigen, traurigen, gefährlichen, verdammten Uniformen des 1. und 2. Weltkriegs, von der Somme, von Dünkirchen, von El-Alamein. Im War-Museum sieht man sie, diese Uniformen, an lebensgroßen, militärischen Puppen, in der Portobello-Road sieht man sie an lebendigen, jungen Männern, die sonst nichts Militärisches an sich haben. Diese wildbehaarten Uniformträger tragen die Erkennungszeichen berühmter Truppenteile und die Orden für berühmte Kriegstaten eher wie Schmuckstücke, so wie die Rocker Lederjacken und Ringe tragen. Das militärische Schmuckstück ist ganz Schmuck, ganz Ornament, ganz zum schönen, exotischen Ding gemacht. Die jungen, uniformierten Männer aus der Portobello-Road, diese Schüler, Studenten und Arbeiter, sind aber keine militanten Banden, die sich militärische Runen ausgeliehen haben wie die halbpolitisierenden Schlägertrupps in amerikanischen Städten. Diese jungen Männer gleichen eher künstlichen Schnittmustern aus der fabelhaften Truppe des Sergeanten Pepper, den die Beatles in einem berühmten Song erfunden haben. Sie sind wie Pappmachés, wie weggeworfene Geschichtsbildchen, Umstülpung der geschichtlichen Zeiten, anarchisches Amüsement an einst eindeutigen Signalen: Pop. Alles wird nur Bild, nur Farbe, nur Form. Alles verliert den Sinn, der einst ausgemacht wurde, so wie in dem westdeutschen Film, »Ich bin Ihr Elephant, Madame«, das schwarze Hakenkreuz an die graue Betonmauer geschmiert dem Kameraauge nur noch Ornament, nur noch sinnlicher Reiz geworden ist. Diese Verdinglichung im totalen Bild ist um so größer, je authentischer der historische Vorwurf erhalten bleibt. Es ist so wie mit den roten Bussen, den roten Telefonhäuschen, ja selbst wie mit der Wache vor Buckingham Palace. Sie alle wurden, plötzlich über Nacht, ganz rote Farbe und verloren die alten historischen Qualitäten: Popmaché.

Aber was ist mit den Schmuckstücken im Imperial-War-Museum? Wären hier auch dem Beobachter die Sehschärfen anders eingestellt worden, hätte er auch hier eine rote Brille aufgesetzt? Von welcher Art ist das verblüffende und zunehmende Interesse der Engländer an den Maschinengewehren von 1916, den Jägern von 1940, den Gefechten und Schlachten, den Ordensschnallen, den Schlachtfotos, der numerierten Kriegsgeschichte? In den Hippie-Boutiquen von Chelsea und Piccadilly-Circus hängt ein Plakat in den Farben des Union Jacks, auf dem Lord Kitchener, der britische Großimperator, mit ausgestrecktem Zeigefinger den Käufer animiert: »Your country needs you.« Es ist das gleiche Plakat, das im War-Museum hängt, eine Nachbildung aus der Reihe berühmter Kriegspropaganda des 1.

Weltkrieges: Britannia rule the waves! Hang the Kaiser! Hier, hinter dem noch immer nicht wiederhergestellten, 1940 zerbombten Turm, weit entfernt von den plärrenden Geschäften von Westend oder King's Road, ist das Plakat authentisch, bedeutet es Rekonstruktion, Information, Vergegenwärtigung von Vergangenem. Es hat eine sehr eigentümliche verwirrende Wirkung, wenn man es zum ersten Mal sieht.

Denn was soll eine Vergangenheit, was soll die Kontinuität vom Gestern ins Heute, wo das Gestern so totgesagt worden ist, wo seine Embleme und Erkennungsmarken so entrückt wurden wie indianische Rituale, zweihundert, dreihundert Jahre her, ein Jahrtausend, von anderen Kontinenten? Norman Mailer entdeckte in seinem Buch »Heere aus der Nacht« im wilden Marsch der amerikanischen Linken das Aufgebot der Hippies als ein Heer zusammengewürfelter Kostümierter aus allen Kriegsepochen der Menschheit. Er widersprach mit konservativem Pathos dieser historischen Maskerade, diesem Sprung aus der Geschichte, diesem Versuch, sie in Fetzen zu zerreißen, indem man sich mit ihren Fetzen bedeckte.

Doch die Besucher des War-Museums, sehr alte, sehr junge Leute, Angestellte, Schuljungen in Massen, konzentrierte Einzelgänger und Rudel im Beatdreß sahen nicht danach aus, auf solche Reize erpicht zu sein. Das hier war für sie keine surrealistische Thingstätte. Nein, sie erinnerten sich, wollten sich erinnern, musterten die Uniformen, die Fahnen, die Waffen, die Schlachtpläne, die Kapitulationsurkunden, die Kriegserklärungen, die Verlustziffern, die Luftaufnahmen, die Propaganda-Cartoons wie Sachverständige, wie Techniker, Historiker, Liebhaber, wie Leute, die etwas Verlorengegangenes wiederfinden wollen.

Das Phänomen wird deutlicher, erklärbarer erst dann, wenn man eine Gegenprobe aufmacht: wo gäbe es in Deutschland ein solches Interesse an authentischer Kriegsgeschichte? Es ist hier nicht die Rede von Groschenheftchen über die Schlacht bei Stalingrad, die Besetzung von Narvik oder den Wüstenfuchs. Derlei sentimentale, gefährliche Erinnerungssucht ist älter als die Bundesrepublik, die Vertriebenenverbände und die Soldatenzeitung. Sie hat mit dem aktuellen Phänomen, das dem England unserer Tage eigentümlich ist, nichts zu tun. Sie ist nur eine Art sich fortsetzender Durchhalteparole, die schlechteste Version jener Sage von den gefallenen Helden, deren Seelen auch noch in den Lüften weiterkämpfen, beschränkt vor allem auf die am schlechtesten informierten Schichten der Bevölkerung und ohne eigentlich geschichtliche Dimension. Das entspricht der Tatsache, daß die bundesrepublikanische Bevölkerung – ihre Intellektuellen eingeschlossen – über das Jahr 1945 hinaus nicht zurückdenken können – es sei denn in stilisierender Form: satirisch, anklägerisch, verteidigend, balladesk, auf jeden Fall aber unhistorisch.

Man muß, wenn man die englische Leidenschaft für alte Uniformen und alte Schlachtenpläne, wenn man die Skurrilitäten von Portobello-Road und die Gravität des War-Museum verstehen will, wenn man den Stil, in dem diese Leidenschaft sich ausdrückt, fassen möchte, sich immer wieder vor Augen führen, was auf der Insel ohnehin schon unübersehbar ist: wie tief der Sinn für Geschichte bei vielen da ist, wie stark die Gegenwart von Vergangenem geprägt wird, unvergleichlich stärker als auf dem Kontinent, Spanien möglicherweise eingeschlossen. Es ist schon bemerkenswert für ausländische Augen zu sehen, wenn in der populären historischen Zeitschrift »History Today« ein Cartoon von James Sayers (18. Jahrhundert) abgebildet ist, auf dem man Pitt den Jüngeren in einer Debatte mit James Fox sehen kann: eine komödiantische Genreszene, wie sie bei uns nur noch literarische oder theatralische Erinnerung erzeugen könnte, die in England aber noch immer einen aktuellen politischen Reiz besitzt, und sei es nur den, daß man den Verfall der parlamentarischen Rede beklagen mag. Jedenfalls ist dieser festgehaltene Augenblick zwischen dem spindeldürren Pitt, argumentierend an der Vorderseite des Speakertisches stehend, und dem fetten, vor sich hinstarrenden Fox auf der Oppositionsbank, mit den drei Fingern an der Lippe spielend, das schlagende Argument wohl längst bereit, bezeichnend dafür, wie weit und wie genau hier bei einer Zeitschrift die historische Assoziation vorausgesetzt werden kann, bei einer Zeitschrift, die sich nicht an den Fachmann richtet, sondern an Liebhaber und Feiertagsleser. Der Text, einem in diesem Frühjahr erschienenen Buch über Fox entnommen, ist eine gute Beispielsammlung dafür, welch historische Erinnerung der homo politicus in diesem Lande noch immer besitzt, ein Beispiel auch dafür, wie farben-

und inhaltsreich die intellektuelle Fauna hier sein muß, durch vielzählige Facetten und Formen allen Normierungstendenzen sich entziehend. Was für Folgen dies auf den geistigen Habitus selbst der jüngsten Generation hat, ist zumindest im Seitenblick auf die kontinentalen Generationsgenossen ein Thema, worüber sich leicht räsonieren ließe.

Jedenfalls ist der britische Uniform- und Schlachtenboom, dem unser Interesse gilt, nur in Verbindung mit der Tiefendimension des englischen Geschichtsaugenblicks überhaupt zu verstehen. Für den ursächlichen Zusammenhang, für die Entstehungsgeschichte dieser exotischen Mode aufschlußreich ist die wöchentlich in jeder Buchhandlung, auf jedem Straßenstand zu beziehende Zeitschrift »History of the 20th Century«. Sie ist in ihrer Art unvergleichlich. Es gibt keine europäische Zeitung, Zeitschrift, Dokumentation, in der die letzten fünfzig Jahre so publikumswirksam, so spannend und intelligent zugleich aufbereitet würden. Warum nicht? Offensichtlich deshalb nicht, weil außerhalb Großbritanniens ein solcher Geschichtssinn fehlt und kein solches Leserinteresse vorhanden ist.

Für unseren Zusammenhang interessant ist der Stil dieser populären Zeitschrift. Das Titelblatt zeigt durchweg eine politische Karikatur oder ein Propaganda-Cartoon aus der Perspektive der Weltkrieg-1-Alliierten oder ihrer Kriegsgegner Deutschland/Österreich, des Naziregimes der dreißiger Jahre oder der westlichen Demokratien dieser Epoche. Auf diese Weise wird mit zum Teil bisher unbekanntem Dokumentationsmaterial ein nuancenreicher Eindruck von der Atmosphäre jenes Krieges und der neuen Vorkriegszeit gegeben, die vor die parteiische Indoktrinierung die Vielzahl historischer Informationen setzt. Hervorragend ist die Sachlichkeit der historischen Aufsätze, von Journalisten geschrieben, die meist in Oxford oder Cambridge eine vorzügliche historische Schulung genossen haben.

Die farbige Reproduktion der politischen Karikaturen und Cartoons aller Seiten spiegelt mehreres: die Selbsteinschätzung der europäischen Völker in ihrer letzten, souveränen Epoche; gleichzeitig aber auch das Profil, wie es der Gegner oder der mißtrauische Partner sah. Im Bilde dieser sich gegenseitig spiegelnden Karikaturen werden dem Leser auch Retuschen am eigenen Ideal nahegelegt, genauso wie er plötzlich menschliche Züge in dem zur Fratze karikierten Antlitz des anderen erkennen muß. Unmittelbar also, ohne große methodische Anstrengung, vollzieht hier auch der akademisch nicht geschulte Leser das, was man das Verständnis für historische Relativität und Determinismus nennen könnte, bis hin zu dem Punkte, wo es eingeschworenen Hegelianern und anderen Ideologen mulmig wird, so radikal wird hier mit dem historisch einmaligen und unverwechselbaren Ereignis Ernst gemacht.

Das Schwarz-Weiß-Bild, unzugänglichen Archiven entrissen, vermittelt die längst vergessene Nuance von Stunde und Tag. Die Authentizität läuft hier nicht Gefahr, zu modischen Zier- und Abfallbildchen zu verkommen, nicht nur zum Beleg oder Dokument zu denaturieren, das über das Dokumentsein hinaus nichts mehr sagt, etwa wie in mancherlei Praktiken der nachbrechtischen Bühne in Westdeutschland. Die Authentizität des Schwarz-Weiß-Fotos ist komplex. Bis hin zu den bürgerlichen Stimmungswerten oder sozialrevolutionären Zukunfts-Cartoons, die aus jenen Tagen zu uns hinübergerettet werden. Diese allgemeine, diese geschichteahnende Tendenz ist noch spürbar in großen Unternehmungen von BBC, wo in einer Fortsetzungsreihe die Geschichte des 2. Weltkrieges reproduziert worden ist. Zu erwähnen nachdrücklich die filmische Rekonstruktion der Schlacht von Culloden von 1746, in der die Engländer den letzten großen Aufstand der Hochlandschotten unter Bonnie Prince Charlie mit bestialischer Grausamkeit niederwarfen. Es war, als ob man selbst Augenzeuge dieser Schlacht würde. Ein Meisterstück lakonischer Selbstkritik zum Thema Nationalismus und Ausrottungsstrategie. Ein Meisterstück vor allem an geschichtlicher Wiedererinnerung!

Das alles wäre zu bedenken, blickt man auf die kostümierten Engländer in Portobello-Road oder auf die Weltkriege im War-Museum. Das Cartoon Lord Kitcheners »Your country needs you«, inzwischen reichlich verbraucht und ohne die Frische der ersten Stunde, nimmt sich vor solch politisch und historisch imprägniertem Hintergrund komplizierter aus als es der erste Eindruck vermittelt. Der modische Jux setzt eben eine Vielzahl historischer Kenntnisse und Assoziationen voraus, eine gewisse Selbstverständlichkeit, die Geschichte in die Gegenwart hineinzunehmen und alle solche Interessen, wie sie oben angeführt worden sind.

Das compositum mixtum all dieser Rückerinnerungen und ein Schlüsselstück für die neu-englische historische Manier obendrein ist das in diesem Frühjahr in London mit großem Erfolg angelaufene Film-Musical »Oh! What a Lovely War«. Gut in Erinnerung ist noch die Gastspielreise der Joan Littlewood und ihres Theatre Workshop. Was dort böse Travestie, was Selbsterledigung einer Operettenwelt war, die nicht weiß, was eigentlich gespielt wird, das hat der Regisseur des ständig ausverkauften Films, Richard Attenborough, zwar passagenweise zur sentimentalen Choreographie verflacht, so daß der Film zuweilen wirkt, als ob es nur gelte, Anlässe für berühmte Songs aus dem 1. Weltkrieg aneinanderzureihen, aber das dramaturgische Thema der Joan Littlewood war immerhin so stark, daß der englische Kinogänger noch immer milde geschockt herausgelassen wird.

Anders und intensiver als in der Bühnenfassung hat man in den Film alles das eingebracht, was zur Zeit an Englands historischer Selbstbefragung typisch ist. Schrill stehen sich die Welt des Lord Kitchener und des General Haig, mit allem historischen, imperialen und blasierten High-Society-Klimbim, und die Welt der einfachen Tommies, des Gaskriegs, des Grabenkampfes, des viehischen Massensterbens gegenüber. Der epische Breitzwang hat zwar nicht vermocht, Tod und Musical in Einklang zu bringen, aber die Mitteilung des Films läuft immerhin auf einen grausamen Angriff auf alles hinaus, was der britischen Überlieferung selbstverständlich und unanfechtbar schien. Insofern ist der Film ebenso wie das Theaterstück tatsächlich eine sehr verspätete englische Abrechnung mit dem 1. Weltkrieg und dem, was ihn möglich gemacht hat: dem völligen Mangel an Wirklichkeitssinn, dem Zynismus und den Illusionen der herrschenden Klasse. Was in Frankreich und in Deutschland schon nach dem 1. Weltkrieg massenhaft und individuell erkannt und gefühlt worden ist, hat in England lange Zeit gebraucht, weil hier die Rechtfertigungsargumente unbeschädigter allen Zweifeln widerstehen konnten, vor allem nach dem siegreichen Widerstand gegen das nationalsozialistische Deutschland.

Die Insignien britischer Kriegsherrlichkeit, die Uniformstücke und Propagandaslogans, die mörderischen Waffen und die Orte des vierjährigen Kampfes sind, wenn nicht lächerlich gemacht, so doch dem Gefühl der Sinnlosigkeit ausgeliefert worden. Im Film hat man dabei die Gefühle der ehemaligen Soldaten geschont und deshalb in lyrisch-melancholischer Stilisierung die alten Soldatenlieder arrangiert. Hier kein provokativer Verfremdungsversuch. Um so mehr aber ließ man die Befehlshaber, die britischen Offiziere und die Schicht, aus der sie kamen, moralisch Spießruten laufen. Den sozialkritischen Akzent hat zwar im Musical jenes angelsächsische Understatement aus Ironie und Selbstpersiflage à la »My Fair Lady« gedämpft, aber es wäre falsch, dies für ein Zugeständnis zu halten. Im Gegenteil. Indem hier die konventionelle Form englischer Kritik gewählt wurde, ist der Stoß gegen diejenigen, die kritisiert werden, um so kälter und unabwendbarer. Die gesellschaftscharakterisierenden Passagen sind die besten Stücke.

Es ist interessant zu sehen, daß im Gegensatz zu den bekannten deutschen Kriegsabrechnungen (von »Im Westen nichts Neues« oder »Erziehung vor Verdun« bis hin zu Theodor Plieviers Rußlandkolportagen) nicht so sehr das mörderische Schlachten selbst zum Thema wird, sondern das englische Klassensystem, die britische Wohlanständigkeit, die gentlemanlike Ahnungslosigkeit. Das fragend ernste Gesicht des Tommys, der im roten Klatschmohn stirbt, bekommt von den Friede schließenden Kriegsherren keine andere Antwort als den automatischen Ablauf von Vertragsritualen, diesmal für den Waffenstillstand wie gestern für die Kriegserklärung. In der geschickten Verpackung eines melodiösen Erfolgsmusicals wird dem gehobenen Durchschnittszuschauer im Westend (viele bessere ältere Damen und Herren, aber auch Schüler und Studenten) immerhin folgende Einsicht als unmittelbar evident zugemutet: die Handelnden der Oberschicht sind niemals auf der Höhe der Wirklichkeit, die von der Masse der Nicht-Handelnden, sondern Behandelten zwar nicht begriffen, so doch erfahren wird. Indem die Handelnden handeln, geschieht das schon nach Regeln, die durch die neuen Erfahrungen der Behandelten eigentlich nicht mehr gelten dürften. Die ständige Überholtheit des offiziellen Denkens durch neue Erfahrungen wird bewiesen.

Überblickt man die Möglichkeiten des angelsächsischen Musicals, das von den Amerikanern erfunden wurde, von den Engländern aber mehr als von allen anderen europäischen Nationen geliebt wird, zumal sehr häufig britische Gesellschaft den Stoff abgibt, dann fällt auf, daß immer der Gegensatz von »arm und reich« als gegeben angenommen wird. Er ist nur auflösbar durch die individuelle Karriere eines einzelnen, wie etwa in »My Fair Lady«, »Oliver« und »Funny Girl«. Die Oberschicht selbst bleibt intakt. Gerade weil der Film »Oh! What a Lovely War« sehr konventionelle Züge hat, fällt um so mehr auf, wie dieser alte Schematismus von »arm und reich«, von »oben und unten« verändert worden ist und der Regisseur dabei ein zunehmendes Interesse der Öffentlichkeit an der Klassenfrage einkalkulieren durfte. Es würde sich für den kontinentalen Beobachter lohnen, die Fülle neuer britischer Publikationen zu studieren, die sich mit Englands Klassenlage zu Beginn dieses Jahrhunderts beschäftigen. Dabei würde das noch immer durch die Universitäten Oxford und Cambridge und die politischen Institutionen, vor allem die britische Diplomatie, geprägte Bild des »Engländers« radikal verändert: unvergleichlich stärker als auf dem Kontinent hat eine der großen Masse entfremdete Oligarchie den Krieg geführt, und es ist für den nachlebenden Leser dieser Geschichte fast wunderbar, daß diese drangsalierte und verachtete Menge dennoch nationale Disziplin übte und keine soziale Revolution inszeniert hat. Immerhin stieg während dieser Zeit die Gewerkschaftsbewegung auf acht Millionen Mitglieder und die große Arbeiterunruhe lag in den Jahren 1911 bis 1913.

Interessante Daten zu dem damals noch immer geltenden Disraeli-Wort von den »zwei Nationen« liefern Publikationen wie »The Deluge. British Society and the First World War« von Arthur Marwick oder »Industry and Empire. An Economic History of Britain since 1750« von Eric J. Hobsbawm, ein Werk, das auch in deutscher Übersetzung in der edition suhrkamp erschienen ist. Folgendes etwa gehört zu solchen Daten: So unterschied C. F. G. Masterman noch 1909 in seiner Studie »The Condition of England« drei Klassen, die er bezeichnenderweise »the conquerors«, »the suburbans« und »the multitude« nannte und ihren unterdrücktesten Teil: »prisoners«: Eroberer und Gefangene! Als ob die Tage von Hastings gerade erst vorbei wären. Es war ein Abgrund, der die arbeitende englische Klasse von allen übrigen Bewohnern der Insel trennte, unüberbrückbarer als irgendwo sonst in der Welt, abgesehen von Indien; weswegen die wenigen für Oxford auserwählten Inder der Oberschicht auch so gut sich dem englischen Kulturkreis anpassen konnten. Es ist heute kaum noch verständlich, daß ein liberaler Hinterbänkler wie Sir Leos Chiozza Money 1914 unwidersprochen öffentlich beklagen konnte, daß »ein Ex-Premier-Minister sich nicht schämt, in der Öffentlichkeit festzustellen, daß er keine blasse Ahnung von Naturwissenschaft habe«, ein Tatbestand, wie er freilich typisch für fast alle jene sei, die eine liberale Erziehung genossen hätten: das heißt für alle gebildeten Engländer.

Noch bis zum 2. Weltkrieg, zu einer Zeit also, wo überall sonst in der weißen Welt der Spezialist die Herrschaft angetreten hatte, das heißt der einfache Mann der unteren Mittelschicht gesellschaftlich nach oben kommen konnte, noch zu dieser Zeit galt in England Fachkenntnis weit weniger als Herkommen und »Charakter«. Nur der in Oxford und Cambridge Erzogene hatte eine Chance (es gab 1938 nur fünfzigtausend Studenten, davon wiederum nur 20 Prozent in Oxford und Cambridge).

Die Verkümmerung der britischen Arbeiterklasse seit der viktorianischen Ära (71 Prozent der britischen Bevölkerung, bei 17 Prozent unterer Mittelschicht, nur 8 Prozent Mittelklasse und 4 Prozent Oberschicht) hat die erste große Untersuchung der britischen Bevölkerung 1917 gezeigt: 10 Prozent der jungen Männer waren völlig dienstuntauglich und 41 Prozent (in London 48 bis 49 Prozent) »ausgeprägt kampfunfähig«. Nur ein Drittel der Untersuchten waren in zufriedenstellender körperlicher Verfassung. Hobsbawm schrieb über die Situation zu Beginn des 1. Weltkriegs: »Großbritannien bot das Bild einer stoischen Bevölkerung, die dazu bestimmt war, ihr Leben in Kargheit und unter unsicheren sozialen Bedingungen zu fristen, bis sie das Alter auf den Kehrichthaufen der Armengesetze warf.« Was 1845 der Amerikaner Cohman schrieb: »Jeden Tag danke ich dem Himmel dafür, kein armer Mann mit einer Familie in England zu sein« – das galt ebenso noch sechzig Jahre später.

Das ist der soziale Hintergrund eines Filmes wie »Oh! What a Lovely War«. Das gehört zu jener Staffel von historischen, vor allem sozialgeschichtlichen Informationen, die heute massenweise der englischen Bevölkerung angeboten werden. Der Boom an gesellschaftsanalytischen und wirtschaftsgeschichtlichen Publikationen, der heute den britischen Buchhandel charakterisiert, könnte dem Entertainer-Slogan »Oh! What a Lovely War« mehr als nur den Reiz einer Old-Fashion-Mode geben, wie sie überall in der Welt von Designern und Gesellschaftskünstlern entworfen wird.

Es handelt sich hier tatsächlich um die Suche nach einer verlorenen Zeit. Nicht daß man das Empire herbeisehnte, sondern es ist wahrscheinlich das Bewußtsein, daß die exotische Situation von 1914 genau jene Widersprüche und Unglaublichkeiten enthält, von denen die Schwierigkeiten von heute stammen. Die Suche nach einer verlorenen Zeit ist also nicht so sehr sentimental erinnerungssüchtig, keine klassisch-bürgerliche Beschäftigung, sondern motorisch und sozial effektiv. Die meisten, die sie betreiben, sind ja keineswegs die Verlierer, sondern die Enkel jener geschundenen 71 Prozent, die sich zum ersten Mal ihres Lebens freuen können.

Immerhin wird diese Suche vor allem von Angehörigen jener Schichten betrieben, von denen der Historiker Taylor für die Zeit von 1880 bis 1940 als einem »frustrierten Volk« sprach, einem Volk, das zur Zeit das fröhlichste aller weißen Völker zu sein scheint. Was sie entdecken können, ist die seltsam beruhigend-beunruhigende Nachricht, daß schon in der Zeit vor 1914 die englische Wirtschaft ermüdete und gleichzeitig eben jener Typus des Gentleman hervorgebracht wurde, wie ihn die Forsyte-Saga beschrieb: eine Figur »des typischen mythischen Großbritanniens, der Reisereklamen und Times-Kalender, der pseudomittelalterlichen Rituale, des Kults mit der königlichen Familie« (Hobsbawm). Was man heute ironisch, erschöpft und beglückt beäugt und herbeizitiert, war damals schon ein Stück manipulierten Narzißmus. Das beginnt man fast erleichtert zu ahnen, und selbst der unbewußteste Soldatenjüngling in Kensington ist ein Ausdruck davon. Solche Selbstbeschäftigung ist beneidenswert und nicht unproduktiv. Vor allem: Das Gesicht muß schon den Spiegel wert sein, in dem es sich so lange betrachtet. Offensichtlich lovely!

Schwarze Gewalt?

*Nach dem blutigen Karneval
der Westinder von Notting Hill*

There is a land far, far away«, heißt eine Melodie, die man jetzt oft in den Wellblechhütten der westindischen Ghettos von Kingston auf Jamaika hört. Es ist ein Lied der Sehnsucht nach dem afrikanischen Ursprung; er soll nach der Legende Äthiopien gewesen sein, und als Kaiser Haile Selassie, der Löwe von Juda, vor zehn Jahren Jamaika besuchte, wurde er von einer ekstatischen Masse als der Prophet begrüßt, der gekommen war, um seine Kinder heimzuholen. Jener Tag explodierte in wüsten Szenen, als die Polizei auf die hilflosen, enthemmten, in Raserei geratenen Menschen das Feuer eröffnete.

Es war eine Szene, die etwas von der verlorenen, gesuchten, aber noch nicht gefundenen Identität der Westinder erzählt. Keiner von ihnen ist nach Äthiopien ausgewandert, aber Hunderttausende sind nach England gekommen, wo sie mit ihrem britischen Paß in neuen Ghettos leben, arbeitslos die Hälfte, vor allem die Jungen, und das einzige, was sie zu Briten macht, ist ihre Sprache, unter allen sogenannten englischen Dialekten und Slangs rund um den Erdball wohl die geschmeidigste und zarteste. Verglichen mit dem vulgär klingenden Power-Englisch der schwarzen und weißen Amerikaner, wirkt sie geradezu sophisticated: gurrende Arroganz, die Sprache von schwarzen Dandies, hellkehlig und intelligent. Und so ist Schönheit, die phantasievolle Pracht, die leuchtende Augenweide auch das, was diese an Britanniens Küsten zum zweitenmal Verschlagenen innerlich zusammenhält und was alle Jahre, demonstrative Identität stiftend, einmal in den Londoner Slums triumphieren darf: der westindische Karneval von Notting Hill.

Dieses Viertel im Westen der Stadt zwischen Kensington Parc Road, Westborne Parc und Westbourne Grove ist manchem Ausländer nur bekannt wegen dem exotischen Flohmarkt auf Portobello Road, der schmalen Händlerstraße, die sich durch das Zentrum des Viertels zieht. Hier, an diesem schön vergammelten Ort, werden Londons genialische Anarchie und soziale Wildnis offenbar. Karibische Musik, diese süß rollende Monotonie, wie Wellenschlag an westindischen Stränden, ist an dieser Stelle der britischen Metropole genauso wie in den Slums von Jamaika für viele das einzige, was Sinn und Bedeutung hat.

Weiße, die sich in diese Hinterstraßen und Hinterplätze verlieren, kommen sich zwischen Rudeln herumlungernder Jugendlicher, den verloren wirkenden Rhythmuslauschern, buchstäblich deplaziert vor. Der Gestus ist hochmütig; viele Gesichter sind abweisend, manche auch von animalisch wirkender, ängstlicher Hilflosigkeit und – nennen wir das Kind beim Namen – Entfremdung. Einige scheinen nicht aufhören zu wollen, die Melodie zu träumen: »There is a land far, far away.«

Aber es gibt auch ein anderes Lied: »That is the glory in the morning sun«, und Notting Hill-Karneval war auch diesmal die wunderbare Versinnlichung dieses Versprechens, dieser Hoffnung, dieses »Ruhms in der Morgensonne«. Es war, als ob alle Stämme der schwarzen Menschheit den anderen, noch emotional zurückgebliebenen, weißen Teil lehren wollten, was Freude, Unmittelbarkeit, was Phantasie bedeutet. Es war, als ob Shakespeares spinnwebenzarte Elfenwelt sich verbündet hätte mit den orgiastischeren Farben eines majestätischen Südens, in dem der indianische Kriegstanz der alten Kariben einhersprang mit schwarzer Kult-Ekstatik, aufbereitet in einem melancholisch verdämmernden Hinterhof des verrotteten, aber in der Verrottung noch immer brillanten britischen Empires.

Die ausschweifenden Farbeinfälle, die Kühnheit der schäumenden Kopfbedeckungen – etwas davon müssen die Blumenfeldzüge der aristokratisch kriegerischen Azteken gehabt haben: eine Aggression, die nicht töten, nicht verletzen will und die dem weißen Mann doch unheimlich bleibt, noch im Status halber Vermarktung zwischen Disko-Stil und Guiness-Bier. Die Westinder von Notting Hill, all die verschiedenen Festräte und Organisationszirkel haben ein Jahr an dieser Pracht gearbeitet, und heute ist der Karneval von Notting Hill wohl ebenbürtig dem der Heimat Jamaika.

Das alles muß man sehen, bevor man das Schreckensende der letzten Freudennacht auf die Schlagzeilenkürzel der Medien bringt: Wilde Straßenkämpfe zwischen englischen Polizeieinheiten und schwarzen Banden, die von räuberischem Überfall auf einzelne schwarze und weiße Karnevalsgäste zur geschlossenen Steinschlacht und zu Messerattacken übergingen und das Ende von Portobello Road und die Gegend von Ladbroke Grove in eine Belfast-Szene verwandelten. So ist der Anschein.

Rassenkonflikt? Die Nachricht erst macht das Ereignis. Mehr noch: sie verfälscht es oft. Als sie am späten Nachmittag die ersten Meldungen über die sich häufenden Zwischenfälle in Rundfunk und Fernsehen hörten, da wußte die Mehrzahl der dreihunderttausend, die sich an dieser phantastischen Springprozession eines glücklich verlängerten Wochenendes vergnügten, nichts davon. Und als um Mitternacht die gefährlichen Ausschreitungen, Einbrüche, die Jagden schwarzer Teenager auf einzelne Personen sich häuften, als schwarze Organisatoren, mit dem Lautsprecher bewaffnet, schon mit dem Mut der Verzweiflung die Menge beschworen, diese Gegend zu verlassen, und vor Messerstechern warnten, da war die Höhe von Portobello Road, die Gegend von Ladbroke Grove und Acklam Road ein Hexenkessel der Hysterie. Schwarze und zum Teil weiße Jugendliche rissen Steine aus dem Pflaster, zerbrachen sie an Hauswänden, um sie als Geschosse gegen die mit Schilden anrückenden Polizeieinheiten, nunmehr bewaffnet im nordirischen Ulster-Stil, zu benutzen: 170 verletzte Polizisten, davon 33 krankenhausreif; 83 Zivilisten im Krankenhaus; 71 Arrestierte sind das Ergebnis dieser Nacht. (Voriges Jahr waren es 325 verletzte Polizisten, 131 verletzte Zivilisten.)

Auch nach dem Ausbruch von Haß, bei dem ein paar tausend junge Westinder, getrieben von Trunksucht, im Mechanismus der Langeweile, Euphorik und der schieren Reaktion gegen weiße Polizisten ihre kurzfristige Macht bei so viel Frustration auslebten, muß vor einer gefährlichen Pointe gewarnt werden: Das farbenreiche Epos

Notting Hill-Karneval kann nicht auf das medienwirksamere Drama eines latenten, bald schlimmer noch ausbrechenden Rassenkonflikts verkürzt werden. Das möchte wohl der rechtsexzentrische Enoch Powell, das möchte noch lieber John Tyndall, der Führer der rassistischen Nationalen Front, vor allem, der soeben erklärte, daß die afrikanische, die asiatische, daß jede fremde Kultur in England vollständig verschwinden müsse.

Die britische Großstadtzivilisation aber wird mehrrassig bleiben, dies noch intensiver werden, der Londoner Alltag ist davon schon heute geprägt. Wenn irgendeine weiße Nation – dann ist die Mehrheit der Briten seit den wilden Tagen ihrer kürzlich erst zu Ende gegangenen Weltbeherrschung auf das Abenteuer der gemischten Farben vorbereitet. Die Chemie dieses schieren Miteinanders oder bloßen Nebeneinanders ist allerdings im Unterschied zu Amerika noch nicht sichtbar. Die Gewalttaten der letzten Nächte von Notting Hill sind also nicht einfach als Ausbrüche anglo-westindischer Feindseligkeit zu verstehen, so gereizt viele auch der Polizei gegenüberstehen.

Seit den provozierenden Demonstrationsmärschen der faschistischen Nationalen Front im Londoner Süden, bei dem es vor zwei Wochen erstmalig auf englischem Boden zu nordirisch wirkenden Szenen kam, seit die britische Ultrarechte in Nachwahlen die Liberalen abermals schlug, hat man besorgt oder scheinheilig den Ausbruch von Gewalt in Notting Hill vorausgesagt. Es wurde aber ein Kinderfeldzug von Alleingelassenen, Überdrehten, alkoholisierten Herumtreibern gegen die Masse von 250 000 gelösten Mitspielern eines schwarzen Festes, in das sich auch Tausende Weiße gemischt hatten. Diese Kinder sprechen nicht mehr den schmeichelnden Akzent ihrer Eltern, sondern waschechten Londoner Slang. Sie sitzen aber auf der untersten Sprosse der britischen Sozialleiter, sitzen wahrscheinlich noch auf keiner Sprosse, vielmehr vorläufig ohne Aussicht auf Integration, pädagogisch, kulturell, politisch. Sie haben auch nicht jene materiellen Privilegien, nicht das kulturelle Selbstbewußtsein, das man bei den schwarzen Organisatoren und Initialtruppen, geschweige bei der für sie schon provozierend gut situierten schwarzen Mittelschicht antrifft, zu der längst auch die Musikanten und Dichter der wunderbar melancholischen Lieder gehören, die einst in einer karibischen Wellblechhütte erfunden wurden, inzwischen aber auf tausend Schallplatten in englischen Slums zu hören sind.

Die Gewaltkinder sind also nicht der Eisberg einer heimlichen westindischen Aggression. Sie haben vielmehr eher etwas gemeinsam mit den ebenso sozial deplazierten weißen Wüstlingen in britischen Fußballstadien oder mit den blutigen Darstellern der neuerdings ausgebrochenen Ritualkämpfe zwischen Punks und Teddyboys. Aber auch diese Soziologie dramatisiert noch die letzte Nacht, übersieht man eine banale Binsenweisheit: eine halbe Million Menschen in euphorischer Stimmung, auf engstem Raum gedrängt, schwitzen notwendigerweise Aggression aus. Bevor man diese Aggression eine schwarze nennt, wird man die soziale Aggression überhaupt als eine unserer zukünftigen Bedingungen akzeptieren müssen, will man nicht den autoritären Staat. Die Engländer haben jene liberale Erbschaft, um damit ohne Hysterie fertig zu werden.

Manchmal Löwe,
manchmal Einhorn

Britische Mythologie –
erinnert und angeschaut

In »Blow up«, jenem Film mit dem seltsamen Namen, der Englands seltsames New Look auf dem Kontinent berühmt gemacht hat, geschieht ein seltsamer Mord. Der junge Modefotograf, der ihn durch seine heimlichen Aufnahmen aktenkundig rekonstruieren will und dabei scheitert, sagt nichts über die Personen der rätselhaften Szene, wohl aber etwas über den Ort der Handlung, einen Park im Süden Londons, jenseits der Themse: »Er ist sehr still, sehr friedlich.« Er sagt das ganz unprätentiös, aber mit einer in Erinnerung bleibenden Genauigkeit. Offensichtlich war dem italienischen Regisseur Antonioni eben diese Szenerie, das intensive Grün des Grases und der Bäume, das Rauschen des Windes, dieses verschlossene Eiland, sehr wichtig, so daß er seinen britischen Schauspieler David Hemmings die poetischen Wörter sprechen ließ: calm and peaceful.

Wenn dem kontinentalen Zuschauer solch eine periphere, für diesen Film nicht eben wichtige Beobachtung haftenblieb, dann wohl deshalb, weil nach wie vor englische Phänomene in einer spezifischeren Weise aufgenommen werden als Vergleichbares in anderen Ländern. England scheint noch immer eine geschlossene Form, hermetisch und nur die eigenen Muster variierend, wobei die Musterhaftigkeit vor allem auch von den natürlichen Bedingungen, dem Meer, dem Regen, den Bäumen suggeriert werden. Seine Ferne schafft Stilisierung für den kontinentalen Blick. Die noch immer irgendwie beruhigende Suche nach Archetypischem findet hier seinen Gegenstand, etwa die Angewohnheit nach England nur mit dem Schiff zu fahren, eine zuweilen scheußliche Plage und ganz unnötig, wenn man per Flugzeug in einer Stunde dort sein kann.

Eine Burg aus Wasser

Als der Beobachter dieser Szene zum ersten Mal mit dem Schiff nach England fuhr – es war im Herbst 1953 –, da war das auch das erste Mal, daß er bewußt das Meer sah, und die präokkupierende Einbildungskraft erhielt hiervon eine bestimmende Richtung. Erinnerung half dabei. Die Erinnerung an im einzelnen nicht mehr auszumachende Augusttage des Jahres 1939 auf der ostfriesischen Insel Juist. Plötzliches Abreisen englischer Freunde der Eltern, das Verschwinden der britischen Fähnchen auf den Sandburgen, deren lebhafte Geometrie und Farbe jäh zum gefährlichen Symbol des Feindes schlechthin wurde, bis hin zum kindlichen Schiffe-Versenkungsspiel, bei dem man möglichst vermied, an die prächtige feindliche Farbe zu geraten. Vor allem aber das Meer, hinter dem – wie weit war das – England lag. Etwas Weißes, Blitzendes, eine Wasserburg, drohend. So also entsteht Mythologie, etwas sehr Natürliches offenbar, spontaner in der kindlichen Phantasie entwickelt, bewußter, absichtsvoller vom Dichter erfunden, aber nur mit Effekt, wenn sie sich trifft mit einer vorgeformten, unterbewußten Bereitschaft der Annahme dieses und keines anderen Bildes. Also doch Shakespeare: »Dies kostbare Eiland in die Silbersee gefaßt.«

Das war nur die Umkehrung des ursprünglichen Schreckbildes. Im Herbst 1953 war es eine ganz selbstverständliche Assoziation des Studenten. Er kannte die Filme des jungen Laurence Olivier, in denen der heroische Kriegsstil des »Old Vic-Theatre«, wie er für die frühen vierziger Jahre charakteristisch war, noch effektiver gemacht wurde, vor allem in dem Film »Heinrich V.«, wo Englands Heldenkönig – wie oft war das geprobt? – sich in den Steigbügeln aufrichtet vor der Schlacht von Azincourt, das Schwert zieht und einen langen Schrei ausstößt: »England«. 1953, in diesem Herbst, auf diesem Schiff zwischen Ostende und Dover bei schwerer See in der Höhe von Calais, war, fünfhundert Jahre nach dem Hundertjährigen

Krieg, sieben Jahre nach dem 2. Weltkrieg noch unmittelbare Nachkriegszeit, Duffle-Coat-Zeit. Englands Mode war damals noch spartanisch. Das Grau und Grün der Insel kehrte wieder in den Pullovern und Jacken und die Ladies in erster Klasse trugen Kopftücher à la Queen Elizabeth, Indien war gerade fünf Jahre nicht mehr Kolonie, das Commonwealth wurde ironisiert, was bedeutete, daß es unbestreitbar da war. Es war der Herbst, in dem der junge Schauspieler Richard Burton mit seinem vitalistischen Hamlet im »Old Vic« vergeblich Sturm lief gegen die edleren Vorbilder der John Gielgud, John Neville, Michael Redgrave, die stärker blieben als sein walisisches Temperament. John Osborne gab es noch nicht. Warum auch? Die jungen Männer brauchten damals noch nicht zornig zu sein, denn noch erinnerten die rationierten Lebensmittel an Englands schwere Zeit und Britanniens Jagdflieger waren noch nicht Sage geworden, von denen Churchill gesagt hatte, daß selten so viele so wenigen so viel zu verdanken gehabt hätten. Das noch nicht auf Heizung eingestellte, gerne fröstelnde England des Novembers 1953 erbaute sich an dergleichen und hatte die Kriegstrophäen noch nicht abgeräumt. Es stand noch im Zeichen des Löwen. Churchills zum V (= Victory) gehobene Finger waren weniger touristisches Folklore in Downing-Street, sondern ein Versuch, einen unwiederholbaren Zustand zu prolongieren. Das Meer jenes Herbsttages 1953 trennte den Kontinent von einem England, in dem die letzte Periode einer Zeit zu Ende ging, die sich in historischer Bezüglichkeit und historischer Selbstgewißheit fast manieristisch konzentrierte. Das Meer, noch immer für die meisten der selbstverständliche Übergang nach England, verbarg für den Zwanzigjährigen noch immer das blitzende, weiße Etwas, das er vierzehn Jahre früher gefürchtet hatte. Als es dann auftauchte wie eine weiße Sagengestalt, konnte er die Kreidefelsen nicht würdigen, so erbärmlich war ihm zumute bei diesem Seegang und Sturm. Wie Schiffbrüchige ging man an Land.

1968 haben sich diese Erinnerungen nicht verflüchtigt, aber sie finden kaum noch Nahrung in dem, was man sieht, wenn man wiederum Ostende in Richtung Dover verläßt. Das Meer scheint ein Anachronismus. Aus die Silbersee. Kein historischer Anschluß mehr. Die flämischen Seeleute wollen zwar kein Französisch reden, aber Englisch scheinen sie auch vergessen zu haben, desgleichen die Zubereitung eines ordentlichen Tees. Keine Fahrt mehr zum Land »der Hoffnung und des Ruhmes«, nicht mehr »Beherrscherin der Meere« und das Tollste daran scheint, daß eben dieser miserable Zustand von den zornigen jungen Männern von gestern heimlich bedauert wird. Kommt man von den historischen Mustern nicht los? Ist John Osborne, der vor zehn Jahren sein Land mit Obszönitäten verfluchte, ein später Anhänger Lord Kitcheners? Eine Menge der späten Dreißiger und Vierziger scheinen es zu sein. Wie schrieb doch David Frost, der schärfste Fernsehkommentator und Autor der berühmten Sendung »That was the week that was«, die Ursachen verschwundener Größe fast bewundernd, obwohl er sie bekämpfte: »Stets ahnten wir, daß es zwischen unseren vielgepriesenen englischen Qualitäten und unserem miserablen Essen eine enge Beziehung gibt. Jahrhundertelang veranlaßte das scheußliche Internatsessen schlanke, drahtige, helläugige junge Engländer, ins Ausland zu gehen und sich dort der gesetzlosen minderwertigen Völker anzunehmen.«

Girls, Girls, Girls

Gut gebrüllt, wenn auch heiser und ironisch nachahmend die alten Stimmen. Etwas Furchtbares ist derweil geschehen: Abgesehen von dem noch immer schaurigen Essen in Cambridge etwa, das die wenigen verantwortungsbewußten spanischen und italienischen Köche in schöner Enthaltsamkeit den Söhnen der Gastnation auf den Tisch stellen (die Colleges sind zu klein geworden), haben die italienischen, die griechischen und türkischen, die französischen und indischen Köche der Hauptstadt das Gegenteil getan und die Engländer völlig in ihre lukullische Hand gebracht bis vielleicht auf eine störrische Enklave: Fleetstreet. Freundlich, wie es ihre Art ist, mit ihren gurrenden, aufmunternden Lauten, haben die Gesetzesbringer von einst ihre südländischen Verführer eigenhändig zu diesem Geschäft angestellt, um auf diese Weise ihrem eigenen Puritanismus ein Schnippchen zu schlagen. Oder wäre das gar nicht nötig gewesen, das Schnippchen? Konnte die Wohllust ohne Umwege einziehen und der Puritanismus öffentlich abgelegt werden, so daß die ausländischen Köche, Filmmacher etc. nur die niedrigen Diener eines höchst englischen Vergnügens wären, ebenso englisch und hermetisch zugleich wie die vorangegangenen puritanischen Muster?

Wieder Einblenden der Archetypen. Im englischen Wappen steht nicht nur der Löwe, sondern auch das Einhorn. Den Anspruch auf den Löwen teilt sich die Insel sogar mit anderen Ländern, das Einhorn, das geheimnisvolle, sinnliche Fabeltier, gehört ihr allein. Das Einhorn sollte ursprünglich wohl die Keuschheit emblematisch darstellen, aber Lüsternheit wird diesem Tier ebenso nachgesagt. Es ist weiß, schmal, groß, vor allem aber phantastisch. Gesehen hat es noch keiner. Hier ist es jedoch zuweilen vorstellbar. Man ist darauf gefaßt, ihm wirklich zu begegnen. Sicherlich noch nicht, wenn einem der Hausdiener, ein ehemaliger Sailor, Tee, Eier und Schinken balancierend, mit »Ay, ay Sir« aufweckt, in einem alten Hotel in Chelsea, um die Ecke von King's Road (Jahrhunderte dazwischen). Spätestens aber wenn man, möglichst bei Nacht, durch diese King's Road geht. Das Einhorn oder nennen wir es plausibler die Ästhetik dieser Straße, dieser neuen Mode, dieser neuen Girls verschlägt einem, ist man unvorbereitet, den Atem. Bezieht man sie auf den abgeschabten und dunkel gewordenen historischen Bilderbogen des alten Englands, von dem eingangs die Rede und die Erinnerung war, so scheinen sie revolutionär, aber bei längerem Hinsehen stellen sich gewisse ältere Bilder wieder ein, ähnlich jenem eigentümlichen Park des Filmes »Blow up«, dessen grüne Bäume und grüner Rasen, durchweht vom Wind, Englands kühle Schönheit zeigen. Die neue Schönheit blieb ebenso kühl. Deshalb kann sie sich exzentrisch, aggressiv, wild, vor allem aber feminin geben. Jenes lautmalerisch ansteckende »Girl-Girl« in den Aufschriften der kleinen Boutiquen ist ein kalter Lockruf, geschlechtlich ambivalent, stilisiert, theatralisch, erdacht. Er signalisiert eine ganze Staffel von Girl-Girl-Manierismen, für die der Kontinent nicht verwegen, weil nicht kalt genug ist. Ungeheuerlich für unser Auge die Strumpfreklame in den Untergrundbahnhöfen, auf denen sich zweier junger Mädchen Beine aneinander pressen, Assoziationen von Verbotenem nachdrücklich empfehlen. Unvergleichlich gewagter, gesuchter und riskanter als die bieder-dämliche Paarung von Mädchenbein und Autoreifen hierzulande. Beardsley was here. Ebenso raffiniert jenes Dutzend von Büstenhaltergirls, das in aufgelösten Schlachtformationen durcheinanderquirlt, die noch nicht ihr Ziel gefundene Aggression plakatierend – alles zu höherem Triumph des Konzerns. Von der Monatszeitschrift »Nova« bis zur Beilage von »Sunday Times« oder gar der Foto-Zeitschrift »Zeta« sind exzessive, phantastische Girl-Balladen Bild und Thema: »Go west young woman« oder »the evolution of female form« heißt das und setzt Mode um in theatralische, dramatische Bilder.

Jede Werbung ein Schauspiel, eine verrückte Szene, Schauspieler-Theatervolk. Das ist nicht erst von heute oder von gestern. Ebenso wie die Farben aus Grundtönen des Landes entwickelt scheinen, gehen die exzentrischen Gesten, Formationen, Bewegungen dieser Reklamewelt auf alte verwegene Grundlinien zurück, die im englischen Jugendstil – erstmalig verblüfften –, als Bilder, Ornamente und Geschichten. So scheint es auch kein Zufall und bloßer Einfall zu sein, wenn die beat-durchlärmten Boutique-Höhlen den Gast durch eine Tür in Omega-Form einlassen, eben jener Form, die im Jugendstil entwickelt worden ist. Bei uns auf der Darmstädter Mathildenhöhe anzusehen. Darmstadt wurde von diesen jungen Fotografen und Journalisten, die Chelsea erfanden, in diesen Tagen für sich entdeckt.

Die Oktober-Nummer der Zeitschrift »Nova« enthält große Bunt-Aufnahmen des Hochzeitsturms, stellt den Architekten Olbrich vor und erzählt die Geschichte der Großherzoglichen Familie. Dabei wird gleichzeitig die Bauhaus-Bewegung erwähnt, über die zur Zeit in London eine vielbesuchte Ausstellung unweit von Piccadilly-Circus Auskunft gibt. Nie war wohl das Interesse an eleganten, seltsamen, phantastischen Formen größer als heute, und der Zusammenhang mit dem Jugendstil dürfte auch darauf schließen lassen, daß diese Bewegung mehr ist als nur eine kurzfristige Mode.

Das Einhorn schob den Löwen beiseite, es zeigt ihm freilich noch immer Reverenz. Eigentümlicherweise betreibt man seine Reklame für diese Reklame-Welten mit den alten patriotischen Formeln »Your Country needs you«, »Lord Kitchener needs you«, »Britain is great«. Der Union Jack scheint erst gestern von phantasievollen Designern erfunden, nicht für die Burg über Dover oder Buckingham Palace, sondern für Käufer von schummerigen Kinkerlitzchen. Das könnte alte Oberste, die Veteranen aus Indien vergrämen, das ließe sich deuten als blasphemischer Umgang mit den nationalen Symbolen.

In einer Fernsehsendung meinte Viscount Montgomery of Alamein vor einigen Wochen auf die Frage, ob diese Jugend dekadent und mißraten sei, er glaube das nicht, sie wäre vielmehr »zur Stelle, wenn man sie brauche, wie damals«. Nun ist dieser berühmteste Soldat Englands den von ihm Verteidigten höchst gleichgültig, gleichgültig wie die Queen oder eine andere von der englischen Mittel- und Oberklasse geheiligte Institution. Aus dem Munde dieses Achtzigjährigen wirkte das Kompliment an die Jugend, so prätentiös auf Patriotismus stilisiert, besonders unglaubwürdig, er selbst eine Bilderbuchfigur, verirrt unter die Lebendigen.

Immerhin ist diese Konfrontation von einiger Bildkraft, war es doch so als wäre einer der marmornen Helden aus St. Pauls Cathedral von seinem Sockel heruntergestiegen und hätte sich unter die Girl-Girl-Welten gemengt. Und doch ist dieser Gegensatz wahrscheinlich mehr als nur Gleichgültigkeit auf der einen Seite. Diese betrifft nämlich nur den individual-psychologischen Aspekt, es gibt auch die sozial-psychologische und historische Seite und die hat durchaus einiges mit den Helden von St. Pauls Cathedral im Sinne. Da stehen sie herum, Gordon, »slain at Khartoum, 26. Januar 1886«, der Duke von Wellington auf dem größten Monument, größer noch als der Heros Lord Nelson, die vielen unbekannten Captains, meist Seeoffiziere, diese marmornen Dokumente britischer Größe des 18. und 19. Jahrhunderts, die großen Siege und die bravourösen Niederlagen verkündend: »In Erinnerung an die Offiziere der Kavallerie-Division, welche während des Krieges mit Rußland 1854/55/56 fielen.«

Welch sardonischer Ausdruck!

Das aber ist fast zuviel der historischen Bedrängnis, zumal sie noch gestern galt. Deshalb also ist die Frechheit, mit nationalen Symbolen als Werbeslogans umzugehen, mehr als eine Idee von Mode-Entwerfern, sondern doch wohl auch eine spezifisch britische Form von Vergangenheitsbewältigung. Nur so lassen sich dann auch Filme erklären, wie »Der Angriff der leichten Brigade«, der eben jenen Krieg maliziös und zynisch kommentiert, in dem die Offiziere von St. Pauls Cathedral gefallen sind. Die in Marmor edel Erblaßten, die man bisher in Frieden ruhen ließ, sind in diesem Film eine Bande dümmlicher Idioten, geführt von senilen alten Lebemännern ohne militärische Kompetenz oder von grausamen, verwilderten Karrieristen. Der Held dieser zynischen Ballade vom idiotischen Sterben, gespielt vom »Blow-up«-Star David Hemmings, weiß keine Besserung der Zustände als die perfekte Kriegsmaschinerie, von der er 1864 unter englischen Eichen träumt. Eiskalt. Kälter.

Wie sich das dann in britischen Augen ein Jahrhundert später ausmacht, ist anzusehen in dem noch grausameren Kriegsfilm »A lang day's dying«, wieder mit David Hemmings, nunmehr in der Rolle eines englischen Tötungsspezialisten im 2. Weltkrieg. Wenn am Ende des Films die berühmte alte Hymne »Land of Hope and Glory, Mother of the Free« aufrauscht, dann ist diese Hoffnung, dieser Ruhm und diese Freiheit sechzig Minuten lang vorher zerstückelt worden. Die Idioten von 1854 sind inzwischen desillusionierte Schlächter geworden, die selbst im Blutschaum verenden. Keine deutschen Untermenschen, englische Killer, charming, sportlich, smart, von nicht zu beirrender Arroganz. Helle Stimmen mit Witz, ohne Sentimentalität, lachend, grausam.

Wenn man das sieht, denkt man daran, daß James Bond ja auch Engländer ist und daß seine frivol-sadistischen Praktiken im Dienst der Krone geschehen, vor dem Hintergrund seriöser Club-Täfelungen und altmodischer viktorianischer Vorhänge und ganz allmählich heben sich aus den Filmeindrücken, die einen zunächst nur interessierten, als verständliche Reaktionen auf das jahrhundertelang gepflegte Bild einer untadeligen, selbstbewußten, immer recht behaltenden Nation, heben sich aus diesen immerhin nur vermittelten Bildern (aber was ist schon nicht vermittelt?) unmittelbare Szenen, Beobachtungen, Geräusche, die alle zusammen wiederum die Gestalt des Einhorns annehmen, des seltsamen Tieres. Es offenbarte sich plötzlich eine Stimmung, ein Mienenspiel, eine Sprache, die man zwar sofort gewahr wird, für die man aber lang den richtigen Namen sucht: das Sardonische? Da ist man eingeladen im Reform Club und man findet das alles nicht nur reizvoll oder gediegen oder exzentrisch und in manchem der Nachahmung wert, sondern auch befremdend, um so mehr, wenn das Befremdende, eine auf dem Kontinent unbekannte Weise der knappen Bosheit, der leicht affektierten Ironie von

Leuten kommt, von denen einige wie Beefsteaks aussehen. Das erst macht die Sache glaubwürdig. Wenn man sie dann beobachtet, wird einem die »Fairness«, die vielzitierte, auch noch zu einer hinreißend erfundenen und nunmehr gekonnten bösartigen Affektion, denn sie kann den Gegner demütigen. Ausdruck von Herrschaft.

Aber dieser sardonische Blick, diese Umkehrung von Betulichkeit, diese grausame Gleichgültigkeit, dieses strenge Halten auf Regeln als gesellschaftliches Ritual, mitgebracht vielleicht schon von den normannischen Adligen, ist letztlich auch nur eine besondere Form von Puritanismus. Härte, äußerste Härte ist da im Spiel. Die Grausamkeit scheint nur von den Engländern aus dem Bereich bloßer Brutalität oder des Sadismus herausgeholt worden zu sein in eine höhere Form von Ausdruck. Aber wie? Vor allem durch Realismus. Da die Wirklichkeit wenig übrigläßt für erhebende Meinungen, es sei denn Metaphysik verklärt sie, haben die Engländer sich auf ihre Dürftigkeit eingelassen und auf Verklärung konsequent verzichtet. Ihre Moral wäre demnach instrumental, nicht abstrakt. Ihr Ausdruck aber ist jene Mischung von Melancholie, Erfahrung und Blasiertheit, die eben von einer realistischen Einschätzung der Dinge herrührt.

Ein Freund, Journalist beim BBC, kam von selbst auf den englischen Ausdruck, auf die Gesichter der Menschen zu sprechen. Er meinte, das Charakteristische sei die Unbeweglichkeit, die Ausdruckslosigkeit. Ein Kontinentaler lache mit dem ganzen Gesicht, ein Engländer nur mit dem Mund. Er machte es vor mit seiner typischen Cockney-Physiognomie. Das alles sind bestreitbare Deutungen von Eindrücken und nur insoweit aufschlußreich, wenn daraus keine neue Physiognomik konstruiert wird. Wir haben uns abgewöhnt, an den Nationalcharakter zu glauben, aber diese gute Beschränkung wird immer wieder durchkreuzt in dem Augenblick, wenn einem Beobachtungen typisch erscheinen. Dem Fremden, dem nach vielen Jahren wieder zugereisten »Foreigner«, sind sie jedoch Orientierungspunkte in einer scheinbar so gänzlich verwandelten Szenerie. Deshalb bleibt der Park aus »Blow up« im Gedächtnis haften. Seine Ruhe hat es in sich.

Vom Ästhetizismus zum Empire und zurück

Hundert Jahre »Liberty's«
Ein Kaufhaus und ein Stil

Liberty's meint nicht Freiheit, sondern Geschäft. Es ist der Name des Londoner Kaufhauses, das Arthur Lasenby Liberty (1843 bis 1917) vor hundert Jahren gründete und zum Empire im Empire gemacht hat. Dennoch wurde der Name zum Omen. Am Anfang dieses beispiellosen Reichs der Waren aus Orient und Okzident stand auch eine Befreiung. Die Befreiung der Viktorianer vom viktorianischen Geschmack. Dies geschah unter dem Einfluß ebenjener ästhetischen Bewegung, die Anfang der sechziger Jahre dieses Jahrhunderts abermals von der gleichen Firma als ihr ureigenster Stil wiederentdeckt und massenhaft über die westliche Welt verbreitet wurde. Zum zweitenmal wurde Firmenname und Stil einer Mode dasselbe. Liberty's war wieder identisch geworden mit Jugendstil und Art Nouveau. Die Italiener kennen ohnehin nur das englische Wort. An keinem anderen Ort ist die Verbindung von Stilentwicklung und Geld, von Gesellschaft und Mode so demonstrativ ablesbar wie an diesem abenteuerlichen Kaufhaus.

Grund genug, daß ihm anläßlich seines hundertjährigen Geburtstags im Victoria-und-Albert-Museum eine Ausstellung gewidmet ist, die den Vorzug der inspirierenden Umgebung für ein solches Unternehmen bietet: South-Kensington, die Exhibition-Road – mit all ihren exotischen Anhortungen an die Londoner Weltausstellung von 1862 noch immer unmittelbar erinnernd, die auf das empfindsame Auge des jungen Liberty einen so nachhaltigen Eindruck gemacht hat. Im Vorteil liegt auch der Nachteil. In einer Stadt, die trotz ökonomischer Dauerkrise noch immer wie der Welt Warenlager wirkt, wo aus den indischen und chinesischen Restaurants der Currygeruch einem wie profaner Weihrauch in die Nase strömt, wo die exzentrischen Farben der Präraffaeliten und Orientalen, wie abgeschabt auch immer, an jeder zweiten Straßenecke schimmern, wo die Warenhäuser Harrod's und Selfridge's von den Fremden wie riesige Ausstellungen frequentiert werden, in einer solchen Stadt wird eine solche Ausstellung, zumal wenn sie relativ klein ist, zur bloßen Mini-Wiederholung der schon in der Wirklichkeit wiederholten und abgelebten Geschichte. Wenn dies auch noch zu einem Zeitpunkt geschieht, an dem eine Hauptattraktion des neuen Jugendstils und Art Deco, das Biba-Kaufhaus in der Kensington Highstreet, bankrott geht und seine schimmernden Schmuckstückchen zu Schleuderpreisen an die Londoner Dollys und Mollys versteigert, dann gerät eine Ausstellung wie die über Liberty's ins melancholisch Gestrige.

Was sie sehenswert macht, sind die Hilfen des guten Katalogs, die hervorragende Biographie des Kaufhauses von Alison Adburgham sowie die im Vergleich reizvolle Ausstellung über »Art Deco« am gleichen Platz (das »All colour Book of Art Deco« von Dan Klein gibt eine kurze, aber glänzende Anschauung). Nunmehr wird der Jugendstil in seiner englischen Variante, ja Gegensätzlichkeit zum kontinentalen Ausdruck nachdrücklich deutlicher, und die Ausstellung richtig sehen heißt ein Schlagwort auflösen.

Sie zeigt in sechs historischen Abteilungen die wesentlichen geschäftlichen und stilistischen Perioden von Liberty's: den orientalischen Basar, die ästhetische Bewegung, den Liberty-Stil (1890 bis 1914), die Tudor-Zwanziger, die blumigen Dreißiger, die Festival-Fünfziger und die Wiederkehr des Art Nouveau. Der im Grunde immer gleichgebliebene Stil des Hauses ist durch zwei Vorentscheidungen von Beginn an geprägt: durch die aufregende Wirkung, die von der japanischen Sektion der Weltausstellung von 1862 auf den brillanten, ursprünglich auf eine eher intellektuelle Karriere angelegten Liberty ausging, und durch die ästhetische Intensität der Ruskin, Morris und der Präraffaeliten, mit denen der Firmengründer bald freundschaftlich umging.

Das fernöstliche Geheimnis der Japaner, die soeben erst von angelsächsischen Seeleuten dem Westen als Handelsnation erschlossen waren, und die Farbenglut der Rossetti und Burne-Jones – diese beiden Elemente haben den Liberty-Stil für immer geprägt.

Das kleine, geheimnisumwobene East Indiana House in der fashionablen, berühmten Regent Street war Liberty's Anfang und wurde sofort zur Attraktion der eleganten Welt. Arthur Liberty hatte sich entschieden, nicht nur Geschäfte zu machen, sondern, hierin dem großen Morris ähnlich, den Geschmack der Nation zu verändern und selbst einfacheren Leuten die Chance zu bieten, schöne Dinge zu kaufen.

Ersteres sollte ihm vollends gelingen, letzteres nur sehr bedingt. Die Seide von China und Japan, Götterfiguren aus Indien, Teppiche aus Persien und schließlich und vor allem der romantische Farbglanz der neuen Muster einer zu revolutionierenden weiblichen Kleidermode – das war Liberty's Ruhm. Glückliches Zusammentreffen war, daß man den begabten Färber und Drucker Thomas Wardle gewann, der auch mit Morris zusammenarbeitete. So konnte die Liberty-Farbe, wesentliches Element der ästhetischen Bewegung selbst, zum Symbol und zum Gütezeichen der Firma werden, vorgeführt von Beautys wie der Tänzerin Isadora Duncan, benutzt von Regisseuren und Stückeschreibern wie Gilbert.

Dekorativ mit Finesse, romantisch bis zum Abenteuerlichen, dem anmutigen, natürlichen Ornament aber diszipliniert ergeben, zeichnete sich sehr bald zwischen diesem fernöstlichen und ästhetizistischen Liberty's-Stil und seinem kontinentalen Pendant, Art Nouveau und Jugendstil, eine Kluft ab. Die englische Schule zeigte nicht die letzten exzentrischen und ideenreichen Konsequenzen der Bewegung, wie sie in Frankreich, Deutschland und Österreich auffielen.

Nachdem Arthur Liberty von der Jugendstilausstellung in Budapest 1909 mit Abscheu zurückkehrte, weil ihm deren erotische Imaginationen technisch zwar perfekt, aber wie eine morbide Perversion des ganzen Stils erschienen, da war die englische Sonderentwicklung längst schon entschieden: Abkehr von fernöstlichen Einflüssen, Distanzierung zum französischen Art Nouveau, Konzentration auf die eigene kunsthandwerkliche Tradition der Ruskin und Morris, Wiederentdeckung keltischer Formenelemente, so vor allem die Kopie alter irischer Ornamente. Das nach außen gesetzte Zeichen dieser

Isolation war das neue Haus der Firma, das sogenannte Tudor-Haus, das mit dem ebenfalls neuen East India House durch einen Brückenweg verbunden wurde.

Nunmehr triumphierte nicht mehr die romantische Farbe allein, zu der so bedeutende Künstler der Epoche beigesteuert hatten, sondern eher der national und ökonomisch bestimmte Empire-Gedanke. So wie die Tudor-Herrscher ihre Schiffe erstmals beutegierig in die neue Welt schickten, so erinnerte die altenglische Architektur des neuen Tudor-Hauses an das Inbild des abenteuerlichen, englischen Kaufmanns. Die Firmen-Gewaltigen waren Gentlemen geworden und sangen während des großen Generalstreiks in den Zwanzigern »Land of Hope and Glory«.

Beispielhaft für den ästhetischen Historismus, ja Anachronismus von Liberty's ist die Tatsache, daß der neue Stil der Zwanziger, das Art Deco, in England sehr verspätet und demonstrativ eigentlich nur in der Architektur (BBC-Gebäude am Portland Place, die Hoover-Fabriken) nachvollzogen wurde. Die vom Kubismus besonders inspirierte Pariser Revolutionierung von Mode, Möbeln, Architektur und Gebrauchskunst war im Unterschied zum Historismus Londons ganz und gar geschichtslos. Ihr Utopismus rechnete mit einer neuen, reichen, dynamischen Nachkriegsgeschichte.

Sentimentalisch-individualistisch und geographisch-historisch war die Romantik der Liberty's-Mode. Nun wurde eine mit solchen Erinnerungen nicht ansprechbare, auf anonyme Symbole und Phantasien der Macht und des Reichtums erpichte Käuferschicht in Paris, Berlin, New York mobilisiert. Die ungewöhnliche Pose und Ikonographie der Deco-Figuren, die Luxus-Explosionen aus Edelmetallen in Innenarchitektur und Außenfläche, dieser taumelnde vergoldete Kapitalismus der neuen Konzerne hatte wenig gemein mit den Illusionen aus Tudor-Eiche, Morrisscher Handwerksethik und präraffaelitisch-antikischem Fall der Liberty-Kleider.

Die neue Frau sah nicht mehr aus wie eine zarte Fee aus König Arthurs Reich, sondern wie eine entfesselte Göttin auf Rechnung einer unbezahlten Zukunft. Charakteristischerweise gewann die Firma den großen französischen Designer Paul Poiret erst 1931, als seine eigentliche Epoche schon zu Ende war.

Vom so expressiven wie geometrischen Stil der Kontinentalen zurückgeschreckt degenerierte das natürliche Ornament von Liberty's zeitweilig zweifellos zur ladyliken Harmlosigkeit, zur »zeitlosen« Exklusivität, die den alten Kontakt mit den vitalen Kunstströmungen zu verlieren drohte. Erst in den Sechzigern gewann Liberty's seine brillante Rolle in der europäischen und amerikanischen Haute Couture zurück: Wieder war es der historische Reflex, wieder Kunstausstellungen, die Pariser Art-Nouveau-Ausstellung von 1958 und die New Yorker von 1960, die diesmal die Chance zur erneuten Mode-Avantgarde boten.

Als Liberty's mit seiner »Lotus«-Kollektion an die eigenen phantastischen Jugendstilanfänge anknüpfte, da zeigte sich, daß die Rechnung aufging und der Weltmarkt offen war für das erneuerte Ornament, endgültig überdrüssig der langweiligen Bauhaus-Epigonen. Schon 1955 hatte Mary Quant in der King's Road mit ihrem kleinen Laden »Bazaar« die Moderevolution der Sechziger eingeleitet. Liberty's hat die wildesten Modespiele Londons, der wieder »sündhaften Hauptstadt der Welt«, vermieden. Es wählte die aristokratischere, arrogante Spielart des englischen Jugendstils.

Dieser Karneval ist vorüber, Aschermittwoch ist da. Aber wie sagt doch die Autorin der Liberty's-Biographie? »Wenn die Londoner weniger Brot haben, dann haben sie, wie die Römer, um so mehr Appetit auf Spiele.«

Kämpfe in Fleetstreet

*Der »Evening Standard«
soll nicht sterben*

Zusammenbrüche haben auch etwas Erlösendes – solange sie groß sind. Der kleine Zusammenbruch ist es, der erschreckt. Das ist wohl der Grund dafür, warum zwischen Generalstreiklähmungen in Belfast und Ölexplosion in der Nordsee kein Ereignis so viele wache Gemüter in London erregt hat wie die kürzliche Hiobsnachricht aus Fleetstreet, der professionellen Werkstatt eisgekühlter Aufregung, dem farbigsten Konzentrat von gedrucktem Papier. In diesem Fall handelte die Nachricht aus Fleetstreet von Fleetstreet selbst: Zwei ungleiche Rivalen, Londons beide Abendblätter »Evening Standard« und »Evening News«, sind drauf und dran, wegen notorisch roter Zahlen eingestellt zu werden.

Damit sind uralte Lesegewohnheiten, Liebhabereien, die Leidenschaft sogar der zeitungslesewütigsten Bevölkerung bedroht. Die Pointe dabei ist: Der 150 Jahre alte »Evening Standard«, unverzichtbares Vergnügen und Informationsquell der politischen und artistischen Intelligentia zwischen Hampstead im Norden und Stockwell im Süden, aber auch von Arbeitern gelesen, weil es das einzige populäre Blatt ist, in dem außer Schlagzeilen wirklich etwas steht, soll aus dem Beaverbrook-Konzern (»Daily Express«, »Sunday Express«) gelöst werden. Er soll an das feindliche Lager der Associated Newspaper (»Daily Mail«) für angeblich fünf Millionen (wahrscheinlich geht es um zwanzig Millionen) verkauft werden, auf daß er zur Saturierung der beiden Gruppen verbleibenden Blätter mit den »Evening News« zu einer einzigen, vergleichsweise marktschreierischen neuen Abendzeitung verschmolzen würde.

Wenn das geschieht, dann wird nichts von dem gerettet, was mit dem Charakter des »Standard« auch nur entfernt Ähnlichkeit hat. Verschwinden werden intellektueller Charme, detaillierte Information, die zynisch-knallharten, von Galgenhumor gesegneten Karikaturen, die engagierte Kunst- und Theaterkritik, die originellen Interviews mit bemerkenswerten Außenseitern, die gründlichen Recherchen über sozial brennende Aspekte von Inner-London.

Anstelle dieses Stücks Seismographie einer Metropole, deren Magnetismus heute eher stärker als schwächer ist, wird es die trügerische Hoffnung geben: eine einzige populäre Abendzeitung im konturenlosen Stil der »Daily Mail« werde der gefährlich gewordenen Konkurrenz des abendlichen Fernsehens besser begegnen, indem sie die bisher getrennten Lesermassen von jeweils zirka einer halben Million auf das neue Produkt vereinigt, Zeitungsmonopolismus gegen Fernsehmonopolismus. Inzwischen ist der Vorhang über die letzte Runde der Verhandlungen gefallen, nachdem in letzter Minute mit angemessenem Gespür für die Dramatik dem »Evening Standard« in Gestalt von Sir James Goldsmith ein möglicher Retter beisprang, der schon den Pariser »Express« erwarb, gewisse Anteile am Beaverbrook-Imperium schon besitzt. Er wird sich bald entscheiden müssen, denn die Gegenseite hat ein Ultimatum gestellt und beginnt den Nervenkrieg: sie wirbt »Evening Standard«-Journalisten ab.

Was auch immer herauskommt: Die Beaverbrook-Krise zeigt die Krise von Fleetstreet überhaupt. Schon hört man, daß der »Guardian« bis zum Hals in der Tinte steckt, seitdem sein stützendes Bein, »Manchester News«, keinen Profit mehr macht. Vor allem wird eine ganze soziale Fauna erkennbar, Helden, Bösewichter, ein neues Kapitel im Weltstadt-Epos Fleetstreet. Der Kampf um den »Evening Standard« enthüllte noch einmal ein klassisches britisches Ritual: das Ritual vom Überleben der Stärksten und das Ritual von der Gegenwehr der Schwächeren. Uralter Kapitalismus gegen neueren Sozialismus. Die Spielregeln des Pokerspiels, das schon einmal in den dreißiger Jahren zwischen den Zeitungsimperien des Lord Beaverbrook und des Lord Northcliffe (Rothermere) gespielt wurde, deren weniger eindrucksvolle Erben heute Sir Max Aitken (Beaverbrook-

Gruppe) und Vere Harmsworth (Newspaper-Gruppe) darzustellen haben, sind noch immer überraschend gültig.

Das finanzielle Manöver, die Versammlung von möglichst viel bedrucktem, verkaufbarem Papier, uneingedenk seines Inhalts, hat in der ersten Phase des Dramas die schüchtern sich zu Wort meldende publizistische Verantwortung, die Rolle des Editors glatt zerdrückt. Selbst die dem Spiel zuschauenden Journalisten dritter Zeitungen gehorchten noch immer den alten Spielregeln des Zweikampfes zweier Money-Maker. Für sentimentalisches Verständnis der publizistischen Ereignisse war da nicht viel Platz. Zu verführerisch ist auch die Familiengeschichte der jetzt um den »Evening Standard« kämpfenden Neu-Aristokraten, und immer schon standen selbst die Namen von Chefredakteuren im Schatten der auf höchstem Parkett tafelnden Presse-Lords. Eine lange Einübung in Abhängigkeiten – wie groß ist das Prestige britischer Journalisten überhaupt?

Zwar haben namhafte Künstler in Leserbriefen an die »Times«, haben konservative Abgeordnete im Parlament, hat schließlich das intellektuelle Gewissen der Labour Party, Michael Foot, einst selbst Editor des »Evening Standard«, die Gefährdung des Blattes zur nationalen Angelegenheit gemacht. Zwar wurde durch solch mächtige Schützenhilfe die öffentliche Erklärung des fünfunddreißigjährigen, erst ein Jahr amtierenden »Standard«-Editors Simon Jenkins noch lauter vernehmbar, daß nämlich das Verschwinden der Zeitung ein nicht ausfüllbares Loch im politischen und kulturellen Leben Londons hinterlasse. Ebenso hörbar war aber die kaltschnäuzige Antwort des »Newspaper«-Chefs Harmsworth: der »Evening Standard« drücke nur die elitäre Ansicht von Leuten im besseren Teil von Campden aus, womit die Intellektuellen-Gegend von Hampstead gemeint ist.

Es ist für das kuriose Zusammenspiel von widersprüchlichen sozialen und psychologischen Faktoren und Figuren besonders sinnig, daß ein charakteristischer Vertreter des schwächlich, ja dekadent gewordenen konservativen Establishments, das gerade in Fleetstreet als Manager versagt und eher zwischen Paris und Florida brilliert, ausgerechnet antielitäre Argumente auf Lager hat, die ihn scheinbar in die Nähe von erbosten Gewerkschaftsjournalisten der »Evening News« bringen, die sich ihrerseits gegen den Glorienschein zur Wehr setzen, den man dem linksliberalen »Evening Standard« verpaßt. Diese Journalisten stellen die rüde Frage, die vielleicht eine falsche Alternative zeigt, aber bald nicht nur in England häufiger aufkommen wird: Was ist wichtiger – der geistige Luxus einer privilegierten, wie immer auch »progressiven« Leserschicht oder der Arbeitsplatz von tausend Druckern?

Vor dieser Frage schwindet der Anspruch des »Evening Standard« gegenüber den »Evening News« zusammen. Die unpolitischen, ambitionslosen Party-Löwen der beiden Parteien, Vere Harmsworth und Sir Max Aitken, können sich wiederum den Zynismus ihrer berühmten Vorfahren nicht leisten, von denen der Premier Baldwin einmal sagte, es seien Mächte ohne Verantwortung, Propaganda-Maschinen der Vorlieben und Abneigungen zweier Männer. Aber das populistische Argument des »News«-Chefs ist durchsichtig. Auch Reaktionäre berufen sich gerne auf die Massen, wenn diese etwas gegen die Intelligenz haben.

Haß als Zeitbombe in einer Gesellschaft ohne Liebe

Punk-Kultur und Kulturkritik

Anarchie im Vereinigten Königreich!« klingt schon viel zu artikuliert. »Anarchy in the UK« heißt es auf englisch und ist der Titel des bekanntesten Songs der Punk-Rockband »The Sex Pistols«. Es war auch der Titel ihrer Tournee, die Aufregung, ja Schrecken im Lande verbreitete, seitdem sie in einem Fernsehinterview Wörter gebrauchten, die nie vorher und nie nachher in einer BBC-Live-Sendung zu hören waren.

Ihr blasser Star Jonny Rotten, manchmal wie ein trauriger Clown, manchmal wie ein verhungerter Wolf wirkend, hat als König des britischen Rocks die Erbschaft Mick Jaggers angetreten: gefährlicher noch in der Ausstrahlung als Jagger in seiner diabolischen Periode, aber mit weniger Medienglamour, das heißt, mit einem Fuß noch immer im authentischen Vorstadtdreck steckend, den die Punk-Bewegung zu ihrem Zeichen erkoren hat, als sie vor zwei Jahren begann. So jung noch, ist sie längst aus ihrem Primitivstadium getreten und zur modischen Saison geworden. Das sicherste Indiz hierfür ist, daß sie nun selbst schon Gegenstand erster Filme und Theaterstücke wurde. In der Punk-Bewegung, das heißt, in der letzten Welle der angelsächsischen Rockmusik und der ihr koordinierten Subkultur, erfanden isolierte, kleinbürgerliche bis proletarische Jugendliche Formen, Zeichen, Laute und Gesten, die nun wiederum kulturkritisch reflektiert werden als letztes Stadium des britischen Nihilismus, des Niedergangs und der Jugendanarchie.

Diese Art von Anarchie wird zur Zeit von zwei Londoner Inszenierungsereignissen kommentiert: einmal von dem zynisch imaginativen Punk-Film »Jubilee«, den der Maler und »Sebastian«-Regisseur Jarman zusammen mit einer Gruppe aus Fringe-Schauspielern und Punk-Stars erfand, zum anderen durch die dramatisch realistische Studie des Autors Nigel Williams über den mentalen Zustand von fünf Schülern einer Comprehensive School, die unter dem Titel »Klassenfeind« (»Class Enemy«) im Royal Court Theatre zu sehen ist. Die Gegenüberstellung ist deshalb interessant, weil sie die beiden alternativ möglichen Antworten auf die düster-anarchistischen Aspekte des Punk-Phänomens zeigt: eine modisch phantastische (Film) und eine intellektuell kreative (Theaterstück), die beiden Tendenzen also, die in der Punk-Bewegung selbst zum Ausdruck kommen.

Die modisch phantastische: Der Film »Jubilee« ist eine bösartige Referenz zum vorausgegangenen Jubiläum der Königin. Nicht sie, aber ihre große Vorgängerin Elizabeth I. gerät in einer symbolischen Filmfiktion in ein modernes Britannien, in dessen trümmerartigen trostlosen Vorstadtstraßen jugendliche Horden Terror machen. Identifizierbar als Horror-Punks, bringen sie sich gegenseitig um, quälen sich zu Tode oder haben eine schöne Zeit mit sexuellem Kontakt ohne Liebe. Man sieht, wie sie lächelnd ihre Opfer mit Stacheldraht an einen Laternenpfahl heften, wie sie einen Polizisten kastrieren, nachdem dieser mehrere Punks aus schierer Laune erschossen beziehungsweise zu Tode malträtiert hat, und man sieht schließlich, wie Punk-Mädchen einen Punk-Jungen nach geleistetem Liebesdienst unter einer Plastikhülle noch auf dem Lustlager ersticken und das leblose Bündel bei klassischer Musik dann in einen der Londoner Kanäle werfen.

Theatralischer Ruhepunkt dieser idiotischen Bestialitäten – durchweg haben weibliche Punks dabei die Initiative – ist die Parodie von Britanniens alter Empire-Hymne »Rule Britannia«. Eines der Punk-Mädchen tritt in blasphemischer Maske als »Britannia« auf. Angetan mit klassischem Helm und Dreizack, ansonsten aber nur bedeckt mit schwarzen Dessous, führt sie eine vulgäre Art von Striptease vor, dessen sexuelle Bewegungen im Verein mit den zur Leier verfremdeten Worten der einst so berühmten Hymne einen Akt von bösartiger

Aggression darstellen. Neben dieser Figur ist noch der negroide Transvestit als Beherrscher aller Medien eine Schlüsselfigur. Buckingham Palace ist als »Buck-House« umfunktioniert zum Aufnahmestudio aller Rockstars. Außer dem dort herrschenden Medienkönig gibt es offenbar keine politische oder moralische Autorität mehr in diesem zukünftigen Britannien.

Die moralischen, sexuellen und geistigen Perversitäten der unter Phantasienamen wie »Mad«, »Crab«, »Nitrate«, »Angel«, »Sphinx« oder »Chaos« auftretenden Punks werden konfrontiert durch den Dialog, den Elizabeth I. mit ihrem gelehrten Ratgeber führt: Das melodiöse Englisch der aristokratischen Renaissance klingt wie ein ferner, fast vergessener Laut der Menschlichkeit in dieser Welt stumpfsinniger Verbrechen oder animalisch-perverser Triebe, jenseits von Sublimierung und Schönheit.

Das Thema des jugendlichen Terrors ist schon im seinerzeit vielbeachteten britischen Film »Clockwork Orange« dargestellt worden. Während jener Film aber diabolisch, ästhetisch und utopisch war, ist »Jubilee« pervers, realistisch und perspektivelos. Während Elizabeth I. im untergehenden Licht einer romantisch verlorenen englischen Küste ihren Weg sucht, flüstert eine Stimme »Go away, go away«. Jarmans Film ist durchweg als Ereignis gefeiert worden. In Erinnerung an »Clockwork Orange« und im Hinblick auf Nigel Williams' Theaterstück muß jedoch gesagt sein: wenn man gewisse düstere oder infantilistische Symbolismen der Punk-Bewegung bis hin zu ihren Gewaltritualen in dieser Weise ausschlachtet, dann bekommt man nur eine weitere Version von theatralischer, mediengeleiteter Öffentlichkeit. Weder wird die Punk-Bewegung selbst verstanden, noch wird mit Hilfe von einigen ihrer berühmtesten Attitüden die britische Zukunft auf einen kulturkritisch überzeugenden Nenner gebracht.

Gerade wenn es Jarman, dem früheren Designer von Ken Russel, gelang, einen gewissen düsteren Glanz zu produzieren, dann bleibt am Ende doch nur ein undurchdachtes Potpourri aus Swiftscher Satire, Blakeschen Visionen und modischem Sensationalismus. Der authentische Punk-Anarchismus wird bloß nostalgisch ausgebeutet. Damit gerät die Perspektive des Films aber auf das gleiche Niveau wie das jenes ahnungslos gehobenen Sensationsjournalismus, der

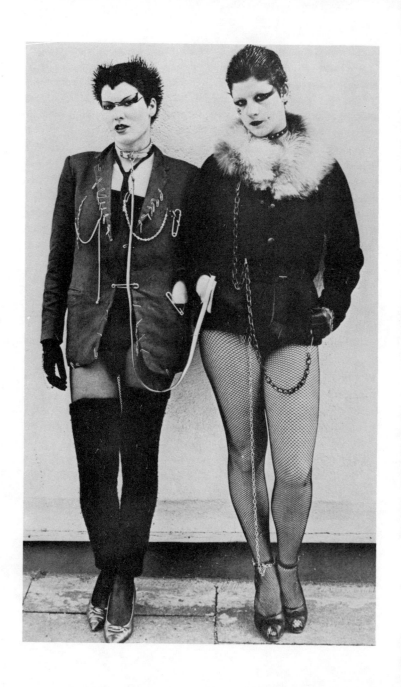

vom Punk nichts anderes als Terrorszenen zu berichten wußte. Indem der Film symbolistisch agiert, verfehlt er die Quintessenz der Punk-Bewegung: Symbolismus, Ästhetik überhaupt, sind dort, wo der Punk authentisch auftrat, durch schiere Aktion ersetzt. Wer heute symbolistisch denkt, bleibt epigonal. So wurde aus »Jubilee« allenfalls eine Art schwarzer »Sommernachtstraum«, wo das aggressivste Punk-Mädchen namens Mad (Verrückt) die Rolle des Shakespeareschen Puck übernahm.

Die intellektuell kreative Antwort auf die Punk-Anarchie gibt Williams' brillantes Theaterstück »Class Enemy«, atemlos und bravourös gespielt von Teenagerschauspielern. Hier ist die Szene nicht aufgebaut durch einen längst abgenutzten Rocksymbolismus (seine populärste Version ist die seit fünf Jahren laufende Rocky Horror-Schau in Chelsea), sondern die Rekonstruktion einer zerbrochenen, in sich aber auf Wahrheit lauernden Sprache, mit der sich sechs Schüler aus einer armseligen Gegend von Südlondon traktieren. An einem lehrerlosen Tag, im Klassenzimmer der Comprehensive School sich selbst überlassen, inszenieren die jungen, proletarischen Cockneys unter der terroristischen Anleitung eines Anführers eine Art von inquisitorischem Unterricht.

Jeder von ihnen hält den anderen eine Lektion nach freier Wahl. Über ein banales Hobby, über Sex, über Rassenhaß und über Selbstverteidigung. Während der lauernde Anführer diese Lektionen nur auf die ihnen innewohnende mögliche nihilistische Botschaft hin absucht, ergibt sich selbst im banalsten Beispiel, sei es nun das Geranienzüchten oder das Kuchenbacken, ein menschlicher Kern. Dieser gerät in Konflikt mit der Aggressionsmaske des Anführers, der als letzter spricht und seinen Mitgefangenen im Elend einer zukunftslosen Zukunft die brutalen Regeln der sogenannten Selbstverteidigung predigt. Seine Haßexstase steigert sich zu einem manischen Anfall, bei dem er die Schulbänke und Stühle in eine Ecke des Klassenraums schleudert, wo sie sich zu einer Pyramide ungelöster Aggression auftürmen.

Schon vorher hat er den Kuchenbäcker wüst zugerichtet, weil dieser mit dem Kuchen etwas Konstruktives wagte, während der Anführer doch nur auf Destruktion aus ist, auf die Kriegserklärung an alles Höhere, was denkbar ist: vom Lehrer und Sozialhelfer bis zum Richter und Parlamentarier. »Rechts« und »links« wird als die gleiche unglaubwürdig gewordene Kultursahne zum Haß freigegeben. Es ist die besondere Qualität dieses unerhörten Stücks, mit dem das Royal Court Theatre wieder an seine besten Zeiten anknüpft, daß die Aggressionsatmosphäre ganz aus einer intensiven Dialogsprache herrührt.

Dabei wird deutlich, welch eine unausschöpfbare Quelle der Londoner Slang ist. Hier, in diesem semantischen Bereich, noch vor der Schwelle zivilisierten und artikulierten Sprechens, hier, wo jedes zweite Füllwort nicht mehr wie vor fünf oder sechs Jahren »bloody«, sondern »fuck« lautet mit all seinen Abwandlungen, hier in diesem brutalen Ödland menschlichen Ausdrucks steckt eine solche Vitalität und zynische Phantasie, gegenüber der die Einfälle des intellektuell-symbolischen Theaters blaß werden.

Die Symbolik stellt sich ganz von alleine ein: wenn der Sexfreund an der Tür lauert und auf einen Lehrer wartet, der ihre wüsten oder traurigen Reden stören könnte, dann wird sein Warten, wird das Warten aller sechs Akteure zu einem Martyrium von Einsamen, die nach Erlösung brüllen. Sie haben, so denken sie, die letzten Schleier gelüftet und haben nichts dahinter gefunden, glauben zu wissen, daß diese Welt für sie kein Geheimnis mehr bereit hält. Die Banalität läßt sich nicht mehr für sie durch den Brustton von Kulturfunktionären anheben. Wir sollten es klar sehen: dieser Haßexistenzialismus proletarischer Jungens ist kein Fall bloß für Sozialpflege, wie gut meinende Snobintellektuelle aus besserem Hause und mit höherem Einkommen sich hier und anderswo einreden.

Diese proletarischen Schüler liefern vielmehr Aggressionsmittel gegen eine Kultur von harmlosen Verbrauchern, Aggressionsmittel, die dem intellektuellen Mittelstand auszugehen drohen. Deshalb die notorische Herablassung gegenüber den Punks als entweder modisch oder krank. Williams Stück zeigt den Haß als Zeitbombe in der Gesellschaft ohne Liebe. Er zeigt aber auch, daß der Haß noch immer eine Emotion ist, die mehr Lebendigkeit und Kreativität besitzt als jener emotionslose, friedfertige Stumpfsinn, den man einer Freizeitgesellschaft ohne Utopie predigt. Die Aggressionssprache der Schüler von Brixton bringt das ans Licht.

Die Fähigkeit zu jubilieren

Eine Queen, die Berge versetzt

Eigentlich ist die Queen wunderschön. Auch mit dieser gräßlichen Handtasche, diesem geheimnislosen Geheimnis, das sie in der Öffentlichkeit niemals öffnen darf, diesen gräßlichen Hüten, die ihr die Modekritiker seit fünfundzwanzig Jahren vergeblich auszureden suchen und die sie niemals absetzen darf. Auf der schönen Würde dieser Königin zu bestehen gebietet nicht etwa der Takt, sondern ein Gefühl von notwendigem Widerspruch zu der Meinung banaler Ausländer, Landsleute eingeschlossen, denen aus mangelndem Sinn für Würde oder Geschichte, was aufs gleiche herauskommt, nach nichts anderem zu fragen einfällt als nach dem praktischen Nutzen dieser Royalties. Die Albernheit, die über goldene Kutsche, Bärenfellmützen und Hellebarden lächelt, dieser mittelständische, ganz und gar nicht radikale Opportunismus, muß mit jener trotzigen Verachtung bestraft werden, die der Royalist mit dem Marxisten teilt: es gibt noch andere Dinge auf dieser Welt als die Kaufhäuser von Knightsbridge und Oxford Street. Ein Affront muß her gegen diese plebejische Mentalität, die nichts davon ahnt, was eine schöne Queen bedeuten kann. Schon die Bühnenhelden der großen Tragödien, auf deren Kosten der Diener mit dem Publikum lacht, besitzen die Grazie im Lächerlichen.

Eigentlich ist sie wunderschön. Aber selbst den halben Royalisten, geschweige den anständigen Republikaner, beginnt sie in diesem ihrem Jubiläumsjahr zu nerven. Nicht die Queen selbst, aber die Aussicht, daß wir für ein Jahr kein Schaufenster, kein Hausfenster, überhaupt kein Fenster mehr sehen werden, ohne daß uns ihr zwanzigjähriges, dreißigjähriges, vierzigjähriges, fünfzigjähriges Lächeln den Blick erstarren läßt.

Eine Chance für Republikaner

Zwar ist in England alles »royal« und somit auch die leeren Fenster, aber nunmehr ist die Fülle, die keine andere Assoziation als nur jene einzige zuläßt, erschlagend. So auch die Titel der Jubiläums-Ausstellungen: »Happy and Glorious. 130 Jahre königlicher Fotografie.« / »The Queen's Pictures. Die Geschichte der königlichen Sammlung von Heinrich VIII. bis Elisabeth II.« / »This brilliant Year. Viktorianische Kunstwerke zu Ehren von Queen Victorias Jubiläum von 1887«. / »British Genius Exhibition. Britische Erfindungen der letzten hundert Jahre sowie die zeitgenössische Forschung«. Der Foto-Liebhaber könnte im Schatten des unvermeidbaren Walter Benjamin über den königlichen Schatten hinwegspringen und mit Hilfe der geradezu avantgardistischen Fotobesessenheit der Königin Victoria das 19. Jahrhundert erforschen. Aber schon bei der Genie-Ausstellung wird die Nostalgie aggressiv: Wir Briten erfanden alles, und die Ausländer beuten es ökonomisch aus. Vom Penicillin bis zum Radar ist die Welt noch immer britisch.

Selbst die Wände der Kantine des Institute of Contemporary Art, der Hochburg provokatorischer Kunstveranstaltungen, sind mit Fotografien der – treten sie zusammen auf – doch wiederum auch schrecklichen Hannoveraner beklebt: dem linkischen Ernst des wohlerzogenen Kronprinzen, der Maskulinität des Herzogs von Edinburgh, dem Zähneblinken der smarten Prinzessin Anne. Eigentlich ein Trio für die Volkssatire. Aber die eben ist im zwanzigsten Jahrhundert harmloser als im achtzehnten.

Man brauchte nicht erst die Lektüre der republikanisch hartgesottenen Anti-Jubiläumsnummer des »New Statesman«. Während die Zeitungen im Respekt, also im Selbstrespekt, wetteiferten, die BBC sich in ihrer deutschsprachigen Sendung in grotesker Devotion überschlug und die nationalen Sonntagsblätter die schaurige Queens-

Hymne des Hofdichters abdruckten mit der unvergeßlichen Strophe »In days of disillusion, however low we've been, to fire us and inspire us, God gave to us our Queen«, hatte die wie auch immer linke, gewiß aber wichtigste Wochenzeitschrift es sich geleistet, wieder einmal daran zu erinnern, was ihr diese Königin so schwer erträglich macht: nicht ihr unveröffentlichtes enormes, unversteuertes Einkommen, was die eingefleischten Republikaner in regelmäßigen Abständen in Rage bringt, vielmehr ihr demonstratives Desinteresse für die Qualitäten, die Großbritannien noch bietet: die Künste und die Wissenschaften.

Wann hätte man sie jemals bei der Premiere eines modernen Theaterstückes gesehen. Statt dessen geht sie um mit einer plutokratischen Adelsclique in der Nähe von Pferden und Hunden. Vom guten Prinzen von Wales scheint die Zeitschrift als Bestes noch zu hoffen, daß er so bald nicht König wird, und der Herzog von Edinburgh ist den erbarmungslosen Herausgebern ein taktlos-unwürdiger Glückspilz, hergelaufen vom Kontinent, der sich selbst als Joke-Cracker in entsprechend harmloser Herren-Runde gewaltig überschätzt und seine Allround-Inkompetenz mit der Arroganz seiner Herkunft bemäntelt.

Sieht es so nur der »New Statesman«, sehen Hunderttausende es anders, die hingerissen, überwältigt Buckingham Palace umbrandeten? Wie vor fünfundzwanzig Jahren, als sie ein neues elisabethanisches Zeitalter heraufkommen sahen, sich daher vermessen die Neuen Elisabethaner nannten, gerade den Krieg gewonnen und noch der größte Auto-Exporteur der Welt, noch nicht ahnend, wie bald die Japaner, Italiener und die notorischen Deutschen über sie kommen würden. Wer eine Wiederholung des inszenierten Glanzes von 1952 für unmöglich gehalten hat, muß sich geschlagen geben. Die Tausende von Londonern wurden von 25 Millionen begleitet, die im ganzen Lande die Fernsehübertragung ansahen. 500 Millionen waren es in der ganzen Welt. Wenn nicht mehr »Rule Britannia«, so doch noch immer »Rule BBC«!

Der Fremde, nicht der Tourist, sieht es mit großen Augen: die Monotonie dieses blauweißroten Kokardenglücks, soviel künstliches Arrangement, soviel Superkitsch, soviel glänzend funktionierendes Über-Ich, um es kontinental zu sagen. Dieses nationale Über-Ich, dieses britische Glück, wie unbesiegbar war es, als es aufstieg über St. Pauls Cathedral, durch Fleet-Street floß, über der Mall schwebte und dann für eine Ewigkeit über dem schweren Palast der Königin Victoria hängenblieb. Bedrängend wurde es erst, als es auch in die kleine Straße im Südwesten von London einfiel, als man an jenem Sonntag nichts Böses zu ahnen brauchte und doch plötzlich das irgendwie Gefürchtete geschah:

Die Straßenparty an der Themse

Als mit einem Male aus dem schäbig gewordenen Fensterrahmen des gegenüberliegenden Hauses ein riesiger Union Jack hervorquoll. Nicht einer von der lustigen Sorte, nicht diese popartige Verfremdung des nationalen Emblems ins moderne Design, wie es die englische Außenwelt in den sechziger Jahren in der U-Bahn, auf Bussen und Telefonhäuschen so glänzend fertiggebracht hatte, als ganz London eine romantisch schwingende Beatle-Melodie oder ein ekstatischer Rolling-Stone-Schrei war. Nein, einer von der ernsten, gefährlichen, parareligiösen Sorte. Das Fahnentuch schien gerade von Trafalgar, Waterloo oder El Alamein gerettet worden zu sein. Viel zu groß für dieses Fenster, viel zu majestätisch für diese idyllische Gegend, wo die nahe Themse wieder ländlich-bukolisch wird. Die aggressive, großartige Geste im zu kleinen Format – war das die Nationale Front, diese britische Version von Spätfaschismus in diesen traurigen siebziger Jahren?

Die Außenseiterrolle wurde an diesem späten Nachmittag unabwendbar: An allen Fenstern und Türen erschienen jetzt die Fahnen, die Fähnchen, die Bilder, die Bildchen, die royalistischen und patriotischen Insignien, Hausaltäre prangten, es war wie bei uns die Fronleichnamsprozession, die Königin war der liebe Gott, Prinzgemahl und Prinzen waren die Heiligen. Das war kein 14. Juli, zu dem die Pariser tanzend und gänzlich harmlos inzwischen die ganze Menschheit alle Jahre wieder einladen. Das war etwas Einmaliges, Britisches, kein Entkommen möglich.

Die Abgesandten des Straßenkomitees waren schon an der Tür, hatten schon mit jener von der Oberschicht der Mittelschicht übertragenen Liebenswürdigkeit, die keinen Widerstand voraussetzt, gefragt, ob es genehm sei, am Dachfries das andere Ende der die Straße überspannenden Fahnenschnur zu befestigen. Schon war man verbunden, saß auf der Leiter, hieß »Karl«.

Die »Times« hatte schon öffentlich gehofft, daß die Straßenparties dem Gemeinschaftsgefühl aufhelfen würden, jedenfalls dort, wo ohnehin nicht die Konkurrenz von schicken Parties dem Ganzen seinen notwendigen patriotischen Touch nehmen würde. Schon hatten sich Leser beschwert, daß dieser patriotische Geist aus den feineren Gegenden von Kensington gewichen sei, und es stand auch zu lesen, wie viele Bewohner von Hampstead in ihre Häuser auf dem Lande geflohen seien.

Hier nicht. Schon die Juni-Kälte war an diesem Mittag um 12 Uhr 30 im Unterschied zu den perversen Wetterverhältnissen des Vorjahres wieder so sprichwörtlich britisch, daß die notwendig gewordenen schweren schottischen oder irischen Woll-Pullover dafür sorgten, daß man nicht allzusehr aus seiner Haut herauskommen konnte, daß man mit einem etwas stoischen Grinsen die ersten Schritte in den Nieselregen aufeinanderzumachte, so als ob man eine Lebensfreundschaft zu begründen hätte, als lange Holztische auf die Straße gestellt wurden, bedeckt mit dem Festessen, verziertem Auflauf, in allen Farben schillerndem Pudding, Fischreis, puritanischen oder üppigen Salaten.

Englische Männer lassen sich ohnehin und auch dieses einzige Mal nicht zu so etwas herab. Sie kennen nicht das Vergnügen lateinischer Familienväter, die solchen beladenen Tischen für Stunden patriarchalisch vorsitzen würden. Nein, sie bleiben stehen, verdrücken etwas Geringes zwischen den Zähnen und bilden, den Messing- oder Glaskrug in der Hand, stehende Clubs, mit einer beruhigenden Absicht: to get drunk.

Lag es nun daran oder war es das unausbleibliche Hochgefühl des so schüchtern begonnenen Mittags, daß die Menschen sich so angenehm und leichthin miteinander verfransten, Wildfremde, noch nie Gesehene mit einem Male in der Küche standen? Einer populären Legende sei abermals widersprochen: der Legende vom steifen Engländer. Auch im Regen, bei allem schütteren Charme und beginnenden Scherzen – verglichen mit mitteleuropäischen Kommunikations-

gewohnheiten, ohnehin nicht vorstellbar bei solch einer Szene – sind Engländer geradezu von südlichem Temperament.

Die Jubiläumswoche hatte offensichtlich auch die schwersten Zungen gelöst. In dem Sträßchen von Südwest-London begab sich etwas wie im Märchen vom Nußknacker: Plötzlich war das sonst so stille Kinderzimmer zu noch nie gesehenen Bewegungen erwacht, und unerwartete Kombinationen kamen zustande. Was in bürgerlich-kleinbürgerlichen Wohngegenden überall durch Konvention der Scheu und Diskretion, durch Familienchauvinismus und Individual-Ideologie bis zur schieren Unmöglichkeit verstellt wird, wurde aufgebrochen, wenn auch easy, easy im Vergleich zum ungehemmteren Du und Du in den Arbeiterquartieren von Liverpool oder London East End.

Deutsch-Britischer Stammtisch

Der einzige Ausländer, der Deutsche zumal, hatte, einmal mit von der Partie, auch ohne Union Jack und Kokarde seine adäquate Rolle zu spielen. Fremder bleiben und dennoch Mitglied des für einen Nachmittag gegründeten Clubs werden. Wiener Walzer zwischen westindischen Kinderbands und dem irischen Dudelsackpfeifer war der leichteste Part. Schwieriger die deutsch-englischen Stegreif-Dialoge, die bei solch einem Anlaß selbst hier eine gewisse Grundsätzelei zu bekommen drohen, die nur die Straßenbar mit Bier, Rotwein und Whisky erträglich macht.

»Das Beste, was ihr uns importiert habt, sind diese langweiligen Hannoveraner!«, so begann der ehemalige Offizier der königlichen Kriegsmarine seine freundlichen Anzüglichkeiten. »Aber in Deutschland solltet ihr endlich diese kleinlauten Mittelmäßigkeiten hinter euch lassen.« Wie bitte? Sollte das ein Pointen-Abtausch werden? Keineswegs. Der fünfzig- oder sechzigjährige Sailor hatte einen politischen Exkurs im Sinn, war geradezu beglückt, einen von jener Nation hier zu finden, der man nachsagt, daß sie auf die ernste Diskussion versessen ist.

Was er meinte, wurde bald klar: die Westdeutschen sollten endlich die Courage haben, aus ihrer nun schon dreißig Jahre andauernden provinziellen Gemütlichkeit aufzuwachen und international die europäische Führungsrolle zu übernehmen, die England so lange gehabt habe, die nun aber den Deutschen wegen ihrer ökonomischen Vormachtstellung zufallen müsse. Bisher aber sei trotz des Wohlstands von England aus gesehen noch immer ein politisches und geistiges Vakuum dort auszumachen, wo man Deutschland suche. Das Trauma der Vergangenheit sei kein Argument, das werde zur billigen Ausrede, zur Drückebergerei. Das sei Sentimentalität, keine Politik. Die Deutschen müßten endlich lernen, nicht nur Geld zu verdienen, sondern politisch verantwortungsvoll und beispielhaft zu handeln. England habe seine Ruhepause verdient, es sei erschöpft und ein bißchen gleichgültig wie ein Langstreckenläufer, der gewohnt ist, immer vorne zu liegen, und endlich mit gewisser Genugtuung merkt, daß andere ihn überlaufen.

Der Privatpolitiker hatte sich gar keine besonderen Gedanken machen müssen. Seine Sprüche sind Allgemeingut, nämlich reinste Empire-Psychologie, die Elder-Statesman-Allüre: England habe 400 Jahre die Welt geführt (Frankreich und seine Kolonien, die Vereinigten Staaten, Rußland sind in dieser Vergangenheitsbesessenheit nur kleine Fische). Der nun europäisch besorgte, einstige Beschützer britischer Geleitzüge im Nordatlantik war wirklich beunruhigt, bitter enttäuscht über die Deutschen.

Etwas whiskyvergröbert war das die gleiche Botschaft, die eine Woche vorher der Professor für deutsche Literatur, wenn auch schon jubiläumsmüde, beiläufiger und melancholischer zum besten gab. Der englische Germanist war wie viele seiner Kollegen nicht mehr länger beeindruckbar durch das sogenannte deutsche Geistesleben, unseren Ersatz für Politik. Was sein eigenes Fach anging, so war er gründlich desillusioniert über eine Wissenschaftssprache, die in Westdeutschland aufgekommen sei und die zu verstehen er aufgegeben habe. Von seiner speziellen beruflichen Erfahrung erscheint ihm Westdeutschland genauso steril wie dem Seemann, alles andere als ein Modell.

Es war in dieser enttäuschten Erwartung, in dieser geradezu sensationellen Bereitschaft, den Deutschen wirklich zuzuhören, wenn sie nur vernehmbar sprächen, auch etwas von dem alten Horror, der auf ein neues deutsches Wunder setzt: nach dem ökonomischen Wunder endlich das moralische, das intellektuelle Wunder, die Wunderwaffe, die allen helfen könnte.

Erinnerung an eine private Dinner-Blödelei oder ein ernstes Gedankenspiel von Lord X, einem zwischen Universität und Medien brillierenden Typus des akademischen Diplomaten und Managers: es wäre doch eigentlich wieder an den Deutschen, sich an ihre große Tradition zu erinnern, wieder etwas Ungeheures zu erfinden, das die bald erschöpften Energie-Ressourcen ersetzen könne. Leider aber liefen die deutschen Naturwissenschaften Gefahr, endgültig den alten Standard zu verlieren. In den letzten beiden Jahrzehnten habe man zuviel Geschäft gemacht, zuviel von anderen gekauft, anstatt selbst zu forschen.

Der höhere Stammtisch war noch nie so ausladend und einladend wie in dieser Jubiläumszeit. Aber sind die deutsch-britischen Königswinterer Treffen mit ihren detaillierteren Gesprächsformen nicht auch am Ende ein Hornberger Schießen? Die Großperspektiven in der Straße an der Themse, im Club in Bloomsbury, im Zimmer nördlich von Kilburn zeigten immerhin die Schleifspur des immer gleichen Motivs, das bei Auswucherung zum Tagungsthema deutscher Machart auch nichts mehr bringen würde, als eben ein Seufzer zu sein. Der Seufzer der Engländer in der historischen Zuschauerloge, ausgepichte Kenner der welthistorischen Arena und unzufrieden mit den deutschen Akteuren, die nun dran sind.

Alles kann man sich nicht anhören. Schwerer emotioneller Seegang um fünf Uhr nachmittags. Die Nationalhymne war von der Band gespielt, auch »Land of Hope and Glory« und natürlich das trotzige »There'll always be an England« aus den vierziger Jahren. Die zweite und dritte Strophe dieser Patriotika konnten die Dreißig- und Vierzigjährigen schon nicht mehr. Sie sangen das mit der leichten Einschränkung: Was sein muß, muß sein. Und wenn also, dann mit dem angemessenen Schwung.

Mehr in Fahrt kamen sie, wo der viktorianische Prunk sich auflöste und das lokale Sentiment, die Music-Hall-Romantik begann. Nichts kann vollblütiger klingen als der beinahe Nonsense-Jubel: »May be it's because I am a Londoner, that I love London town.« Londoner aber waren wir alle, die Gebürtigen und die Zugereisten, die noch in Indien geborene Tochter des Kolonialoffiziers, die aus Schottland langsam an die Hauptstadt sich heranwohnende Lehrerfamilie und heute auch der Fremde namens Karl.

»God save the Queen and this fascistic Regime«

Irgendwie hatte der clevere, nach noch brutalerer Solidarität Ausschau haltende Aufsteiger das mißverstanden. Er wurde schon verdächtig, als er darauf bestand, den Karl doch lieber »Fritz« zu nennen. Wie er auch immer hieße, in Wirklichkeit sei er »Fritz«. Fritz über alles! Nach all den sonor-liberalen Gönnern mit ihrer Hebammen-Besorgnis war es ohnehin höchste Zeit, einen waschechten britischen Rechtsradikalen zu entdecken. Die Gegend roch ja danach. Der nämlich belegte die offenkundlich selbst bei milderen Geistern noch immer grassierende deutsche Mythologie sozusagen vom kleinenglischen Wurzelwerk her. Und zwar so: die Deutschen hätten zweimal die Welt fast am Boden gehabt. Das sei »great!« Sie seien die größte Rasse auf Erden. Dazu aber müßten sie sich auch bekennen. Gerade jetzt, wo sonst alles heruntergekommen sei. Die groteske Unlogik, daß England selbst dieser Größe fast zum Opfer gefallen wäre, wurde einer höheren Logik geopfert: Was zählt, das sei allein die Glorie der Starken und dazu gehörten die Engländer ohnehin.

Es ist die andauernde traurige Komik, daß man auf rückhaltlose Sympathie für Deutsches eigentlich nur bei diesem Typ von durchgedrehten Nationalisten stößt, diesem durch keinerlei Hemmung gebremsten Sympathisanten der Nationalen Front oder bei solch keltischen Hinterwäldlern. Man sucht das Weite in der sicheren Gewißheit, einen unendlich enttäuschten oder gar verstörten Liebhaber hinter sich zu lassen.

Sie aber, diese ihre Demütigung jetzt erst innewerdende Nation jubelt nicht, sie jubiliert, leise, aber fest. Nicht die in diesen Tagen die Nase rümpfenden Intellektuellen, nicht die um Amüsements ohnehin nie verlegenen Trendies. Selbst wenn sie eine inzwischen aus dem Verkehr gezogene Schallplatte aus dem musikalischen Untergrund auflegen, hat deren Jubiläumsbeitrag noch eine verquälte nationale Moral: »God save the Queen and this fascistic regime. There is no future in this island of dream. No future, no future, no future.« Die masochistische Blödelei des Anarcho-Rock kommt ohne die Nation nicht aus.

Im übrigen sind die intellektuellen Rebellen von einst, die Hasser Englands, längst zu Dandies und Royalisten geworden. Bei den Massen aber ist die Idee der Nation uneingeschränkt wiederauferstanden. Der alte Kern der britischen Arbeiterschaft war stets tief patriotisch, ja chauvinistisch. Ein Chauvinismus, der sich in regionalen Fetischen, vornehmlich dem Fußball-Ritual der nördlichen Industriestädte, ausdrückt und jetzt in den Hausaltären mit den königlichen Heiligen, bei dem die Internationale der Kommunisten deshalb keine Chance hat.

Deshalb wirkte das Gegen-Jubiläum, zu der die Kommunistische Partei in Nordlondon aufgerufen hatte, auch so unendlich unenglisch, eher an die vergangene linke Studenten-Glorie von Berlin, Paris und Frankfurt erinnernd. Trotz repräsentativer Sprecher aus Spanien bis zur Sowjetunion wurde diese antiroyalistische Solidaritätskundgebung zur Demonstration dessen, was den britischen Kommunisten so dringlich fehlt: eine ausgearbeitete Konzeption, die das politische und kulturelle System dieses uralten Landes verändern könnte. Ein exotisches Potpourri aus Chile-Filmen, Spanien-Dokumenten, China-Hoffnung und antikapitalistischen Bildsignalen zieht nur die Überreste einer utopisch gestimmten, frustrierten, bürgerlichen Jugend an. Sie kann nicht die Arbeiterschaft vom Jubiläums-Fernsehen weglocken. Das bringt nur die goldene Kutsche zustande, die in abgewandelter Form jetzt durchs ganze Land rollt, das forterzählte britische Märchen.

Als die Königin im Park von Windsor den ersten Holzstoß anzündete und die Kette von Feuerbränden von der Südküste bis zur schottischen und nordirischen Küste lief, war das die zeremonielle Wiederholung jener Warnfeuer, die von Cornwall bis nach Dover aufflammten, als die spanische Armada in den englischen Kanal eindrang. Letzte Erstarrung im historischen Zeremoniell oder doch ein Ereignis von symbolischer Kraft? Der Ausländer kann es nicht verstehen. Nur soviel: das Jubiläum kam zum richtigen Zeitpunkt. Es erinnert daran, was man einmal war, was man noch sein will, just to have fun, und sei es nur für wenige Tage. Fortsetzung folgt in fünfundzwanzig Jahren. Bis dahin wieder Stille wie im Nußknackermärchen: Die Bewohner der Straße an der Themse sind wieder in ihre Häuschen zurückgetreten.

In den Wäldern
der Nacht

William Blake:
Prophet der Zerstörung Britanniens

Man sieht seit geraumer Zeit ab und an auf modischen Boutique-Posters die Figuren seiner mythologisierenden Phantasie. Auch Pop-Designer der Schallplatten-Industrie beginnen sein malerisches Werk auszuschlachten: ekstatisch und gewalttätig in Stil und Motiv, intensiv und exzentrisch in den Farben, scheint dieser wahrscheinlich fremdartigste unter Englands fremdartigen Malern des 19. Jahrhunderts auf dem Umweg über den ästhetischen Untergrund einer Art von akademischer Wiederentdeckung entgegenzugehen. Blake, der Maler und Dichter, war als Genius von den englischen Präraffaeliten gefeiert worden, die in diesen Jahren auch auf dem Festland das besondere Interesse auf sich gezogen haben.

Was die Präraffaeliten und Lyriker wie Swinburne an Blake bis zur Obsession fesselte, das war der Manierismus seiner explosiven Farbgebung und der Okkultismus seiner privaten Mythologie. Er kam damit dem esoterischen Kunstglauben der Präraffaeliten entgegen, der nur ein Teil der größeren romantischen Bewegung war. Ob das Interesse an William Blake – sollte ein solches wirklich aufkommen – mehr sein wird als ein eher exotisch-peripheres, dies bleibt abzuwarten. Im Unterschied zu seinem Landsmann Turner, mit dem der Londoner Blake sowohl die soziale Herkunft der unteren Mittelschicht als auch gewisse exzentrisch-düstere Charakterzüge teilt, spricht seine Kunst nicht so unmittelbar zum Auge wie die Bilder Turners. Blakes Bilder nehmen gefangen, aber sie bleiben hermetisch. Sie legen dem Betrachter Rätsel auf, wie dies seine Dichtungen tun, die hierzulande so gut wie unbekannt sind.

Die Sprichwörter der Hölle

Beginnen wir unsere nur unvollständige Entschlüsselung so: Die Paradoxie des Phänomens Blake ist, daß er einerseits einer der größten Erfinder hermetischer Sprach- und Bildwerke gewesen ist, die sich dem Verständnis nicht nur des ungeübten Beobachters zunächst entziehen, und daß er andererseits ein glühender Radikaldemokrat, ein Anhänger der Amerikanischen und der Französischen Revolution war. Eigentlich hätte er dem bedeutenden Konservativen Edmund Burke anhängen können, dessen Schrift »A philosophical enquiry into the origin of our ideas of the sublime and beautiful« – in ästhetischer Hinsicht jedenfalls – Blakes eigene Absichten betrieb. In Wahrheit aber hing Blake dessen politischen Widerpart, dem aufrichtigen, intellektuell aber schlichteren Thomas Paine an, der sich vor dem für ihn wahrscheinlich tödlichen Zugriff der englischen Behörden in seiner letzten Nacht auf britischem Boden im Hause Blakes versteckt hielt, bevor er ins revolutionäre Frankreich flüchtete. Von Blake stammt der ironische Satz: *In England ist die Frage nicht, ob ein Mann Talent oder Geist hat, sondern ob er passiv, höflich, ein tugendhafter Esel und den Absichten der Adligen über Kunst und Wissenschaft ergeben ist. Ist er das, so ist er ein guter Mensch. Wenn nicht, muß man ihn hängen lassen.*

Blake wurde nicht gehenkt, aber er ging gerne mit Leuten um, hinter denen der Henker her war. Man muß dies wissen, um die Antriebe, die Motorik wahrzunehmen, aus der Blakes Kunst stammt. Abstrakt und an dieser Stelle verkürzt gesagt: aus dem Zusammenstoß seiner selbstherrlichen, subjektivistischen und utopischen Erfindungskraft mit dem gerade aufgehenden industriellen und revolutionären Zeitalter. In Blake explodierte die Epoche, das letzte Jahrzehnt des 18. Jahrhunderts, in der Form einer fast eschatologischen Erwartung. Dieser Mann war durchdrungen von dem bevorstehenden Umsturz aller Verhältnisse hier und jetzt. Es war der Versuch, Möglichkeiten, die das gegenwärtig Wirkliche nur ahnen ließ, fiktiv zu Ende zu bringen, und so bedeutet Blakes Werk, was immer man auch im individuellen Fall damit anfangen mag, ganz sicher einen der strategischen Punkte auf den geistigen und ästhetischen Linien, die zur Moderne hinführen. Eine Vorstellung von der säkularen Anspannung Blakes geben Strophen seines großen Gedichts »Amerika«, mit dem Untertitel »Prophetie«. Sein Thema: Der Krieg zwischen den abgefallenen amerikanischen Kolonien und dem britischen Mutterland. Blake schrieb das Gedicht im Jahre 1793, zu einem Zeitpunkt also, als die Kolonien längst triumphiert hatten und die Französische Revolution ihrem Höhepunkt zuging: Eine rückwärts gewandte Prophetie also, die Zukunft meinend:

Der prinzliche Wächter Albions brennt in seinem nächtlichen Zelt:
Mürrische Feuer glühn überm Atlantik zur Küste Amerikas,
durchbohren die Seelen kriegerischer Männer, die aufstehn in schweigender
Nacht.
Washington, Franklin, Paine und Warren, Gates Hancock und Green
treffen sich an der Küste im Blutschein von Albions feurigem Prinzen.

Blakes Vision vom Zusammenstoß zwischen den amerikanischen Kolonien und Großbritannien, gehalten in einem apokalyptischen Tonfall, projiziert den Zusammenbruch des britischen Systems in die Zukunft, das in den Tagen, als Blake diese Strophen schrieb, wiederum im Kriege stand, gegen eine revolutionäre Republik, Frankreich, der sich Blake im Gegensatz zur überwältigenden Mehrheit seiner Landsleute eng verbunden fühlte – gegen den großen, aber im Gegensatz zu seinem Vater konventionellen Kriegspremier Pitt und die Tories. Das chaotisch-wilde London, in das Blake 1757 als Sohn eines Herrenkonfektionärs geboren wurde, in dem er als Graphiker begann, zeitweilig im politischen Club des Verlegers Johnson zusammen mit Männern wie Thomas Paine waghalsig und dilettantisch konspirierte, war Hintergrund und Herausforderung für die künstlerische Phantasie dieses einzigartigen Mannes, in dem die für die englische untere Mittelklasse so bezeichnende Tendenz zu Glaubenshärte und Sektierertum umschlug in Worte und Farben, so rätselhaft, dunkel und drohend, als seien sie nicht von dieser Welt. Zwar hielt man auch in England sein berühmtes Gedicht aus dem Zyklus »Songs of Experience« mit den wunderbaren Anfangsstrophen »*Tyger Tyger, burning bright / In the forests of the night*« oft nur für ein Kinderlied. Aber diese Strophen sind nur scheinbar leicht verständlich, so melodisch eingängig sie auch klingen. Sie eröffnen ein kompliziertes, symbolistisches Gebilde, lange bevor sich im Symbolismus Baudelaires und seiner Nachfolger die moderne Avantgarde formulierte. Und solche schwierige Symbolik durchzieht alle Farben und Worte, die Blake erfand und die sich vor dem Leben in einem apokryphen System zu verbergen scheinen. Symbolismus – letzte Zuflucht des Wissenden und Gefährdeten?

Die Herausforderung war das England von William Pitt, dem kühl taxierenden ersten Minister der Krone, von John Fox, dem wortgewaltigen oppositionellen Parlamentarier, von Edmund Burke, dem bedeutenden Denker der Gegenrevolution, das England der gerade zu Ende gegangenen indischen Skandale um Warren Hastings und schließlich das England jenes souveränen Systems zweckrationaler Machtausübung, das im Zeichen der »Splendid Isolation« berühmt zu werden begann. Dahinter die düsteren Farben der »Industriellen Revolution«, die hier schon in den letzten Jahrzehnten des 18. Jahrhunderts einsetzte und dem Land trotz des extremen Elends großer Bevölkerungsteile für 150 Jahre einen ökonomischen und machtpolitischen Vorsprung gegenüber dem »Rest der Welt« bescherte. Blake mißtraute diesem Ausbruch von Energie und entdeckte anderes als der romantische Lyriker John Keats, der noch angesichts der Manchester-Industrie schrieb:

Glücklich ist England. Mir genügte schon, hinfort nur dies ihm eigene Grün zu sehn, zu spüren nichts als dieser Winde Wehn.

Durch seiner hohen Wälder Sagenton.

Solch anmutiger Eskapismus war nicht Blakes Möglichkeit. Es wäre also vorschnell, seinen eine spätere Kulturkritik vorwegnehmenden Ästhetizismus als Fluchtmanöver zu verstehen. Das Zeitalter der expandierenden Baumwolle in Manchestershire, das Zeitalter der Maschine in Wales legte unvorhersehbare ökonomische und technische Energien frei, denen Blakes symbolistischer Stil in seiner Weise Rechnung trug. Mehr noch: Blake entwickelte zwischen 1790 und 1793 eine eigene Lehre der »Energie«, die freilich einen revolutionären Horizont freilegte und herkömmliche ethische Bewertungen umkehrte. In den vielleicht schönsten seiner visionären Bücher, dem 1793 erschienenen Werk »The Marriage of Heaven and Hell«, entwickelte er als Energie-Theorie den Gegensatz von »Imagination«

und »Ratio«. Nur die »Imagination« ist für Blake der Ursprung aller Poesie, das kreative Vermögen schlechthin, die aggressive Herausforderung an die »Ratio«, eine in seinem Verständnis nur machttechnisch gehandhabte Methode der konservativen Inhaber der Regierungsgewalt, die alles Schöpferische erstickt.

Wiederherstellung der Imagination als reinigende Apokalypse ist das Ziel, das Blake als Vermächtnis den Verstehenden hinterlassen will. »Imagination« ist also nicht bloß ein philosophischer oder poetologischer Begriff, wie ihn die spätere englische Romantik kennt, sondern ein Zeichen des Aufbruchs in eine neue Ära der Menschheit. Verdammt werden hier die Zierden des englischen Gentlemans, und seinen Idealen wird ironisch eine Ethik entgegengestellt, die schon der radikale Milton, einer der poetischen Gewährsmänner Blakes, am Beispiel seines »Satans« entwickelte: So feiert Blake die »Begier« mit subkutanem, psychologischem Verständnis: *Die, welche die Begier unterdrücken, tun es, weil die ihre schwach genug ist, sich unterdrücken zu lassen; und der Unterdrücker oder die Vernunft maßt sich ihren Platz an und beherrscht die Unwilligen. Und da sie unterdrückt wird, wird sie allmählich leidend, bis sie nur ein Schatten der Begier ist*. In schöner und herausfordernder Konsequenz nennt Blake seine Erkenntnisse über die Notwendigkeit der »Begier« in Anspielung auf Miltons heimlichen Helden Satan: *Sprichwörter der Hölle* und setzt entsprechende Pointen: *Die Tiger des Zornes sind weiser als die Rosse der Belehrung / Was jetzt bewiesen ist, war einst Phantasie / Die Straße der Ausschweifung führt zum Palast der Weisheit / Wer begehrt, aber nicht handelt, brütet Pestilenz*. In Blakes Imaginationslehre und seinem System der »Begier« steckt also ein subversives Element.

Am unmittelbarsten, am gewalttätigsten wirkt das malerische und zeichnerische Werk, und dies seltsam überfallartig – zumal für ein nichtbritisches Publikum, das den Maßstäben der großen kontinentalen Tradition folgt. Hier aber ist Blakes originelles und originäres Vermögen am reinsten anwesend. Seine Bilder ergänzen zum Teil seine Dichtung – dies gilt programmatisch für die »Illuminated Books« –, aber sie sind alles andere als Programm-Malerei – wie einige symbolische Werke des 19. Jahrhunderts. Wer die wilden, exzentrischen Bilder der neunziger Jahre zum ersten Mal erblickt – in der Tate Gallery oder im Museum von Newcastle on Tyne –, der empfängt vor allem zwei Eindrücke: den einer großen technisch-artistischen Erfindungskraft, die gleichzeitig ungemein befremdet, da sie im Unterschied zu Füsslis' vergleichbaren unheimlichen Gemälden etwas von der Großheit des Naiven und des Autodidaktischen an sich hat. Schon während seiner Ausbildung an der Royal Academy entzog sich Blake dem offiziellen Stil: Nach Abgüssen antiker Skulpturen und nach dem lebenden Modell das Handwerk erlernend – gleichzeitig jedoch der literarischen Einbildungskraft freien Lauf lassend –, kam in ihm schon hier eine starke Abneigung gegen das Zeichnen »nach der Natur« auf, da eine solche Schulung seiner noch nicht entwickelten, aber früh angelegten Imaginationsvorstellung widersprach.

Der Mensch, das entsetzte Wesen

Entscheidend für seinen Stil aber wurde seine Abneigung gegen die Ölmalerei, da sie nach seinem Urteil die Farben verwische und die Konturen unbestimmt lasse. Die Konturen sind in der Tat der seltsame Reiz, den man auf den ersten Blick an Blakes Bildern entdeckt. Blake malte bewußt gegen die Vorbilder der Tizian, Rubens und Rembrandt und bekannte sich zu Michelangelo und Raffael. Allgemeine Prinzipien aber helfen nicht, dem esoterischen Geheimnis von Blakes Bildern näherzukommen. Sicher ist, daß das eigentümlich Apokryphe und auch das zuweilen bestürzend Moderne seiner mythologischen Figuren aus den scharfen Umrissen der Körper stammt, wo die Linien, wo Hell und Dunkel nicht ineinanderfließen, sondern haarscharf getrennt sind. Das gibt seinen Bildflächen das zuweilen stahlhart Gegliederte, das Abstrakte, die Struktur geometrischer Beziehungen, an die frühe Moderne erinnernd. Das Monsterhafte seiner Götter, der Schrecken des Bildausdrucks fließen aus der kalkulierten bänglichen Gruppierung und Geometrie der Gestalten.

Ein weiteres wirkungsästhetisches Moment ist zu beachten: Diese Bilder sind von Thema und Figur her eigentlich bedeutend größer zu denken, als ihre Formate in Wirklichkeit sind. Die Diskrepanz zwischen der Michelangeloschen Majestät der Themen einerseits und den kleinen Formaten andererseits ist auch eine formale Ursache für

unsere Überraschtheit vor ihnen. Diese Diskrepanz läßt das Gefühl des Unerwarteten aufkommen, das allen Bildern Blakes eigen ist. Das Unerwartete aber soll von der romantischen Ästhetik bald darauf das Schöne selbst genannt werden, und diese Übereinkunft wird noch weit bis in das Zeitalter der modernen Avantgarden den Begriff von Schönheit bestimmen. Blake hatte diesen Effekt vor allem deshalb erreicht, weil ihm das Geld, das heißt der öffentliche Auftraggeber, fehlte, was größere Formate gestattet hätte. Der innovatorische Charakter, der so zustande kam, enthält als besondere Eigenschaft die Privatheit, die privatistische Botschaft. Solche Subjektivität wurde durch das bevorzugte Mittel der Wasserfarbe unterstützt: Die Wasserfarbe, von Turner wenig später in ganz anderer Manier verwandt, war längst ein Mittel des malerisch dilettierenden englischen Adels gewesen, der im privaten Kreise privaten Themen anhing. Nunmehr wird dieses Mittel angewandt auf Themen der großen Kunsttradition, sosehr sich auch diese bei Blake in eine individuelle Mythologie auflöste.

Erst die Wasserfarbe aber gibt der beschriebenen Struktur von Blakes Bildern die Intensität und eine bis dahin ungeahnte Hintergründigkeit. Beherrschend sind in den neunziger Jahren die emotionell und symbolisch besonders stark wirkenden Farben Rot und Schwarz. Daneben tauchen Gelb und Grün in ihren verschiedenen Abstufungen bevorzugt auf. Hiervon kommt die nervöse, ja neurotisch wirkende Nuance, die ein Vorgriff auf die spätere Farbenglut der Präraffaeliten bedeutet. Das Mythologische und Apokryphe verschlägt es zweifellos immer wieder ins Pathologische, im Sinne der ursprünglichen Bedeutung des Wortes: verborgene Leiden brechen mit Vehemenz auf. Es herrscht hier eine eigentümliche Verknüpfung von Bildinhalten des Terrors mit solchen aus dem erotischen Bereich. Unheimliche Feuersymbole, wo menschliche Gestalten in einer sie verzehrenden Flamme stehen, rote Feuerkugeln, die drohend an die roten Flammenhaare einer menschlichen Gestalt reichen, Menschenkörper, die ineinandersinkend sich berühren, an den Boden wie gefesselt wirkende Gestalten. Das Horrormotiv, verbunden mit dem erotischen, findet sich nachdrücklich auch bei dem Blake wahlverwandten Füssli. Was sich bei diesem als die phantastisch-manieristische Abweichung von dem klassizistischen Vorbild darstellt und was in der Mythologie der Ossianischen Malerei, mit der sich Blake in manchen Stilzügen stark berührt, allzuoft pompös und rhetorisch bleibt, ist in Blakes Bildern in seltsamer Weise unvergleichbar und autochthon. Der Horror seiner Figuren und der Horror in den Blickbeziehungen dieser Figuren selbst erscheint als unableitbarer, elementarer Ausdruck des Schreckens selbst. Eine von Blakes Strophen heißt: *A Shadow of Horror is risen, in Eternity* – ein Schatten des Schreckens hat sich erhoben, in Ewigkeit. Durch die Kunstfigur hindurch – sei es »Nebuchadnezzar«, »Adam«, oder »Newton« – wird sichtbar der Mensch als das entsetzte Wesen.

Wahnsinn des Scharfsinns

Solch stabilisierter Grausamkeit der menschlichen Bedingungen hat Blake in seinen *Songs of Innocence and of Experience* Worte und Bilder seines Zustandes entgegengesetzt, in denen das Grauen und das Böse getilgt zu sein scheinen wie durch Feenzauber. Er begründete hier ein Thema – die geträumte und idealisierte Kindheit –, das fortan, zumal in der englischen Kunst, eine hintergründige Rolle spielen wird: das phantastische Traumland der Fiktion, schließlich weithin berühmt geworden durch Lewis Carolls »Alice in Wonderland«. Es ist ein künstlicher, ein bänglicher Frieden, der in dem »illuminierten« Buch gestiftet wird. Die Idylle trägt in sich selbst die Spuren ihrer Auflösung. Sie ist eine kunstvoll arrangierte Anstrengung, das Gegenteil naiver Einstellung. Gerade die Spannung von großer Einfachheit und großem Raffinement ist das Aufregende dieser sich gegenseitig aufschlüsselnden Strophen und Wasserfarbenbildchen: ein gefährliches Blau, ein heiteres Rosé, ein ekstatisches Gelb, ein beunruhigendes Grün. Gefahr ankündigende Zwischentöne, der fatale Strich, den diese Wasserfarben alle besitzen, lassen den Betrachter nach Augenblicken des Friedens und des Gefühls von Sicherheit immer wieder Bedrohung assoziieren. Die flackernden, esoterischen Formen und Linien von Gewandungen, von Bäumen, Pflanzen und Wolken ergänzen den bösen Farbstich zum Seelen- und Geisterdrama en miniature. Am schönsten, am überzeugendsten und für die Geschichte des europäischen Gedichts gewiß auch am bedeutendsten kommen diese Charakteristika alle zusammen in den zu Beginn genannten ersten Strophen vom »Tiger«:

> Tyger Tyger, burning bright,
> In the forests of the night;
> What immortal hand or eye,
> Could frame thy fearful symmetry?
> In what distant deeps or skies,
> Burnt the fire of thine eyes?
> On what wings dare he aspire?
> What the hand, dare sieze the fire?

Der »Tiger« – wie sehr seine Beschreibung auch dem realistischen Verstande hinreißend geglückt erscheinen muß – ist Blakes größtes, suggestivstes Zeichen oder Symbol geworden. Dieses Gedicht hat seine Energie-Lehre und seine ambivalente Ethik der revolutionären Epoche in wenigen Strophen versammelt, und dieser Sachverhalt wird auch dem deutlich, der einzelne Worte oder Beziehungen nicht aufzulösen vermag, zumal sich die Philologen über Einzelheiten, wie überall im Werke Blakes, nicht restlos schlüssig sind. Das gedanklich und sinnlich zugleich Faszinierende ist seine Anspannung schlechthin. Es ist eine Gespanntheit zwischen elementarer, zerstörerischer

Energie und symmetrischer Form und Harmonie, die im Wechselspiel stehen. Die unvergleichliche Art, wie Blake im einfachen Ton eines Kindergedichts anhebt, aber schon im Anfang symbolistisch denkt – denn was bedeutet der *Tyger*, was sind die *forests of the night?* und was hat es auf sich mit dem Wort von der *fearful symmetry?* Diese gedankliche und formale Brillanz enthält einen Rest von Unaufklärbarem.

Sie bedeutet vor allem Unangepaßtheit der Sprache. Es ist die Unangepaßtheit eines Künstlers, den manche seiner Zeitgenossen schließlich für wahnsinnig hielten. Ein Wahnsinn war dies freilich, der ein anderes Wort dafür ist, daß Blake scharfäugiger als andere die Bedingungen seiner Epoche erfaßte und so hineinging in die Wälder der Nacht.

Rückkehr zum Heroismus

Heinrich V. verlorener Haufen als nationales Märchen

Ein Hauch von »Harry in der Nacht« sei wahrscheinlich das, was dieses Land im Augenblick brauche. Heruntergekommen, wie es sei, könne ein wenig altmodischer Chauvinismus nichts schaden. So etwa kommentierte die volkstümliche Abendzeitung selbstironisch die Überraschung von Stratford, nämlich die seit einem Jahr mit Lorbeeren überschüttete Inszenierung des Zyklus der Königsdramen »Heinrich IV.« (2 Teile) und »Heinrich V.«, der bald auch in den Vereinigten Staaten und in Europa zu sehen sein wird.

Harry in der Nacht – das sind Heinrich V. und sein verzweifelter Mut vor der Schlacht von Agincourt, in der er und sein erbärmliches britisches Aufgebot die in Pomp und Siegestaumel antretende französische Aristokratie in ein Blutbad tauchten. Überraschung – das ist die Tatsache, daß die Royal Shakespeare Company oder besser ihr junger Regisseur Terry Hands es wagte, ausgerechnet Shakespeares nationalistischste Dramenfolge zu spielen, in der patriotische Rhetorik und kriegerische Musik die vom Zeitgeist begünstigte Geschichts- und Sozialanalyse erschweren. Aus dieser prächtigen Kriegschronik scheint kein Ausweg ins Moderne sichtbar, jedenfalls nicht mit jener Logik, die überall auf das Allgemeinmenschliche hinaus will. Etwa: ein Heinrich, der kein König ist, Engländer, die keine Engländer sind, und Franzosen keine Franzosen mehr. Die nationalen und heraldischen Farben sind in den beiden Heinrich-Stücken belastend für moderne Psychologie und aktuelle Macht-Analyse. Zudem wirft

Laurence Oliviers berühmte Inszenierung (1944) noch immer einen langen Schatten, aus dem sich vielen vielleicht nur ein Ausweg angeboten hätte, nämlich die anämische Gegenprobe zu machen, eine Art Friedensfeier. Solche Möglichkeiten und Fragen standen an.

Die Schwierigkeit, des Prinzen »Heinz« verlotterte Jugendgeschichte im Kreise von Falstaff und seinen heruntergekommenen Genossen (Heinrich IV.) zu spielen sowie seinen schließlich über Agincourt aufgehenden Ruhm (Heinrich V.), hatte noch eine andere Ursache: Seit Jahren, inzwischen einem Jahrzehnt wohl, herrscht in Stratford eine Stil-Tradition, die Shakespeares Geschichtsdramen zyklisch, im Kontext ihrer denkbaren sozialen und politischen Determinanten vorführt. Brechts epische Dramen-Theorie hatte diese Konzeption aufs stärkste beeinflußt, des Polen Jan Kott Ansicht vom anonymen, individuell nicht zu beeinflussenden Geschichtsablauf kam hinzu sowie einige Anstöße durch Artauds »Theater der Grausamkeit«.

Das markante Beispiel für Stratfords intellektuell ambitiösen Stil setzte Mitte der sechziger Jahre Peter Halls legendär gewordene Inszenierung der »Rosenkriege«. Das waren die Stücke »Heinrich VI.« in drei Teilen und »Richard II.«. Es folgten »Die Römer«, ein Zyklus, der »Coriolan«, »Julius Cäsar«, »Antonius und Cleopatra« und »Titus Andronicus« zusammenfaßte. In beiden Zyklen wurde die historische Größe und Machtausübung mehr als nur einem vernichtenden Skeptizismus ausgeliefert. Unter den in angelsächsischen Ländern heftig ausschlagenden Wirkungen des Vietnam-Kriegs erschien Geschichte schlechthin als blutige Schlächterei, der Feudalheld verkam zum stupiden Metzger, und übrig blieb als menschliche Hoffnung nur noch das Gelächter des einfachen Mannes. Keine individuelle Größe mehr, sondern Puppen, gierig nach Macht, austauschbar im Blutdunst.

Die Auffassung, daß Könige vertauschbar seien, daß nicht ihre individuelle Psychologie, sondern allein der Mechanismus vom ewig gleichen Aufstieg und Abstieg dramatisch interessant wäre, herrschte auch noch in John Bartons Inszenierungen von »König Johann« und »Richard II.« (1974/75) vor, Stücken also, von denen das eine für seine individualpsychologische Hintergründigkeit geradezu beispielhaft ist, während in dem anderen solche Elemente immerhin entdeckbar wären. Aber auch hier verschwand trotz der stupend theatralischen Leistung der beiden Stars (Emrys James/Ian Richardson) die Psychologie hinter dem historischen Mechanismus. Die Angst vor Pathos und Identität der Personen machte der Ironie und dem bloß zitierenden Rollen-Bewußtsein Platz.

Diese Situation ließ fürchten, daß Terry Hands' Regie entweder auf eine epigonale Wiederholung der »Rosenkriege« hinausliefe, das heißt auf eine nur zu begreifliche, abermalige Denunziation des Krieges und seiner illusionistischen Wirkung, oder aber auf ein harmloses Festspiel zu Ehren des Nationalheros. Terry Hands gelang das Kunststück, beide Gefahren zu vermeiden und für ein theatralisches Jahr zu sorgen, das wahrscheinlich in die Annalen von Stratford ebenso eingehen wird wie die »Rosenkriege«: als deren Umkehrung, als eine reflektierte Rückkehr zum Heroismus auf dem Höhepunkt einer englischen Ökonomie- und Gesellschaftskrise.

Hands faßt die beiden Teile von »Heinrich IV.« und »Heinrich V.« zu einem Zyklus zusammen, allerdings mit einer interessanten Neuerung: Er verkehrte die historische Zeitenfolge, so daß wir zunächst »Heinrich V.« in voll entfaltetem königlichen Glanz erblickten, danach erst die Story, wie es dazu kam in den Wirtshäusern Londons und auf dem Schlachtfeld von Shrewsbury. Die leuchtenden Farben des Feudaladels zu kriegerischen Metaphern stilisiert und der jünglinghaft zögernde König allmählich zum schwarzgeharnischten Kriegsgott erstarrend, sensitiv das Grauen ahnend – das wird zur durchgehenden emotionellen Achse beider Dramen. Schon der Lotterprinz und Kumpan des Falstaff scheint zu wissen, daß er einmal weit entfernt sein wird von der Lustigkeit des alten London, daß er plötzlich einsam unter dem roten und blauen Flaggenhimmel des englischen Löwen und der französischen Lilien stehen wird, um die gräßlichen Gesetze des mittelalterlichen Kriegsrituals zu erfüllen.

Alan Howard: Augen wie blaue Höhlen

Die Doppelbödigkeit beider Stücke, unentdeckt eigentlich bisher, wurde durch eine federleichte Regie freigelegt. Bisher schien der emotionelle Reichtum des Stücks ausschließlich im romantischen

Schimmer eines verspielt-narzißtischen Prinzen und eines jugendlichen Soldatenkönigs zu liegen, umgeben von jungen Männern, die ihm folgen, und jungen Mädchen, die von ihm träumen, eingehüllt von dem ihm eigenen Charme, gesegnet von der Liebe seiner Nation: der Star von England, Harry in seinem Glamour, wie ihn die Engländer bis heute bis zur Affektiertheit lieben. Zu diesem volkstümlichen Appeal gehört auch die seit Shakespeare notorische englische Selbstdarstellung als eines verlorenen Haufens, der, schäbig, heruntergekommen, dennoch allen Gefahren arrogant trotzt und selbstironisch schließlich den Sieg davonträgt.

Diese traditionelle Rhetorik ist durchaus erhalten geblieben, ja sie wurde durch die imaginative Technik und Bühnenszenerie (Farrah) mit allen Verführungsmitteln verschärft: buchstäblich wie Phönix aus der Asche steht Alan Howard als Heinrich V. auf dem dreckigen Kriegswagen, Schwert und Kriegsaxt in den Händen, das rote Haar über dem bleichen Gesicht, die Augen nur noch blaue Höhlen, der Mund ein Worte schmetternder Spalt, getragen von dem trotzigen Choral, der seine Truppen vorwärtszwingt. Das nationale Märchen von der wunderbar gewonnenen Schlacht gegen die in Gold strotzenden Franzosen kann sich voll entfalten, so daß jeder Zuschauer die melancholische Botschaft versteht, die in der Kluft zwischen dem liegt, was England war, was es sein könnte, und dem, was England ist.

Heinrich als Stern und Ruhm Englands so zu pointieren, bedeutet auch, daß im Kontext des Zyklus nicht das Paar Prinz Heinz/König Heinrich und Falstaff wie üblich die moralischen und politischen Gegensätze bilden, sondern auch hier eine heroische Achse entsteht: der Gegensatz von Henry Hotspur, dem kühnen, heißblütigen Empörer aus Northumberland, der schon die Tragödie der weißen und der roten Rose ankündigt, des Kampfes zwischen den beiden Geschlechtern der Plantagenets, und dem Prinzen von Wales, der nur scheinbar in nichtstuender Trunkenheit dahinlebt. Dagegen fallen die Falstaff-Szenen ab, weil Brewster Mason als Falstaff nicht erlaubt wird, etwas anderes als ein gutmütig-launiger Clown zu sein.

Indem Hands sich ganz konzentriert auf den schmerzhaften Verwandlungsprozeß vom durch die Wirklichkeit nachgerade entsetzten König zum von Eisen umhüllten Krieger, konzentriert er die Figur des Prinzen auch schon auf den Punkt seiner verquälten Einsamkeit: bleichgesichtig, höhnend, mit kalten blauen Augen auf Falstaffs harmlose Kapriolen starrend. Vor dieses Prinzen heiserer Stimme erlischt alle Fröhlichkeit im Wirtshaus zum Bärenkopf. Es scheint, Alan Howard hat viel von Hamlet, den er vor Jahren in Stratford spielte, in die Rolle des unsteten Prinzen gesteckt: Maske und Entfremdung sowohl in der Kneipe wie am Hofe, Maske und Spiel als einzige Chance, psychisch zu überleben. Als neu gekrönter König erscheint er seinem alten Weggefährten Falstaff, der ihn voll Freude anreden will, wie eine Statue, von Kopf bis Fuß in Gold gehüllt, einschließlich der goldenen Maske, die sein Gesicht verhüllt. Wenn diese Königsmaske für immer die alte Freundschaft aufkündigt (»Ich kenn' dich, Alter, nicht«), dann verstehen wir, daß im Maskensymbol das wichtigste Mittel dieser Inszenierung liegt, den Abgrund an psychischen Schrecken zu fixieren, der nur noch in der Verstellung erträglich ist.

Diese Betonung des national-königlichen und des psychologischen Elements, diese vorsichtige, aber doch deutliche Verabschiedung des Brechtschen Puritanismus gerade dort, wo er so lange geholfen hat, Shakespeares Drama aktuell zu machen, dieser auch zeitsymptomatisch interessante Vorgang muß gerade hinsichtlich seiner Aktualität erläutert werden. Zwei Gründe spielen für die Rückkehr zum scheinbar Traditionellen eine Rolle: Da ist die epochale Gefährdung Englands, die nun auch im Bewußtsein der englischen Massen zu wirken beginnt, nachdem zunächst nur Ausländer sich darüber den Kopf zerbrachen. Ironie und Verfremdung sind keine hilfreichen Reaktionen in einem Land, das auf so elementare Weise gezwungen wird, an sich selbst zu zweifeln. Da aber das Land oder seine Sprecher letztlich nicht an sich zweifeln, sondern an vorangegangene Geschichtsphasen erinnern, in denen man schon einmal Hals über Kopf im Unglück steckte, müßte ein Regisseur blind sein, wenn er ebendiese Botschaft in »Heinrich V.« übersehen hätte. Das Problem, das sich ihm künstlerisch stellte, war nur, auf welche Weise das nationale Pathos, die zeitgeschichtliche Anspielung im historischen Gewand, sowohl geschmacklich erträglich als politisch vertretbar und verständlich gemacht werden kann.

Die nationale Symbolik

Hier hilft nun ein Faktum aus, das der Regisseur gar nicht bewußt reflektierte, weil es ihm als kultureller Bestand – wie modern er auch denken mochte – allzu selbstverständlich ist: Nennen wir es einmal die emblematische Struktur, Qualität, Natur der englischen Selbstreflexion, soweit sie sich in öffentlichen Darstellungen manifestiert hat. Was heißt das? Es ist auffallend, daß die englische Bewußtseins-Geschichte in einer Kette topisch formulierter, artifiziell ausgebildeter, sich stets wiederholender Motive einen Entwurf von sich selbst zeigt, in dem archetypisch und kollektiv Erfahrungen, Ängste, Glücksempfindungen zusammenfließen. Shakespeare selbst war einer der ersten großen Erfinder solcher nationaler Symbole, die ungebrochen bis heute wirken, jedenfalls dort, wo Englands Kultur noch reiner Überbau ist. Sie waren auch nicht umzubringen von der radikalisierten Wirklichkeitserfahrung und ihren Darstellungsformen im living theatre, den modernen schwarzen Stücken, innerhalb der Popart, wo solch historische Wiedererinnerung im plötzlich herbeigeführten Zusammenbruch des geschichtlichen Bewußtseins sich auflöst.

Die emblematische Struktur der beiden Königsdramen bedarf also keines manieriert-gesuchten Blicks, sie liegt ohne artistische Manipulation offen zutage: da ist der von allen Mitteln entblößte englische König, der eine schlaflose lange Nacht vor sich hat – ein moralischer Topos von der Entschlossenheit in der Gefahr. Trotz dreihundertjähriger Meeresherrschaft und Ausbeutung der Kontinente blieb die auf sich selbst zurückgeworfene, gefährdete Insel England spätestens seit dem Armada-Überfall ein sich rhythmisch wiederholendes Motiv. Das Königtum selbst ist auch noch immer Symbol nationaler Identität. Es besitzt einen tiefen emotionellen Reiz, auch wenn die jetzigen Nachfolger der Hannoveraner wenig zu tun haben mit den romantisch-brillanten Plantagenets, deren schillernde Charakterfiguren den Shakespeareschen Dramen soviel Spannung geben. Da ist der beispielhafte Gegensatz Frankreich – England, die Antinomie der beiden westeuropäischen Mächte, die einander immer den Vorrang streitig machten und gleichzeitig im anderen den eigentlich Gleichrangigen anerkannten und bewunderten.

Der französisch-englische Macht-Dualismus ist durch Shakespeares Drama auf die Höhe eines artifiziell artikulierten, geometrisch anschaubaren Zivilisations-Spiels gebracht worden, in dem sich die beiden Flügel dessen, was man nach seinem politischen und kulturellen Geist den »Westen« nennt, zusammenfinden. Es ist das Verdienst von Hands' Regie, daß er die Franzosen, die schon vor der Schlacht Wetten um die Rüstungen ihrer englischen Gegner abschließen, nicht nach herkömmlicher Manier ins Lächerliche zieht, sondern sie mit einer Art tragischem Pomp umgibt: Diese Aristokraten sind historisch schon überholte Figuren, ihr individualistisch-feudaler Kampfstil wird an der aus der Not geborenen, fortschrittlicheren, »demokratischen« Kampfesweise der Engländer scheitern. Aber ihre von Blindheit geschlagenen Gesten sind nicht ohne Großartigkeit. Der Reiz solcher szenischer Fußnoten wirkt dort am selbstverständlichsten, wo die Prädominanz des »Westens« in kultureller Hinsicht jedenfalls noch gemeinplätzig angenommen und voraussetzbar ist: in London, Paris, New York. Mit der Entfernung von diesen Zentren dürfte der Reiz solcher Farben matter werden.

Da ist schließlich der emblematische Charakter von Natur und Volksszenen, der noch heute in dem romantisch arrangierten Stil des BBC-Wetterberichts anklingt: die englische Natur bekommt dann den Signalcharakter von ewig gleichem Wolkenspiel und amöner Landschaft. Die volkstümlichen Gloucester-Szenen in »Heinrich IV.«, einer der besten Komödien Shakespeares überhaupt, finden auf einer Bühne statt, die Farrah, der erfindungsreiche und gleichzeitig lakonische Künstler, auf die einfachste Situation dieses englischen *locus amoenus* und seine Bedrohung zugleich reduzierte: Zwei sich berührende Baumzweige krönen die Szene, während Vogelgezwitscher ertönt, das durch Krähengekrächze unterbrochen wird, wenn Übles im Anzug ist. Wo emblematisches Verständnis von Vorgängen vorherrscht, da wird der Schrecken dieser Vorgänge immer schon innerhalb eines kulturellen Kontextes verstanden und dadurch abgeschwächt.

Elementarer wirkt da schon das Quartett der vier britischen Hauptleute, die jeweils in karikierender Maske die Temperamente der vier unterschiedlichen britischen Völker repräsentieren: die Schotten, die Iren, die Waliser und die Engländer. Ihr ständiger

Streit, der immer dann in Mord und Totschlag zu münden droht, wenn äußerste Einigkeit gegen eine heraufziehende gemeinsame Gefahr geboten wäre, ist von schönster Aktualität, nachdem die Forderung der Schotten und Waliser nach einer eigenen nationalen parlamentarischen Repräsentation keine groteske Angelegenheit von Sektierern mehr ist, ganz zu schweigen von den chaotischen Verhältnissen in Nordirland. Ihnen gilt der Galgenhumor der Inszenierung: Jedesmal wenn Macmorris, der ständig trunkene irische Hauptmann, eines seiner Kriegsgeräte verliert, zucken sein englischer, walisischer und schottischer Gefährte leicht zusammen: die Geräusche gleichen der Explosion einer mittleren Bombe. Diese Figuren verhindern *a priori*, daß die patriotische Legende allzusehr in den Himmel wächst.

Die Romanze Englands mit sich selbst

Für die komödiantische Unterhöhlung des Tragischen sorgen noch stärker Falstaffs und des Prinzen einstiger Anhang, diese plebejische Cockney-Rotte aus Ost-London in Gestalt der grotesken Figuren von »Floellen« und »Pistol«. Jenseits von Ehre und soldatischer Disziplin leben sie mit einer bisher selten gezeigten bösartigen Unberechenbarkeit die Eigenliebe eines Menschenschlags aus, dessen Interesse keineswegs immer mit dem des Königs oder der Nation übereinstimmt. Ihre phantasievolle Faulheit und Lust am schönen Leben ist von bestrickendem Charm.

Ästhetisch interessanter für die Rückkehr zum traditionellen Shakespeare ist jedoch die Art und Weise, wie der emotionelle große Augenblick, die Anspannung einer Figur, die Illusion einer poetischen Sekunde, die Süße monologischer Selbstvergessenheit, die Schärfe dialogischer Aggression wieder erscheinen darf. Offenbar hat Terry Hands instinktiv geahnt, daß die Straße weiter in Richtung des von Geschichtsanalyse und politischer Parabel Vorgezeichneten in die theatralische Öde führen müsse. Wenn der Punkt erreicht ist, wo die dramatische Situation immer wieder nur das politisch-ideologisch schon Gewußte illustriert, dann ist die Gefahr nahe, daß Theater ein abgenutztes Mittel zum Zweck welch höheren Einsicht auch immer wird. Dagegen wäre die hohe Emotionalität einer theatralischen Szene zu setzen, in der die Klischees vergessen werden können, in der das Publikum wieder mit dem Schock des Schönen konfrontiert wird, der es eher aus seinen eingeübten Gewohnheiten reißt, als demonstratives Theater dies noch vermag.

Terry Hands hat diese Möglichkeit mit Hilfe eines einmaligen Schauspielers, Alan Howard, wunderbar realisiert. Der 40 Jahre alte Howard – man fragt sich, wieso die englische Bühne so reich an intensiven Helden ist, die deutsche aber nicht – hat seine mächtige, exzentrische Kraft für die große dramatische Rolle erstmals als Achilles in »Troilus und Cressida« (1968) voll gezeigt. Damals konnte man im Aldwych eine Nadel fallen hören, wenn er seine ungewöhnliche Stimme erzern ertönen ließ, in der Haltung eines im Ritual versunkenen blutroten Kriegsdämons. Vielleicht zeigt Howard nun als Prinz noch zuviel von dieser narzißtischen, in sich versunkenen Starre, die ihm so zu liegen scheint, vielleicht moduliert er als König sein Entsetzen vor der möglichen Niederlage seines Heeres etwas zu monoton in der Form eines dunklen Requiems auf England. Aber das sind Manierismen, mit Hilfe derer er um so schärfer eine Dimension dieser scheinbar harmlos-schönen Rolle freilegt, an die alle seine Nachfolger denken werden müssen. Der heroisch-virile Stil von Laurence Olivier hat mit Alan Howard den heroisch-nervösen Widerpart gefunden.

Die wilde Kühnheit, die Gefahr androhende Schönheit dieses Heinrich ist nur die Kehrseite einer stets auf der Lauer liegenden Verzweiflung, eines immer wieder aufspringenden Entsetzens angesichts der blutigen Kriegsfarbe, die ihn mehr und mehr einhüllt. Der Zwang, Zepter, Schwert und Panzerhemd aufzunehmen, wird von Howard mit einer Gegenwehr vorgeführt, die von flackerndem Nein bis zum unabwendbaren Ja alle Stationen beschreibt, auf denen einer, der etwas Tödliches geerbt hat, dahinschreitet wie auf einem Passionsweg.

Der zum Zerreißen angespannte Widerspruch von auferlegter Königs-Rolle und gefühlter Existenz ist die erregende Konstante dieser Inszenierung. Im Dialog kommt das am großartigsten zum Vorschein, wenn Heinrich noch als Prinz seine erste Probe zu bestehen hat im Zweikampf mit dem kühnen Percy Hotspur, dem Ideal des englischen Feudalritters. Die extreme Emotionalität dieses Gefechts kommt einem Liebesakt gleich, und zweifellos hat die ganze Inszenierung eine homoerotische Färbung dergestalt, daß die bewußt neurotisch überreizte Aggressivität dieser jungen Männer in der Maske von Königen, Prinzen und Grafen sich im Umgang mit weiblichen Heldinnen nicht beruhigt.

Zitternder Schmerz, zärtliche Freude, jubelndes Glück, eifersüchtiger Haß zentrieren sich in Männerszenen, zumal wenn Vater und Sohn, König und Prinz sich umlauern, quälen, prüfen, einander versichern. Emrys James gibt der Rolle des alternden Heinrich IV. alle paranoiden Züge eines usurpatorischen Herrschers, der zwischen peinigenden Skrupeln, Gewissensanfällen und verführerischer Schlauheit nicht nur die Gier nach Macht, sondern die bewegende Angst um das Erbe zu erkennen gibt, das sein Sohn verspielen könnte. Gleichrangig, wenn nicht noch packender, den Nerv des Zuschauers voll treffend, sind einige der großen Monologe, die Howard in der Rolle Heinrichs V. spricht: Da ist die Stimme, die zum Geschoß wird, wenn sein lächelndes Gesicht gleichzeitig die französischen Gesandten mit einer Kriegserklärung verabschiedet. Da ist der angsterfüllte Schrei zu Gott, das Herz seiner Soldaten zu stählen. Da ist die große Einsamkeit dieses Königs, der in dieser Phase etwas von der dunklen und unabsehbaren Schwermut der letzten Nacht am Ölberg gewinnt. Da ist der Aufschrei an Gott, sich an diesem Tag nicht der Sünden seines Vaters zu erinnern. Dieses »Not today, o Lord, o not today« ist eingedrungen in die Erinnerung des Zuschauers wie eine Melodie, die man nicht vergißt, die steckenbleibt.

Wenn Hands es gelang, solch ungewöhnliche Erfahrungen als Sensationen der Seele auf das Publikum abzufeuern, dann ist es nicht zuletzt Alan Howard zu danken, der eine spezifische Auffassung vom »dramatischen Augenblick« hat: Die Inszenierung traut dem theatralischen »Jetzt«, dem Appell an das Imaginative, an eine wiederzugewinnende Naivität des Sehens und Hörens. Dieser Versuch ähnelt gewiß Münchhausens Unternehmen, sich mit dem eigenen Zopf aus dem Sumpf zu ziehen: Der Verzicht auf den ideologisch erkennbaren Interpretationsrahmen verweist auf das Spiegelerlebnis des Ästhetischen.

Abgesehen aber von dieser neuen-alten Dramaturgie in Stratford, ist da etwas Elementareres im Spiel: die unverhohlene Besessenheit dieses Landes von sich selbst, der offenbar nie endende Akt eines nationalen Spiegelerlebnisses: die Romanze Englands mit sich selbst.

Shakespeares grausame Kinder

*Die Wonnen des
Hasses im Krieg der Rosen*

Das schwarze Theater der sechziger Jahre kam aus England. Seinen Stil und seine Emphase bezog es nicht nur von Dramatikern wie Pinter, Orton, Wesker und Bond, sondern gleichermaßen von einem neuen Regiestil der Royal Shakespeare Company, die das Elisabethanische Theater als »grausames Theater« damals wiederentdeckte. Neben Brooks »Lear« (1962) war dafür beispielhaft der Zyklus der blutigen Königsdramen »Heinrich VI.« und »Richard III.«, die in John Bartons und Peter Halls unvergessener Inszenierung unter dem Titel »The War of the Roses« zusammengefaßt wurden. Das hier gezeigte Gemetzel zwischen der »weißen« und »roten« Rose, den beiden um die Krone konkurrierenden Adelsparteien, löste die alte Charakter-Tragödie auf und unterstellte sie einer kritisch-aggressiven Interpretation von Geschichte als Schlächterei um die Macht.

Die Modellhaftigkeit jener Inszenierung ist Grund genug, zurückzublicken, wie die Royal Shakespeare Company nach dem Zeitraum von einer Dekade abermals das Rosenkrieg-Thema aufgriff. Nicht ausgehend wie damals vom schlimmen Ende (Richard III.), sondern vom glorreichen Anfang (Heinrich V.). Die drei Teile von Heinrich VI. wurden jetzt das eigentliche Zentrum. Wir sahen nicht so sehr eine warnende Studie über den einzelnen im Getriebe von Machtgier und politischem Mord, sondern eine fast zynische Darstellung eines unaufhaltsamen Niedergangs im Blut. Während in den sechziger

Jahren der aufgehende Vietnamkrieg die Schlächterei aktualisierte, so gibt in den Siebzigern das Motiv der Dekadenz dem Zyklus »Heinrich V.« – »Heinrich VI.« seine Grundmelodie. Terry Hands durchweg mit Recht gepriesene Regie-Leistung hat längst ausverkaufte Abende eingebracht, die jetzt zu Ende gehen, unseren Beifall schränken wir ein im Hinblick auf einige schauspielerische Schwächen.

Nun war Schwächlichkeit ja die beabsichtigte Grundstimmung der neuen Version, und dieser Schwächlichkeit kam als glaubhafte Farbe die theatralischste Emotion zur Hilfe, die es gibt: der Haß. Haß aus Angst, Haß aus Nerven-, Haß aus Glaubenslosigkeit, Haß als die letztverbliebene Leidenschaft in einer Atmosphäre sardonischer und narzißtischer Selbstaufgabe. Wir werden den Haß wahrscheinlich einmal als die kulturelle Ersatz-Emotion der zukunftslosen siebziger Jahre bestimmen können. Theatralischer Focus der süßen und blutigen Dekadenz ist Alan Howards Märtyrerkönig Heinrich VI. Dessen abwesendes Lächeln markierte nicht so sehr bloß den Schwächling, den Neurotiker, als vielmehr denjenigen, der alle Gründe dafür hat, sein Reich nicht mehr auf dieser Welt zu sehen, den von Anfang an ein tiefer Ekel, ein nicht endendes Entsetzen vor dem gefangennahm, was er täglich als Normalität um sich sieht. Howard spielte als Heinrich VI. sozusagen seinen eigenen Sohn, den schwermütigen Erben des heldischen Volkskönigs Heinrich V. Er verliert Frankreich und alles, was sein energischer, aber auch schon ahnungsvoller Vater erkämpfte. Was Howard in der heroischen Rolle des Vaters schon andeutete, das intensiviert er in der schwächlichen des Erben zu einer letzten Botschaft sterbender Humanität: Wenn Handlungen, wenn Politik nur mörderisch vollzogen werden können – und das muß sich für ihn so ausnehmen –, und wenn sie überdies auch noch als Resultat dummer oder zumindest unreifer Affekte erscheinen, dann ist der Verzicht auf Handlung und Politik die einzig würdige Konsequenz.

Vor der Perspektive dieses Quietismus, der auf den Grund der Dinge zu blicken glaubt, vor dieser wohl begründeten Handlungshemmung eines Somnambulen und Sensiblen, bekommen alle diese Bestialitäten aus Handlungsüberschuß zunächst nur den Charakter des Uneigentlichen, des Grotesken, des Albernen, des sadistischen

Kinderzimmers. Wo eine gewisse Heldengröße solche Auslegung nicht erlaubte – wie im Falle des die Jungfrau von Orléans jagenden Talbot –, da verlor sie jedenfalls in dieser Inszenierung alle finstere Glut und war reduziert zum komischen Schlagetot. Sonst aber wurden die interessanten Charaktere zu gefährlich-neurotischen Jugendlichen stilisiert. Sie sterben alle einen elend-grausamen Tod, entfalten vorher aber den Charme von Kindern, die Anmut des nie Erwachsenwerdens. Soweit ihnen eine solche kindliche »Unschuld« zuzutrauen ist, präparierte sie Terry Hands als eine für unsere Nerven faszinierende Sensation heraus: So bei der Jungfrau von Orléans, von den Engländern Joan la Pucelle genannt, die als Barrikadenheldin, als Anarchogirl mit einer Mischung aus Blasphemie gegen Sitte und Anstand sowie ekstatischer Verrücktheit gezeigt wird, nicht zu vergessen ihre erotisch eindeutigen Spielereien mit dem französischen Thronfolger.

Sie ist in der vulgären Aggression glücklich. Ihr konnte im Normalen nicht geholfen werden, und so fällt sie als erstes Opfer wie ein anmutiges Tier. So auch der Volksaufwiegler und Bandenführer Jack Cade. Trotz seiner scheußlich-verspielten Metzeleien ist auch er am Ende ein Unschuldiger, der nur auf naive Weise das Mordspiel der Großen mitzuspielen versucht. Wenn er schließlich von dem reichen Besitzer eines Grundstücks, das er auf der Flucht widerrechtlich betreten hat, mit dem Knüppel erschlagen wird, dann erscheint das vollzogene Recht und die sich ankündigende Ordnung als etwas Trostloses und Häßliches, so daß man sich fast nach dem Aberwitz der Leidenschaften zurücksehnt. So vor allem aber Herzog Richard von York, der gefährlichste von diesen verspielten Killern, der Kronprätendent und Anführer der »Weißen Rose«.

Im Unterschied zu der Pucelle und dem Volksaufwiegler ist er die Blüte des Feudaladels. Aber in dieser Inszenierung ist die Geste sozialer Differenz und politischer Macht auf die reine psychische Dynamik zurückgenommen. Seine drei Söhne wirken nicht wie königliche Prinzen, sondern wie ein Wolfsrudel, wie grausam-neurotische Jugendliche mit einem leichten Anflug von Punk-Gekichere in schwarzem Lederzeug. Richard von York selbst ist ebenfalls ein von Lebensgier und Selbstliebe geblendetes, grausames Kind. Emrys James hat in dieser Rolle trotz gewisser Manierismen einen Höhepunkt seiner Karriere und war neben Alan Howard die Schlüsselfigur der Trilogie: der Höfling, der Wüstling, der Mörder.

Es beginnt als noch nur bösartige Tändelei mit der verantwortungslosen Lust, mit gefährlichen Möglichkeiten: ein Tanz, ja Raserei von nicht mehr überbietbarer Selbstverliebtheit. Diese narzißtische Selbstfeier wurde bis in ihre erotische und perverse Dimension ausgespielt, wenn der Herzog sich mit seinen Freunden und Feinden, die alle bald wie er selbst tot sein werden, die weiße oder die rote Rose pflückt. Wer dieser Selbstliebe in den Weg kommt, wird ausgemerzt, lächelnd, wenn es leicht ist, haßerfüllt, wenn es schwer ist.

Das Thema des Hasses, die haßerfüllte Wechselrede, ist wahrscheinlich in keinem Drama Shakespeares mit so entsetzlicher Intensität ausgeführt worden. Und dies deshalb, weil hier auf einen intellektuell begründenden Überbau verzichtet wird – sei es nun eine feine psychologische Motivation (Lear, Othello), sei es die Dämonie der Charaktere selbst (Richard III.). Haß ist hier ein Karat von ganz eigener Art. Er ist nicht mehr Charakter, sondern Rede. Was hier als Haßrede der zum gegenseitigen Mord und Totschlag antretenden Figuren entwickelt wird, und zu welch sadistischem Ende, das kann selbst den durch Extremreize gesättigten modernen Zuschauer still machen. Höhepunkte dieser Haß-Duelle sind die Szenen um Yorks furchtbaren Tod und die Ermordung Heinrich VI. Was in den Reden zwischen Margaret und York dem anderen an Qual, Leid und Entsetzen zugefügt wird, das gehört nur deshalb nicht zur Sprache des offen ausgebrochenen Wahnsinns, weil die Intensität des Gefühls noch immer so phantastisch artikuliert ist, daß sie die Qualität des Tragischen gewinnt.

Terry Hands hat diese Grausamkeit der Wörter gekrönt: Wie er dem gefangenen Mörder-Herzog von York angesichts des baldigen Todes nicht nur die Botschaft vom Tode seines jüngsten, sehr geliebten Sohnes höhnisch übermitteln läßt, wie er die »Wölfin« Margaret ihm das vom Blute des Kindes rot gefärbte weiße Tuch zuspielen läßt, das überbietet noch die Shakespearschen Grausamkeits-Wonnen. Die Emotionen, die hier aufeinandertreffen, stellen plötzlich ein Gefängnis des Grauens her: Der Hohn im Mord, das Leid im Tod und der nicht stillbare Haß. Indem die Angst vor dem eigenen Tode sich nicht ausweinen kann gegenüber dem Leid um den ermordeten

Sohn, indem diese widersprüchlichen Gefühle zusammenstoßen, lechzen sie nach einer Erquickung, einer Lösung der unmenschlichen Spannung. Aber diese ist nur eine neue Anspannung: der Haß. Der Herzog von York, tränenüberströmt, das Bluttuch des Sohnes in der Hand, wenige Minuten bevor man ihn absticht, keucht seiner Feindin in einer Umarmung des Hasses den Hohn entgegen, der keine Handlungen mehr, sondern nur noch Worte erfinden kann.

Wenn irgendwo bewiesen werden kann, daß die schiere Erregung und nicht das Argument, nicht die Botschaft, dem Drama die Schärfe gibt, dann mit Hilfe der Haßreden in Shakespeares Heinrich VI. Obwohl sie politisch vergleichsweise funktionslos sind und individualpsychologisch abstoßend, weil ohne Größe, so geht von ihnen doch eine besondere Verführung aus. Es ist die Verführung des theatralischen Akts schlechthin. Die Grausamkeit bis zum Exzeß ist nur eine Korrespondenz zum Erotischen. Dem harmlosen zeitgenössischen Zuschauer bleibt keine Moral, es sei denn diese: plötzlich gewahr zu werden, daß ihm mit abgesichertem Alltag die Intensität des Gefühls verloren ging.

Der Tag, als die ›Times‹ nicht kam

Der Kampf um Englands große Zeitung

Die roten Doppeldeckerbusse fahren wie immer, der Nebel zieht abermals von der nahen Themse herauf, und der Milchmann unserer Straße war auch da. Aber das, was wir seit Tagen gesagt bekamen, für unmöglich hielten, noch nicht ganz in seinen Folgen übersehen, das ist heute morgen geschehen: die »Times« ist nicht mehr gekommen. Bei dem Nachbarn nicht, in die Büros nicht, nirgendwohin mehr. Und der Nachbar weiß es, in den Büros weiß man es, und auch der Premierminister weiß es: Es ist kein Trick und kein Streik. Es ist ernst. Die berühmte Zeitung mit dem Emblem einer Uhr, deren Zeiger seit zweihundert Jahren auf halb fünf zeigen, mit der Uhr zwischen dem offenen Buch der Vergangenheit und dem noch geschlossenen der Zukunft, ist eingestellt worden. Vorerst. Wir halten ganz leise den Atem an. Das ist seit jeher üblich, wenn das Außergewöhnliche passiert. Und was wäre außergewöhnlicher als das Ende der »Zeiten«?

Keiner wollte verlieren

Nach dem Erdbeben fragen die Überlebenden: Wie konnte es geschehen? Der kanadische Ölmagnat Lord Kenneth Thompson, um mit der Hauptfigur zu beginnen, weniger sentimental als sein Vater, der die hochdefizitäre »Times« vor zwölf Jahren kaufte, hat das Pokerspiel mit den Druckereigewerkschaften, vornehmlich mit der mächtigsten unter ihnen, der NGA (National Graphical Association) bis zu diesem, von ihm selbst prophezeiten Ende durchgehalten. Gerade weil viele seine Ankündigung, er werde notfalls die Zeitung einstellen, für einen Bluff hielten, sahen er, der Chefredakteur William Rees-Mogg und das Management des Verlags nur noch den Ausweg des Eklats. Es war ein wenig so, wie wenn in jenen amerikanischen Autospielen mit eventuell tödlichem Ausgang zwei Wagen aufeinanderzurasen. Wer im letzten Moment ausweicht, hat verloren.

Im »Times«-Drama wollte keiner verlieren; keiner wich aus. Das Ultimatum, ausgesprochen im April, lautete: Wenn die verschiedenen Gewerkschaften bis zum 30. November nicht Vorschläge akzeptieren, welche die wilden Streiks beenden, überzähliges Personal einsparen und ein neues elektronisches Druckverfahren möglich machen, dann werden die »Times«, die »Sunday-Times« und alle ihre Beilagen, also auch das »Times Literary Supplement«, von diesem Datum an nicht mehr erscheinen.

Das war der letzte Alarmruf an die Gewerkschaften, nachdem die Zahl der wegen wilder Streiks nicht erschienenen Blätter, der Vertrauensverlust bei Lesern und Inserenten unerträglich geworden war, und die Verluste im ersten Quartal den Gewinn des ganzen Vorjahres aufgezehrt hatten. Einzelheiten hierüber waren schon früher zu lesen, man las sie wahrscheinlich damals noch mit jenem Gefühl, längst Bekanntes, deshalb doch nicht gar so Schlimmes, zu lesen.

Wahrscheinlich konnte es nur die »Times« auf sich nehmen, so beispielhaft, so dramatisch, dem ganzen Land sozusagen symbolisch das Stück aufzuführen, das in größeren oder kleineren Abwandlungen nun schon so lange hier überall gespielt wird: Proletarische Gewerkschaften mit einer uralten Tradition gegen bürgerlichen Mittelstand mit einer ebenfalls uralten Tradition.

Denn darum geht es, um einen unblutigen heimlichen Bürgerkrieg, schiebt man die technischen, finanziellen und arbeitsrechtlichen Daten einmal beiseite: eine kleine Elite von Facharbeitern, die die »Times« druckt, aber nicht liest und sich auch nicht in ihr dargestellt findet, gegen eine nationale Leser-Elite, die die »Times« nicht druckt, aber liest und sich sehr wohl in ihr dargestellt findet. Wenn erst das neue Computer-System eingeführt wäre, dann könnten die Journalisten ihre Zeitung selber drucken und es würde künftig viel weniger Setzer geben – es sei denn, sie wären es, die auch die neue Technologie allein bedienen dürften. An dieser ultimativen Forderung der NGA und an ihrer Ablehnung, unter dem Druck des Verlags-Ultimatums überhaupt zu verhandeln, sind die letzten Tage bei immer sonorer werdendem Trommelschlag der zuschauenden Briten gescheitert: Der Premier war zur Schlichtung aufgerufen; in Selbstanzeigen, die in allen großen britischen Blättern abgedruckt wurden, legten die »Times«-Leute in letzter Minute noch einmal ihre Gründe vor; 4000 Druckereiarbeiter demonstrierten in Whitehall; und das Unterhaus trat in letzter Minute zu einer dramatischen Debatte zusammen, während die großen Stars des Weltblattes sich schon von ihren Lesern verabschiedeten, wie man es wohl nur in englischer Sprache kann, mit den Worten Shakespeares nämlich, die dieser Brutus vor der Schlacht von Philippi in den Mund legte: »If we do meet again, why, we shall smile; if not, why then, this parting was well made« (»Sehen wir uns wieder, werden wir lächeln; wenn nicht, nun, war es ein geziemender Abschied«).

In der Tat, eine Zeitung von solcher Grandeur wird es nie wieder geben, sollte es sie, die einzigartige, nicht mehr geben. Der Chefredakteur William Rees-Mogg schrieb am Vorabend eine Abschiedsadresse nicht nur an die Leser, sondern an die Nation. Und abermals klingt der Stil von Shakespeares großen Reden durch: »Die Times ist ein ernstes Instrument der Wahrheit, indem sie die britische Nation über die Wahrheit der Welt und über ihren Platz in ihr zu informieren versucht, und gleichzeitig sich bemüht, die Welt über Britannien zu informieren. Wahrheit schließt Humor nicht aus – in der Tat, Humor liegt im Begriff von Wahrheit –, aber sie fordert auch Ernsthaftigkeit. Wenn die Times die Wahrheit ernst nimmt, wie kann die Times sich der Wahrheit über sich selbst nicht stellen? Wahrheit in Worten kann sich niemals beweisen, es sei denn, sie stellt sich dem Test der Wahrheit in der Tat.«

Wahr ist, daß die »Times« die Arbeitsanarchie in England herausforderte, indem sie die Anarchie im eigenen Hause bis zur Konsequenz der Einstellung beenden wollte. Wahr ist aber auch, daß die neuen Computer nicht bloß die Arbeitsplätze von Facharbeitern bedrohen, sondern eine hier noch existierende Arbeiterkultur, die England noch immer sein unverwechselbares hochindividualistisches Gesicht gibt. Und hierzu gehören letztlich auch die anachronistischen Verhältnisse, die man am besten veranschaulicht, wenn man weiß, daß die »Times«-Leitung nicht mit einer Druckgewerkschaft konfrontiert ist, sondern mit 56 verschiedenen »chapels«, nämlich den Nebenzweigen von sieben verschiedenen Gewerkschaften, die oft unabhängig von der Zentrale entschließen. Diese verwilderten und verwickelten Strukturen haben eine uralte Tradition, die eng zusammenhängt mit dem individualistischen altenglischen Rechtssystem: Jeder Engländer ein Rechtsanspruch!

Politik des Alles oder Nichts

Man kann nicht die Freiheiten dieser Nation pauschal preisen, ohne die historischen und institutionellen Ursachen dieser gerühmten Freiheit zu respektieren. Und es wäre Rhetorik, wenn man die Wahrheit des »Times«-Managements als die ganze Wahrheit wiederholte. Schon hat sich der »Guardian«, selbst durch die »Times«-Affäre in größte Schwierigkeiten geraten, da seine London-Südausgabe in der gleichen Mettage hergestellt wird, in einem Leitartikel von der Kreuzzugsattitüde der »Times«-Führung distanziert und ihr dringend empfohlen, den Gewerkschaften entgegenzukommen und die Forderung, die Zeitungsherstellung nicht mehr durch wilde Streiks zu unterbrechen, von dem Problem der neuen Technologie zu trennen. Führende Journalisten der »Times« und »Sunday Times« sind mit der Entweder-Alles-oder-Nichts-Politik ihrer Verantwortlichen nicht einverstanden. Die Abstimmung der betroffenen Journalisten über die Vorschläge der »Times«, so hört man, könnte knapp ausfallen, obwohl den Abstimmenden bei Ablehnung der Vorschläge ab Frühjahr nächsten Jahres Arbeitslosigkeit droht.

Es ist kein Zufall, daß die Frage, um die es geht, nämlich die nach individualistischen Werten, so hartnäckig in England, in Englands großer Zeitung ausgetragen wird.

Gentleman-Journalismus

Denn die »Times« ist nicht nur das würdevolle, das historische, sie ist vor allem das hochindividualistische Weltblatt. Nur sie konnte es sich bis vor zwölf Jahren leisten, in einer Form zu erscheinen, die keiner anderen Zeitung erlaubt worden wäre: eine erste Seite, die nur aus kleinen Anzeigen bestand, und zwar in einem Stil, der 1785 erfunden war. Als am 3. Mai 1966, in jenem glorreichen Jahr von Swinging London und englischer Fußballweltmeisterschaft, die »Times« mit dieser Spieltradition brach und, wie gewöhnliche Zeitungen auch, die erste Seite mit politischen Nachrichten füllte, da kündigte die Schlagzeile des Leitartikels das Unaufschiebbare, das Selbstverständliche mit dem publizistischen Understatement des Jahres an: »Modern Times« – Moderne Zeiten.

Noch immer aber ist die »Times« ihren Lesern und Nicht-Lesern die erhabene Institution jenseits aller Zeitungen, so daß ein emphatischer Leserbriefschreiber Sätze von Richard Cobden heute für ebenso aktuell hält wie im Jahre 1850: »Ich glaube, man hat gesagt, daß eine Ausgabe der Times mehr nützliche Information enthält als alle historischen Werke des Thukydides«. Damals, am Höhepunkt des britischen Empire, hatten Entscheidungen im Unterhaus und in Downing Street, folglich aber auch die Berichte darüber in der »Times«, am nächsten Tag für den halben, den ganzen Globus Folgen. Inzwischen verloren die britischen Institutionen nicht nur an Macht, sondern auch an Aura. Nicht so die »Times«! Ähnlich wie die viel jüngere BBC hat das fast zweihundert Jahre alte Blatt sein Prestige in eine neue Epoche hinübergerettet.

Wodurch? Durch journalistische Formen, die angesichts von Magazin-Journalismus und immer anonymer klingenden Leitartikeln die persönliche, die humane, die witzige Perspektive noch im sachlichsten Zusammenhang betonen. Etwa: In den Kolumnen ihrer Gentlemen-Autoren Ronald Butt und Bernard Levin, die per Raisonnement und Sprachstil jedes politische, ökonomische, moralische und kulturelle Problem, das sie zu behandeln belieben, zu ihrem eigenen Problem machen, unverwechselbar unterschieden von jener Robotersprache, die heute in Verbänden, Parteien, Universitäten und leider auch Zeitungen gesprochen und geschrieben wird. Skeptisch gegenüber vielen von Levins nicht unprätentiösen Gedanken ist man nun nur noch unglücklich beim Gedanken, daß die Sprache dieses Gentleman zum Schweigen verurteilt werden könnte.

Oder: »Letters to the Editor«, Leserbriefen täglich am gleichen Platz neben dem Leitartikel galt der erste Blick vieler »Times«-Leser. Sie waren unvergleichbar mit den Leserbriefen anderer europäischer Blätter, wirklich eine quasi parlamentarische Tribüne der Nation. Wer wissen wollte, wie einflußreiche Mitglieder der britischen Gesellschaft denken, also nicht bloß die typischen »Times«-Leser, der erfuhr es hier auf authentische Weise: Über Bedeutendes und über Banales wurde hier häufig genug in der großen Debattenmanier von Rede- und Gegenrede gesprochen.

Und: Die schon klassisch gewordene Spalte der Nachrufe, plaziert ohne jede ironische Absicht neben den Hofnachrichten: Wer detailliert und präzise über die Werke führender Wissenschaftler, bekannter und weniger bekannter Schriftsteller nachlesen wollte, der brauchte kein gelehrtes Handbuch, hatte er die »Times«. Wahrscheinlich ist nirgendwo sonst auf Erden so liebevoll, so genau der wahre Rang und Charakter des kürzlich verstorbenen deutschen Schauspielers Theo Lingen beschrieben worden wie hier.

Und vor allem: die unersetzbare kritische Tradition des »Times Literary Supplement«. Vielleicht hat dieses bedeutendste europäische Literaturblatt nicht den intellektuellen Charme der »New York Review of Books« und auch nicht das literaturkritische Feuer, das wir aus Frankreich und auch aus Deutschland gewohnt sind. Aber nirgendwo sonst ist das Organ für das geistig Wichtige so unangestrengt ausgebildet wie hier. Ohne das »Times Literary Supplement« wird der lakonische Sinn für intellektuelle Rangfolge verloren sein auf weiter Flur.

Last and least: Das tägliche Kreuzworträtsel – The Times Crossword Puzzle, das dem Nichteingeweihten zu erklären schier unmöglich ist. Es gehört, um es kurz zu machen, zu den wichtigsten Institutionen innerhalb der Institution und ist eher eine Herausforderung an den Common Sense, an Spielwitz und soziale Phantasie denn eine Aufforderung an die Bleistifte von Faktenkennern und Gedächtnishubern.

Ein feiner Interpret

Den Deutschen geht mit der »Times«, solange es nun währt, ein immer interessierter, stets fairer Interpret verloren. Wenn alle anderen europäischen Eliteblätter ihre antideutschen Gefühle kaum mehr bremsten, dann war es die »Times«, die für Gerechtigkeit eintrat, bis hin zu einer öffentlich ausgetragenen Fehde mit der Pariser Zeitung »Le Monde«. Und dies nicht deshalb, weil die »Times« deutschfreundlich wäre. Vielmehr war es der immer pragmatische, der urpolitische Instinkt dieses glorreichen Rests des britischen Empire, der sich gegen die auch bei »Times«-Journalisten häufenden Zweifel an deutschen Zuständen, vornehmlich an Deutungen dieser Zustände durch deutsche Zeitungen, durchsetzte. Wir haben das immer mit Aufatmen und Sympathie gemerkt. Wiederholen wir optimistisch den ersten Halbsatz der oben zitierten Abschiedssätze: »If we do meet again, why, we shall smile« – »Sehen wir uns wieder, lächeln wir gewiß!«

Quellen- und Bildnachweis

Teil 1

Ein bißchen Lust am Untergang: FAZ vom 27. 9. 1975; *O Manchester:* FAZ vom 8. 1. 1977; *Eine Begebenheit in Yorkshire:* FAZ vom 20. 11. 1971. Fotos: Wolfgang Haut; *Der ewige Bürgerkrieg:* MERKUR, Heft 4/1976; *BBC – Mythos und Wirklichkeit:* FAZ vom 26. und 27. 4. 1977 (in zwei Teilen); *Der Totenwald von Highgate:* FAZ vom 22. 11. 1975. Fotos: Tiggy Hodgkinson; *Die Präraffaeliten:* FAZ vom 30. 1. 1971. Bilder: S. 84 – Dante Gabriel Rossetti, Beata Beatrix, 1872. S. 85 – Sir John Everett Millais, Mariana, 1851; *Die Stadt des Poeten:* FAZ vom 8. 1. 1972. Foto: Ianthe Ruthven, Oscar Wildes Haus, Eingang zweite Tür links; *Das Gespenst des Kollektivismus:* FAZ vom 8. 10. 1977; *Die Stummen und die Schreienden,* FAZ vom 26. 4. 1975. Fotos: Wolfgang Haut.

Teil 2

Die europäische Dekadenz und wir: FAZ vom 28. 4. 1978; *Wie fremdenfeindlich ist England:* FAZ vom 5. 6. 1975; *Cupfinal:* FAZ vom 10. 5. 1975; *England entdeckt die Banalität des Bösen:* FAZ vom 29. 8. 1975; *Der deutsche Widerstand und die Briten:* FAZ vom 1. 3. 1977; *Deutsche Legende:* FAZ vom 12. 2. 1975; *Das Haupt der Medusa erblickend:* FAZ vom 30. 9. 1976; *Finsteres Image:* FAZ vom 11. 6. 1977.

Teil 3

Oh! What a Lovely War!: FAZ vom 7. 6. 1969; *Schwarze Gewalt:* FAZ vom 1. 9. 1977; *Manchmal Löwe, manchmal Einhorn:* FAZ vom 16. 11. 1968; *Vom Ästhetizismus zum Empire und zurück:* FAZ vom 11. 10. 1975; *Kämpfe in Fleetstreet:* FAZ vom 11. 5. 1977; *Haß als Zeitbombe:* FAZ vom 13. 4. 1978. Foto: Not another Punk book, Aurum Press, 1978; *Die Fähigkeit zu jubilieren:* FAZ vom 9. 7. 1977. Foto: Wolfgang Haut; *In den Wäldern der Nacht:* FAZ vom 4. 1. 1975. Bilder: S. 220 – William Blake, God creating Adam. S. 223 – William Blake, Songs of Experience, 1789-94, The Tyger; *Rückkehr zum Heroismus:* FAZ vom 5. 6. 1976. Foto: Alan Howard als Heinrich V.; *Shakespeares grausame Kinder:* FAZ vom 3. 6. 1978; *Der Tag, als die Times nicht kam:* FAZ vom 2. 12. 1978.